英雄
On Heroes, Hero-Worship, and the Heroic in History
與英雄崇拜

Thomas Carlyle
湯瑪斯・卡萊爾
洪世民 ———— 譯

目次

導讀

卡萊爾英雄史觀的塑造與演變

方志強

下面將略為講述「偉大人物」、他們在世事中展現的風采、他們如何在世界歷史塑造自己、人們怎麼看待他們、他們完成哪些功業——也就是講述「英雄」，講述他們怎麼受人歡迎，又有何成績；即我所謂「英雄崇拜」和人類事務中的「英雄業績」。

卡萊爾，《英雄與英雄崇拜》開場白

一個時代的歷史最重要的特徵，就是它歡迎偉大人物的方式。永遠，人類真正的直覺會感受到偉大人物擁有某種神一般的特質。他們該把他視為神、先知，或他們心目中的任何角色看待，這始終是個重大的問題；而從他們回答這個問題的方式，我們可以說就像透過一小扇窗子，望進這些人心靈狀態的最中心。

卡萊爾，《英雄與英雄崇拜》第二講

卡萊爾與時代

時代在不停地變動，史家為時代中的人，受到時代變動的影響，對歷史上的問題提出種種不同的看法，並冀望對自己的時代有所影響，史家與時代間本有著永無休止的互動關係。當我們這個時代的史家企圖去了解與評價歷史上的人物時，自然會受到當代的影響，不免有時代的隔閡，難以給予真確的評價。因此，因受到時代變動的刺激，以及史家個人好惡的影響，我們對過去的人物產生了不同的評價，歷史人物從不因「蓋棺」而「論定」。

卡萊爾（Thomas Carlyle, 1795-1881）向來被視為是「赤爾西賢者」（Chelsea Sage），或者用大家所慣用的稱謂「先知」（prophet）。這由倫敦國家肖像館（The National Portrait Gallery）以卡萊爾的肖像作為十九世紀英國先知群像的中心可見。卡萊爾同時代的人，西敏寺牧師史坦利（Arthur Stanley）對其先知角色的描述頗為生動：

> 一般尊敬他的人皆習稱他為「先知」。如果我們以這個詞最廣泛的定義來了解，他的確是夠資格。他是一個先知，也確實自己感受到他是一個走入歧途的時代的先知。他先知的外貌是其粗鄙的蘇格蘭口音，以及他自己獨特的措辭，加上他自己隱居般的生活。而他作為先知最顯著之處是他比任何人皆更勇於傳達對真理的強調，而他深信其所傳達的訊息是世界所

僅需的。

卡萊爾是英國維多利亞時代的第一位，也是最偉大的先知。他對十九世紀英國社會輿論的影響力是無與倫比的。然而，輿論對其評價也是令人驚異，由極端的頌揚轉為極端的貶斥。因此，由卡萊爾聲譽的升降，我們可以很清楚地了解其與時代的關係，尤其是不同時代的人們對其評價的差異。

卡萊爾的聲譽經歷了數度的變遷，大體可簡分為三個階段：受歡迎階段（卡萊爾在世時，尤其是一八三〇與一八四〇年代）、倒退階段（由一八八一年去世後至一九三〇年左右），與學術批評階段（由一九三〇年至今）。我們可以用一個簡單的曲線圖來顯示卡萊爾在這三階段的聲譽。大體而言，在第一階段中，其聲譽是逐漸上升，以其去世時居最高點；在第二階段中其聲譽速降，進而跌到谷底；在第三階段中其聲譽再度逐漸上升。

卡萊爾聲譽的升降主要是人們把他定位為先知而評定的。在第一階段中是由「教師」的形象所主導，而在第二階段中其形象則轉為「斥責者」，到了第三階段則為「文學天才」。在第一階段中儘管有些許異議，主要是頌揚之聲，以其為社會的導師、道德的典範。其去世時，《星期六評論》（*The Saturday Review*）所刊出的追悼文可看出維多利亞時代英國輿論對他的定位。文中稱卡萊爾一向被視為「本時代最偉大的作家」、社會的「導師」與「先知」。在西敏寺主持牧師史坦利為卡萊爾的去世所舉行的證道演說中，他說出了社會的心聲：

> 在摧毀現實功利所最珍視的偶像上，他是一個代表人物。然而，他也顯示了心中對勞苦同胞的喜樂、憂傷與需求的關注。因此，他們在不知不覺中被他那溫柔與熱切的氣質所吸引。他與他們共苦難，為他們發義憤、鳴不平。他們知道如果他貶斥他們，那是因為愛之深責之切；如果他拒絕與他們隨波逐流，那是因為他相信他們所熱衷的事物只是幻覺。

卡萊爾的聲望在第二階段迅速下降，這與卡萊爾的作傳者弗路德（J. A. Froude, 1818-1894）在卡萊爾去世之後所出版的《卡萊爾回憶錄》（*Reminiscences*）、《卡萊爾傳》（*Life of Carlyle*）、卡萊爾夫婦書信集有密切關係。卡萊爾在世時，其私人生活是不為一般人所知的。其去世後，因回憶錄、日記、書信、傳記的出版，頗受大眾的矚目，他們夫婦的隱私已成為大眾注意的焦點。很多人批評弗路德在處理卡萊爾的手稿上過於輕率，以致造成巨大的論爭。然而，弗路德深信他的責任是真實地呈現卡萊爾夫婦，而非把他們描述為大眾的偶像而把他們像耶穌聖母一樣供奉在教堂裡。

弗路德所欲極力呈現的是「真實的」卡萊爾夫婦的形象，與前此時人所熟悉的「典範的」形象有很大的差異。在這些書中顯示了卡萊爾的頑固、直言不諱、自大、自負、嚴酷、以及過分自我完全不顧及他人的感受。社會大眾對書中的記載頗為震驚。弗路德對於卡萊爾夫婦的描述的真實性引起輿論界的關切，產生的意見頗為紛歧。大體上可分為忠誠者與修正者兩大陣營，其中修正者這個陣營主導了這個反動階段的研究。在持續五十年的期間內，他們的爭辯集中於揭露負面的卡萊爾。

卡萊爾聲譽的下降，部分是因「弗路德論爭」所造成的對卡萊爾個性的不滿所致。然而，最主要的原因應是對卡萊爾不友善的社會與學術環境。當二十世紀資本主義式的工業與民主不斷發展時，他已被視為「最不受信任的先知」。一九一四年七月，英國的一位女權運動者在英國國家肖像館中所陳列的卡萊爾肖像上劃了一刀，這與當時視卡萊爾為反民主與歧視女性的代表人物有關。第一次世界大戰及其後幾年，對卡萊爾而言，是更加不幸，他所宣揚的理念被指控為直接促使第一次世界大戰的爆發。第二次世界大戰時，他再次成為被批判的對象，被指為是法西斯主義、納粹主義與種族主義的先驅。其中甚至有批評者於一九四五年宣稱卡萊爾已死，不值得大家重視。

學術批評階段的研究取向較前此兩個階段而言，比較平和且客觀，研究興趣轉為較注重其文學的成就。此階段大多數的學者把卡萊爾定位為文學天才，事實上卡萊爾是學者研究維多利亞時代的學術最喜歡的主題。不過這是一九七〇年以後的現象，而卡萊爾的聲譽從一九七〇年代以來也有逐漸上升的趨勢。

在對卡萊爾聲譽的檢討中，我們得知其聲譽的上升與下降皆基於公眾輿論對其人格與著作的評價，而輿論界的意見有明顯的兩極化現象，崇拜者與詆毀者壁壘分明。崇拜者視其為一個「偉大的散文詩人」；讚美卡萊爾的人格，認為其篤實、意志堅強、慷慨寬大、真誠、忠實、單純、和藹、具有英雄般的勇氣，竭盡心力為社會奉獻一生。相反地，詆毀者認為「凶暴」與「激情」是描述卡萊爾的性格最好的字眼；稱卡萊爾為「動亂的唆使者」，因為卡萊爾頌揚權力。崇拜著頌揚其人格，把他定位為詩人或文人；詆毀者貶斥其人格，鄙其為錯誤的先知。

英雄的我

卡萊爾的英雄史觀最主要的來源是他自身的生活經驗與反省。西元一七九五年，卡萊爾出生於蘇格蘭當福瑞郡（Dumfriesshire）安南區（Annandale）的易克勒菲根（Ecclefechan），一個非常偏僻的小鄉村；一八八一年，他逝世於居住超過四十年的倫敦赤爾西區。他的一生正值歐洲社會，尤其是英國社會，由十八世紀的農業社會轉變為十九世紀工業社會的過渡期，舊社會秩序已逐漸消逝而新社會的秩序則尚未產生，人們處此脫序混亂的時代無所適從，而他正是這個時代最敏銳的觀察者與道德改革者。卡萊爾一生的志業即在恢復人們對人性的信心，並由此將人由毀滅性的工業化中解救出來，再透過推己及人的工夫，致力建立一個以道德為人倫重心的新社會。

對人性所抱持的信念，為卡萊爾思想的基石；而此信念，乃源於歌德的人性觀念，使卡萊爾由精神的孤立中解放出來。卡萊爾在精神上的孤立感是始終存在的。卡萊爾在他的回憶錄中回顧他的一生時指出，他的一生「自孩提以來，一直處在持續的陰鬱與冷酷之中，好像一個人毫無防備地在對抗魔鬼與所有人。」卡萊爾將他的孤立歸因於他的個性與所受的教育。卡萊爾自認為是「一個羞怯與彆扭的人」。求學時期，他被認為「太過於嘲諷」，並且有「一種貶抑他人的強烈傾向」。他的人際關係不佳，與一般人間有「一個可怕的鴻溝」。因此，在對人際關係上，他自謂是「多疑的湯瑪斯」。由於不良人際關係的影響，促使卡萊爾更專注於閉門苦讀。

卡萊爾的孤獨與他所受的愛丁堡大學教育有關。卡萊爾在愛丁堡求學時期（1809-1821）主要是重智，以智識來求真理。因愛丁堡大學當時的學風，與卡萊爾本身對各種學術的好奇心，而養成「百科全書式」的求知態度，亟欲廣拓其知識領域，因此促使其閉門苦讀。在此期間，他意識到智識真理的短暫與變遷；此時也正值他放棄原本研讀神學的目標、放棄走神職之路，前途茫茫之際；也是身體不佳，與初戀女友分手之際。然而，其近十年來近乎獨居閉門讀書的生活，已塑成其智識極高但卻貶抑他人的習慣，帶來遠離鄙視人們的結果，造成其情感的枯竭，這是他所最憂慮的問題。

除了上述個性的與智識的因素外，還有一項因素，那就是「身體的」因素，來補充說明卡萊爾的孤立。以身體的角度來研究卡萊爾，學者們習慣於專注在卡萊爾的「胃腸病」上，其實卡萊爾的病應該是屬於更廣泛且深刻的身體疾病——駭伯症（hypochondria）。然而，由於過去對於駭伯症的偏見，駭伯症常被視為「疑病症」，認為是「想像」的產物，故重點始終擺在胃腸病的治療上。然而，在卡萊爾親身受到病魔愈來愈可怕的折磨過程中，使他愈來愈了解他的駭伯症不是想像的，而是真實的，因為「神經疾病」的痛苦，實非胃腸病所能比擬。卡萊爾深知，真正的病魔並非（折磨胃的）「老巫婆」，而是「憂鬱的魔鬼兵團」。

在各種因素的匯聚下，使卡萊爾陷入極度孤獨的憂傷之中。以卡萊爾的話來說：孤獨「吞噬我的心」，並且犧牲了健康與心靈的平靜。「愈是離群對心靈的腐蝕就愈大」。這個孤獨的陷阱使高貴的心靈頹廢，對世界極其冷漠，甚至到與世俗生活隔絕的地步。

對於他的「憂傷」，卡萊爾在其類似自傳式的著作《衣裳哲學》（*Sartor Resartus*）書中，有如下的描述：

> 對我而言，這宇宙全然沒有生命、目的、意志，甚至敵意；它是一個巨大的、無生命的、無法測度的蒸汽機，在全然的冷漠下滾動著，將我的肢體一個一個地磨碎。哦！這廣大的、陰鬱的、孤獨的墳場與死亡的磨坊！為什麼生者會被孤獨地、清醒著地放逐到那種地步？……我生活在持續的、不確定的、緊扣著的恐懼中；由於對於我所未知的恐懼，使我顫慄、膽怯。似乎天上地下的所有事物皆會傷害我，似乎天地只是一個吃人怪獸無垠的上下顎，

我身處其中，只等著被吞噬。

嚴重的駭伯症患者的行為表現為：孤立而畏縮、喜歡獨處、一副「萬念俱灰」的「死寂」模樣，嚴重時會顯示出意念完全停止的狀態。病患對任何事物都沒有一點企圖，甚至對於生活上最基本的事物也一樣。在這方面，卡萊爾的病情正是如此。對他而言，生命已不具有任何意義。他的心智是「衰弱的」與「黑暗的」，他的精神是分裂的、是恐懼的。

卡萊爾確信他所處的困境是人一生中「最重大的災難」，而當時卡萊爾對自我的描述是：「我是一個孤魂野鬼」、「悲慘世界的惡魔」或「瘋人院的病人」。卡萊爾稱自己是「孤魂野鬼」、「惡魔」被囚禁在煉獄之中，這是「魔鬼的」卡萊爾。卡萊爾承認，對於自己奇怪的與黑暗的情緒，他本身無法控制。弗路德在探討此時期的卡萊爾時，發現卡萊爾性格上的黑暗面，他稱之為「魔鬼的成分」。

卡萊爾認為他被囚禁在煉獄之中，他如何為自己奮鬥出一條活路，從煉獄中解脫？卡萊爾認為改善困境的意志是改善困境的先決條件。要改善困境，改善之道最首要的關鍵就是人們「相信」改善是可行的。接下來就是堅持下去，不達目的絕不終止。此種「強烈地不斷努力的求生意念」顯示在卡萊爾永不向病魔屈服，咬緊牙關苦苦支撐的態度，是他掙脫出煉獄最重要的心理基礎。卡萊爾認為，在煉獄中與病魔的鬥爭是痛苦的與無望的，他只能如「困獸猶鬥」般耗著。卡萊爾在回憶錄中提到：「這實在不能稱為希望，只是拒絕退縮，不顧一切的頑強激勵了我。」卡萊爾戲稱此時他有十隻驢子般的頑固。卡萊爾也勉力貫徹其父的生活原則：「任何種類的懷疑，唯有行動才能去除。」不要空想，「完成你手邊的任務」。就像卡萊爾在一八二三年三月給母親的信中所說的：「縱然我深受消化不良、神經緊張與駭伯症之苦，我仍盡力地使我自己有用。」

卡萊爾具有堅強的意志與實際的生活原則，但是在面對孤立的、否定的、破壞的、黑暗的思緒上，根本無能為力。他要如何戰勝這個「憂傷」呢？首先須找出病因，才能對症下藥。卡萊爾當時就認為煉獄的苦難源自於孤獨，因為孤獨使他與人疏離，感情枯竭。至於他的孤獨乃因他高傲與孤僻的個性，以及長期閉門苦讀的習慣使然。這使他淪為他自己所稱的，世上「最無目標與冷漠的人」。

卡萊爾對人的仁愛心已被破壞，情感已經枯竭，如何恢復情感應是改變的第一步。卡萊爾這個「最冷漠的人」該如何做，才能「培養」他的情感，並讓他內心的情感流露？對於卡萊爾而言，日耳曼的浪漫思想正好滿足他的需要，為他開啟了豐沛的感情。卡萊爾從一八一九年春天開始學習德文，他在日耳曼文學中發現了新天地，尤其歌德的人文思想對於一八二〇年代的卡萊爾而言不啻是一種福音。卡萊爾說：歌德「愉悅的理智與悲憫的胸懷打開我同情心的所有疏洪口」。卡萊爾在與歌德的通信中，感謝歌德的教誨，首先提到的就是：「由你那兒我學到一個人對其同胞的價值在哪裡」。卡萊爾在一八二三年寫到：「愛我的朋友，現在幾乎是我的心靈的唯一宗教。」

我們可以發現卡萊爾的愛心、同情心在一八二〇年開始開啟與滋長。但是，另一方面，冷漠與孤立的黑暗面依舊存在。溫情與冷酷，光明與黑暗，就像情感與理智一樣，兼容並蓄在卡萊爾身上。就像是卡萊爾在《衣裳哲學》中所說的：「人與人的聯繫真是很奇妙，可以是愛這種溫柔的連結，也可以是需要這種鐵鏈式的聯繫，這隨我們的喜好來選擇。」在卡萊爾的煉獄時期，他的心靈是冷酷的，但是卡萊爾也逐漸具有樂觀的心理基礎；而如何突破煉獄的牢籠，尚須表現出堅決的態度，亦即對煉獄的憤怒，這就表現為卡萊爾在雷絲路事件中意志的迸發。

一八二一年，卡萊爾在蘇格蘭愛丁堡的雷絲路（The Leith Walk）經歷了深刻的改變。當我們了解卡萊爾在這一年所遭受的「最重大的災難」，亦即雷絲路事件（Leith Walk incident）時卡萊爾的身心狀態後，我們就不難掌握卡萊爾的雷絲路事件。

在對卡萊爾的研究上，其年輕時所遭遇的「憂傷與改變」（sorrow and conversion）為學者們探討其思想發展的關鍵。在一八三〇年卡萊爾首次出版的小說《衣裳哲學》中，主人翁也經歷了「憂傷與改變」的過程。在對卡萊爾的「憂傷與改變」的研究上，卡萊爾的《衣裳哲學》始終是學者們用來了解卡萊爾智識與道德發展的最重要資料。學者們用來解釋卡萊爾「憂傷與改變」的模式中的三階段（喪失信仰、陷入極深的憂愁、新生），就如同《衣裳哲學》中主人翁心智發展的三階段：永恆的否定、極端的冷漠與永恆的肯定。

卡萊爾在《衣裳哲學》中，以一種神祕的方式呈現其所經歷的雷絲路事件。此後隨著卡萊爾個人聲譽與影響力的持續不墜，雷絲路事件遂成為「整個英國文學史上最為人所知的個人經驗之一」。有關卡萊爾與雷絲路事件，《衣裳哲學》一書自然是最受重視的史料。不過，卡萊爾曾經警告說：「《衣裳哲學》在細節上是相當不妥當的！（書中的）虛構或許是建立在事實之上，只是離事實很遠。」卡萊爾甚至非常明確地指出：「《衣裳哲學》此部分除了『聖湯瑪斯路事件』外，沒有一樣是事實（全都是象徵的迷思），此事件確實就是於雷絲路在我身上所發生的。」因此，《衣裳哲學》書中有關「聖湯瑪斯路事件」的描述，就成為大家了解雷絲路事件最基本的史料。茲引錄其中最重要的部分：

> 在充滿這種情緒下，我可能是整個法國首都與郊區中最不幸的人。在某個潮濕的狗日（Dog-day），走了很久之後，辛苦地走在小的、骯髒的聖湯瑪斯路（Rue Saint-Thomas de l'Enfer）上，在一股封閉的氣氛中，被許多垃圾所包圍，所走的人行道熱得像尼布甲尼撒的火爐。在這種狀況下，毫無疑問地，我一點也不快樂。突然間，我產生一個念頭，我問我自己：「你現在到底在恐懼什麼？你要讓你自己像一個懦夫般一直在煩躁與啜泣，始終如此畏縮與顫慄嗎？可鄙的兩足動物啊！你眼前所面臨最糟的狀況是什麼？是死亡嗎？好吧，死亡；或再加上地獄般的悲痛，以及魔鬼與人可能會、將會、以及現在會對抗你而產生的所有

痛苦！你難道沒有一顆心靈；你難道不能承受任何所遭遇的痛苦；並且，作為一個自由之子，儘管已被遺棄，當地獄吞噬你的時候，你難道不能將地獄本身踩在你的腳下？那麼，讓它來吧；我將面對它並且對抗它！」當我如此想的時候，像是激起一股火流遍布我整個靈魂，我自此永遠擺脫了可恥的恐懼。我是強大的，具有不為人所知的力量；一個精靈，幾乎是一個神。從此之後，我對待我的苦難的態度改變了；不是恐懼，也不是哀鳴，而是憤慨以及嚴厲的堅毅對抗。……從此時起，我視此為我精神上的新生（spiritual new-birth）。

卡萊爾在雷絲路事件中，「突然間，我產生一個念頭，我問我自己：『你現在到底在恐懼什麼？』」這是他內心突然迸發出的意念，警醒自己去面對恐懼的問題。這個恐懼是什麼？是他現實世界中的惡劣環境嗎？還是他對於這惡劣環境的憂慮？首先他意識到自己對於這惡劣環境的憂慮所帶來的苦難：「你要讓你自己像一個懦夫般一直在煩躁與啜泣，始終如此畏縮與顫慄嗎？」並且對自己的如此反應表現出不滿與憤怒：「可鄙的兩足動物啊！」進而能夠勇敢地去面對現實世界：「你眼前所面臨最糟的狀況是什麼？是死亡嗎？好吧，死亡；或再加上地獄的悲痛，以及魔鬼與人可能會、將會、以及現在會對抗你而產生的所有痛苦！」當他對於恐懼的狀態表現出不滿與憤怒，並勇敢地面對現實世界時，他發現了自己的力量：「你難道沒有一顆心靈；你難道不能承受任何所遭遇的痛苦；並且，作為一個自由之子，儘管已被遺棄，當地獄吞噬你的時候，你難道不能將地獄本身踩在你的腳下?那麼,讓它來吧;我將面對它並且對抗它!」他不僅擺脫了恐懼:「我自此永遠擺脫了可恥的恐懼」,並且發現他不再是「殘骸」,而是英雄,由「魔鬼的我」成為「神聖的我」:「我是強大的,具有不為人所知的力量;一個精靈,幾乎是一個神。」自此之後他對待苦難的態度完全改變,從消極改變為積極:「從此之後,我對待我的苦難的態度改變了;不是恐懼,也不是哀鳴,而是憤慨以及嚴厲的堅毅對抗。」「從此時起,我視此為我精神上的新生。」

卡萊爾藉由意志的控制,以及閱讀與書寫(文學與書信)的行為,找回對自己的信心,克服了恐懼,逐漸以一己之力與病痛保持一定程度的平衡狀態。在這過程中,卡萊爾在雷絲路事件的改變是一個關鍵。雷絲路事件之後,卡萊爾獲得新生,這並不意味他已戰勝病魔,掙脫煉獄,百病全消。實際上,雷絲路事件之後,才是他真正面對神經疾病魔鬼挑戰的開始。儘管不再發生令其極端恐懼的瀕臨瘋狂的神經疾病,但神經疾病仍無法痊癒,而困擾其一生,因此卡萊爾仍不時認為自己是「神經緊張的人」、「可憐的駭伯症患者」。以弗路德的說法而言,卡萊爾黑暗面的「魔鬼的成分」,已成為他性格的一部分,無法完全擺脫牠的魔掌。

然而,弗路德在運用卡萊爾的回憶錄時,過於強調卡萊爾的黑暗面。卡萊爾當時的好友,愛丁堡大學教授梅森(David Masson)就指出這個問題。因此,對於卡萊爾獨特個性的研究,我們不可局限於某個類型。就像前文所說的,卡萊爾的愛心、同情心在一八二〇年開始開啟與滋長,但是，另一方面冷漠與孤立的黑暗面依舊存在。溫情與冷酷，快樂與憂鬱，光明與黑暗，就像情感與理智一樣，兼容並蓄在卡萊爾身上。卡萊爾在雷絲路事件中的轉變，就是頓悟到只有透過堅決的對抗，才能抑制「魔鬼的我」，而使「神聖的我」茁壯，此後即對「魔鬼」展開一生的鬥爭。

卡萊爾在晚年回顧其一生受疾病折磨時，儘管充滿哀傷，但是也認為從巨大的痛苦中，他獲得無價的益處。卡萊爾認為，「這種建立在真正的信仰與洞識的『堅持』是善的與最好的」，這是卡萊爾在雷絲路事件後的覺悟；而對邪惡的堅決對抗，也成為其一生奮鬥的目標。這不僅使卡萊爾找到人生的意義，並使其成為英國維多利亞時期的「社會導師」。因此，卡萊爾認為折磨他一生的疾病，並非全然只是詛咒，而是必要的經歷；縱然這些經歷是嚴酷的與艱苦的，但也是一種神恩。這種發展，就像在《浮士德》的「天上序幕」中，天帝所說的：「人們的精神總是易於弛靡，動輒貪愛著絕對的安靜；我因此才造出惡魔，以激發人們的努力為能。」彷彿在詩人歌德「挑戰與回應」的靈見中，我們不僅看到人生的奮鬥歷程、文明的創造與變遷，以及卡萊爾如浴火鳳凰般英雄的誕生。

卡萊爾《英雄與英雄崇拜》的演講與成書

卡萊爾在一八三四年遷居倫敦後，主要在撰寫與法國大革命相關的著作。當一八三七年四月《法國大革命》出版後，卡萊爾接下來所做的是舉行一系列的公開演講。實際上，舉行公開演講是卡萊爾的友人馬蒂諾（Harriet Martineau, 1802-1876）的提議（卡萊爾於一八三六年十一月認識這位在倫敦社交圈非常活躍的女作家與經濟問題的專家），並且在她與其友人熱心籌畫與推動下實現的。一八三七年五月至六月，舉行第一次六場以日耳曼文學為主題的演講；一八三八年四月至六月，第二次十二場以文學史為主題的演講；一八三九年五月，第三次以「近代歐洲革命」為題的演講；一八四〇年五月，則是第四次六場以「英雄與英雄崇拜」為題的演講。

雖然卡萊爾是一個容易緊張和恐慌的人，先前從未做過公開演講。但是，他決定克服心理的障礙，舉行公開演講。一方面，很實際地，演講的收入可補貼當時拮据的生活。另一方面，也可以把長年所思索與研究的心得呈現出來與大家分享。舉行公開演講更大的挑戰是，卡萊爾決定他的演講是真正的演說，而不是讀稿或背誦稿子。儘管曾在演講中出現恐慌的心理狀態，他很快就穩定下來。就像現場的一位聽眾所描述的：「他開始時用一種相當低沉的神經不安的聲調，有蘇格蘭腔調，不久就變成了堅決的，對其偉大工作並不羞愧畏縮的聲調。」

卡萊爾的演講自然不是即興的演講，而是有備而來。卡萊爾會仔細地寫出演講稿，只是在演講時，他不看稿子，也不看綱要，只專注在演說。卡萊爾演說的特色，除了他粗鄙的蘇格蘭口音與腔調外，就屬他的措辭了。卡萊爾有些後悔當初沒有一開始就把「英雄與英雄崇拜」寫成書，所以當他決定出書的時候，演講稿就必須徹底改寫，只是多少仍維持演說的風格。卡萊爾在演講完後就開始將演講稿改寫成書，這個工作在一八四〇年夏天完成，一八四一年二月此書在倫敦出版，四月在紐約出版。書的全名是《英雄、英雄崇拜與歷史的英雄事功》（*On Heroes, Hero-worship, and the Heroic in History*），封面的書名下印著「六次演講」與「修訂與增補的演說」。

《英雄、英雄崇拜與歷史的英雄事功》一書的行文，確實保留了當時演說的風格。例如，行文中，詞句被突然地孤立出來，結構突然的改變，出現不連貫的句子。書中又大量使用斜體字、大寫字母、破折號、驚嘆號，以此來顯示他說話時抑揚頓挫的腔調。在書中也出現大量的典故、比喻、外來語，充分顯示他的博學。在所用的詞彙上，書中有很多借字、獨創的新字、新的複合字。英國作家中，除莎士比亞（W. Shakespeare, 1564-1616）外，卡萊爾可說是運用詞彙最多的一位作家。

無論是卡萊爾本人或是聽眾，大家皆認為「英雄與英雄崇拜」的演講是成功的。縱然是嚴苛的批評者如卡萊爾夫人，也稱卡萊爾是「傑出的演講者」。在卡萊爾的演講中，聆聽者頗能心領神會，感受著一個新而熱切的啟示，一個與當代流行的懷疑主義、機械主義、功利主義完全不一樣的道德觀。「這是一定的，」卡萊爾引用諾瓦利斯（Novalis, 1772-1801）的話：「在另一個靈魂相信它的那一刻，我的信念就無限擴張了。」

卡萊爾的道德觀引起廣泛的共鳴，正如同他在〈特徵〉（Characteristics）一文中所描述的：

> 人與他人聯合，靈魂與靈魂交相反應，是一種神祕的、奇蹟的、不可測的聯合。在其中，生命被深刻化與神聖化。孤獨心靈中來自天國的思想火花，在另一個或千個心靈中喚起相同性，所有心靈一起在匯聚的火焰中熾烈地燃燒，心靈間的共鳴，各人努力付出以為燃料，這需要無數的新觀念作為思想，無數的熱量以轉化為動力。不久，普遍認同的思想已可累積，並可轉化為永恆的存有。

誠如弗路德在《卡萊爾傳》中所說的：「卡萊爾的聲音對英國的年輕一代而言，像是千支號角齊鳴。」他的聲音喚醒了被麻痺的心靈，使許多人向他一樣，經歷了心靈的改變，由永恆的否定轉變為永恆的肯定，由喪失信仰到重獲信仰。卡萊爾「英雄與英雄崇拜」的理念，使一個不認識英雄的時代的人，能夠對英雄燃起崇拜之心。在英國維多利亞時代，卡萊爾這種喚起人們心靈覺醒的成就是無與倫比的。無怪乎，當時大家尊他為「社會導師」。

卡萊爾的英雄史觀

「一個激進的內在改革者」

卡萊爾的英雄史觀奠基於他的歷史哲學。卡萊爾的歷史哲學最重要的根源，是來自於他自己的生活經驗，以及他對這個經驗的理解與反省。當卡萊爾於一八一九年開始其痛苦的精神掙扎時，他對人生的看法有逐漸且明顯的改變。因對於獨居潛心研究的幻滅，他不再對「所有斯多噶哲學的觀點」感到滿意。他當時反省，認為他過去是被偏狹與錯誤的觀念所引導。他原本以思考與堅忍為其人生的責任，此時他發現要過斯多噶式的獨居生活是不可能的，縱使可能也極為痛苦。他不再相信被動的忍耐，而相信積極的努力。大約同時，卡萊爾也因其對物理真理的幻滅而氣餒，而認為知識中沒有一種能永存，哲學與文學更是享壽不長，如同浪潮的推移前仆後繼，但皆是錯誤的。他開始懷疑邏輯思考的正確性。他問到：「難道真理總是相對的，永遠不是絕對？」他認為：「邏輯的反覆多變就像各時代的不同服飾的變化一樣。」他後來認定「每一個人是一個靈魂」（man is a spirit），是邏輯所無法分析的。他辯稱如果僅以邏輯的概念來看人，人無非只是「一個穿著馬褲的可憐、飢餓的兩足動物。」

對卡萊爾而言，人的意義的發現與肯定是「最崇高的福音」，在此點上歌德是他第一個、可能也是最偉大的傳福音者。他於一八三五年在致愛默生（R. W. Emerson, 1803-1882）的信中談到歌德（J. W. von Goethe, 1749-1832）對他的深遠啟示時，他頌揚道：「他（歌德）是我在歐洲這長久的幾代以來，所發現唯一在任何範疇中皆是健全的心靈；他是第一個我真心悅服的人，因為他真正做到：看啊！縱然在這可恥的、懷疑的歐洲世代中，所剩下的是飢餓與虛假，人仍可能成為其人！」卡萊爾在其〈歌德素描〉（Goethe's Portrait）一文中，稱歌德所有詩中「點石成金」的祕訣在「對活生生的生命的思考」；由歌德那裡，他學到一個人最重要的事是「信仰自己」。歌德在其英雄式的自我掙扎後所達到的清明、博大與寬容，對卡萊爾自己類似的掙扎具有無比的意義。

卡萊爾相信人為神所造，並且神很奇妙地活在人們之中。人的道德本質來自全義的神，這不是一種人為虛假的附會，而是來自於人性的深處，是「自我中的自我」。因此，「尊崇自我」即是最高的尊崇。而人的責任即是推己及人。卡萊爾認為生活的內在或道德狀態遠比外在的或物質狀態重要，因為人並不只是「消化的機器」而已。

卡萊爾於一八二九年所發表的〈時代的徵兆〉（Signs of the Times）一文中，首次明白揭示他對於英格蘭「工業主義」（Industrialism）的觀察。此文的主題「時代的徵兆」，也恰如其分地顯示他對於當代的危機的強調。他稱他的時代為「機械的時代」（the mechanical age），機械主義（mechanism）是時代的神祇。人的性格已成為「機械性格」。縱然處於此機械時代，人已被塑造成機械性格，卡萊爾仍對人的不可毀滅的尊嚴與人的道德力量深具信心。人們只相信「環境的力量」是萬能的，而個人的力量卻是無能的。他指出，到處可見一種奇特的，強調眾人而非個人的趨勢，這是機械性格的另一種現象。

卡萊爾認為人與其行動並不是受物質所控制。「人不是機械主義的產物，他反而是它的製造者：唯有高貴的人民才能塑造高貴的政府，而非相反。」「制度固然重要，但不是一切。」他不相信政治的功用，他主張唯一的改革是對個人內在的改革，除了道德的改革外，任何改革都是無效的。他說道：「這樣瘋狂的時代只藉著簡單的殺蟲劑就能治癒嗎？世界的病出自邪惡，是來自內心的敗壞與萎縮，需要另一種萬靈藥；它需要一個漫長辛苦的療程和養生法。」卡萊爾認為，「最重要的事是努力使自己成為至善」。因此，他欲成為「一個激進的內在改革者」。誠如他在〈時代的徵兆〉一文的結論所說：「改革世界、改革國家，沒有一個明智的人會去從事；甚至笨人都知道，唯一穩固的、雖甚為緩慢的改革是每個人開始使自己完美。」因為歷史是「對我們全體內在的人說話的訓誨文字」，所以它是「所有研究中最有用的」。卡萊爾在〈論歷史〉一文中，將歷史定義為「無數傳記的精華」。由此而言，傳記在本質上是「所有研究中最有普遍功用的、最怡人的，尤其是傑出人物的傳記研究更是如此。」它是「唯一的歷史」。

「普世史是神聖理念的啟示」（Universal history as revelation of the Divine Idea）

卡萊爾的歷史哲學的根源，除了他對自己的生活經驗的理解與反省外，最主要的來源就是十八與十九世紀日耳曼哲學的影響，而這日耳曼哲學塑造了卡萊爾歷史哲學的呈現形式。卡萊爾的歷史哲學是奠基於「普世史是神聖理念的啟示」這個基本概念。柯靈烏在其《歷史的理念》（*The Idea of History*）書中，對於近代日耳曼「普世史」的理念的發展有詳細說明。基本上，日耳曼哲學家對於「普世史」理念的闡發，由康德（I. Kant, 1724-1804）發其端，赫德（J. G. Herder, 1744-1803）、席勒（J. C. F. von Schiller, 1759-1805）、費希特（J. G. Fichte, 1762-1814）、謝林（F. W. J. Schelling, 1775-1854）繼之，而由黑格爾（G. W. F. Hegel, 1770-1831）集大成。

黑格爾是普世史理念的集大成者，並且實現了普世史的寫作。柯靈烏指出，黑格爾提出了一種新歷史，稱為歷史哲學。此歷史哲學不是針對歷史所做的哲學反省，而是被提升到一個更高的層次，而成為哲學的歷史；歷史不只是確定如此這般的事實，它還在於以悟性理解諸事實為何如此發生的理由。此一哲學的歷史是一部普世史，展現從原始時代以迄現代文明的進程；此種歷史的情節即自由的發展；人類的自由就是人類對於自身的自覺，所以自由的發展就是自覺的發展。

卡萊爾與黑格爾一樣，認為普世史具有「變遷」的觀念，貫穿了歷史的發展，有其意義、方向與目的。黑格爾的《歷史哲學》的主題：「世界的歷史，不外是自由意識的進展。」同樣地，卡萊爾認為普世史所呈現的是一種巨大的精神力量，推動歷史的發展。黑格爾強調此種精神力量是由「國家」來呈現，而卡萊爾則是強調此種精神力量是由偉人或英雄來呈現。

英雄：神聖理念的啟示者（Hero as the revelation of the Divine Idea）

卡萊爾在《英雄與英雄崇拜》一書中開宗明義：普世史，基本上就是偉人的歷史。

> 普世史，也就是人類在世界完成事務的歷史，基本上就是曾在這裡工作的偉人的歷史。這些偉人，他們是人類的領袖，是一般大眾亟欲完成或得到的那些事物的雕塑者、模範，及廣義的創造者；我們在世上所見一切完成的事物，實際上都是外在的有形結果，都是實現、體現了被送進這個世界的偉人們所懷抱的「思想」。應當可以這麼說：整個世界史的精神，就是這些偉人的歷史。

英雄是時代的發言人，不同的時代出現不同的英雄，呈現出不同的「時代精神」（the time-spirit）。在《英雄與英雄崇拜》第一講對古代北歐異教的英雄奧丁（Odin）的描述如下：

> ……直到那位偉大的思想家，那位「原型」人，「觀察家」降臨，他說出來的適切想法喚醒了所有人處於沉睡中的能力，使他們開始思考。思想家，靈性的英雄，始終都是如此。他說的就是所有人想說，而還沒說出口的，彷彿從痛苦、著魔的睡夢中甦醒，所有人的思想圍繞著他的思想啟動、給予回應——沒錯，就是這樣！那就像破曉的曙光令人們歡欣——那

不就是喚醒他們，從不存在（no-being）來到存在，由死入生嗎？我們至今仍尊敬這樣的人，稱他為詩人、才子等等，但對這些野人來說，他是魔法師，能帶給他們神奇、出乎預料的幸事的人，是先知，是神！思想一旦喚醒，就不會再沉睡了，它會自己發展成一個「思想體系」，一人繼一人，一代接著一代地成長——直到發育完全；而一旦發育完全，這樣的思想體系便不會再長，必須讓位給另一個體系。

因此，時代英雄的出現，是世界史的每一個時期中「最偉大的事件」。

卡萊爾主張「世界史是偉人的傳記」，他在「神聖的理念」（或可說是神）與人民之間加進了偉人（第一顆種子）這個中介者。他在《英雄與英雄崇拜》中將英雄定義為「一個真誠的人」，並認為任何人皆可以成為英雄。他將英雄分為英雄老師（Hero-Teacher）與英雄學生；在同時代中第一個成為英雄並啟迪他人者，才是英雄老師，才足以被稱「偉人」。他的追隨者是英雄學生，不是偉人。他強調偉人在歷史上的重要性，因為他們是全民的「領袖」、「塑造者」，甚至是「創造者」。

英雄的本質是自我的、神賜的、不自知的與不同形式的。卡萊爾指出：「英雄的第一個特徵，事實上，我們或可說這是他英雄氣概的第一個和最後一個特徵，自始至終的全部特徵」為「他看穿了事物的表象，覺察事物的內涵。」英雄具有天賦的能力，能洞悉宇宙的神聖奧祕。卡萊爾引用費希特的用詞，稱宇宙的神聖奧祕為「世界的神聖理念」（the Divine Idea of the World）。此神聖的理念為人們所忽略，唯有英雄能察覺，並將這個啟示宣揚開來。在《英雄與英雄崇拜》的第三講有如下的說明：

> 現在，我可以說，不論誰忘記了這種神聖奧祕，「Vates」，先知也好，詩人也好，已經洞悉，他是被派來這裡讓我們加深印象的。這就是他要傳遞的音信，他就是來把那揭露給我們的——永遠與他同在的神聖奧祕。當其他人忘卻，他依然明白——我或許可以說，他是被迫知道這些的，在未經他同意之下，他發現自己活在其中，必須活在其中。

至於為什麼「天降大任於斯人」？為什麼偉人具「天縱英明」？則是不可知的，甚至是偉人自己也不知道。所以說，英雄的本質是自我的、神賜的、不自知的與不同形式的。所有英雄本質上是相同的，只是因為時代不同，所以有不同形式的英雄。

時代的英雄

「英雄與英雄崇拜」是一個原創的主題，《英雄與英雄崇拜》共有六講，每一講各有一種英雄的類型。這六種英雄類型的時代順序是神、先知、詩人、教士、文人與君主。首先，我們來了解卡萊爾選擇了那些歷史上的英雄。他第一個演講選的是古代北歐異教的奧丁（Odin），第二個演講選的是中世紀西亞創建伊斯蘭教的先知穆罕默德（Mahomet, 570-632）。卡萊爾的用意是希望透過這兩個異教的代表人物，來顯示神聖的啟示與個人的天才是超越宗派限制的。對於基督教的代表人物，卡萊爾選擇了宗教改革時期日耳曼的路德（Martin Luther, 1483-1546）與蘇格蘭的諾克斯（John Knox, 1505-1572）。卡萊爾選擇這兩位教士，主要在強調宗教改革中個人的精神自由，而這正是現代人精神的核心。再來是有關詩人與文人的演講，卡萊爾選了但丁（Dante, 約1265-1321）、莎士比亞、約翰生（S. Johnson, 1709-1784）、盧梭（J. Rousseau, 1712-1778）與伯恩斯（Robert Burns, 1759-1796）。這可顯示現代的英雄是文人，他們取代教士，而成為「世界的神聖理念」的代言人。再來是有關統治者的演講，他選了拿破崙（Napoleon, 1769-1821）與克倫威爾（O. Cromwell, 1599-1658）。

對於這「六類」從相距遙遠的國家和時代選出的英雄，縱使外型截然不同，卡萊爾強調：「只要如實觀察，必能為我們闡明一些事物。如能仔細觀察，就能瞥見世界史的精華。」由此，我們知道，他是採取「如實觀察」與「仔細觀察」來研究普世史的英雄。研究普世史需具備哲學的心智與歷史的學識，卡萊爾的英雄史觀需建立在堅強的史實之上。卡萊爾很重視史實，透過史料去了解英雄的事功與「英雄崇拜」的事實：「他們在世事中展現的風采、他們如何在世界歷史塑造自己、人們怎麼看待他們、他們完成哪些功業。」

卡萊爾的英雄中，諾克斯可說是他的典範。卡萊爾在研究法國大革命時，也同時研究蘇格蘭教會史與諾克斯。對他而言，追求內在神聖的「清教徒性格」正好與追求外在浮華的「法國人性格」相對比。而希伯來式的先知諾克斯是「清教徒性格」的典型，為蘇格蘭、新英格蘭、克倫威爾的信仰的建立者。卡萊爾認為，諾克斯「在數年甚至數月內即已點燃全蘇格蘭神聖熱誠的火焰，蘇格蘭人決心只信仰完全可信的，以不可削減的防衛來對抗全世界與惡魔。」當時蘇格蘭諾克斯的革命精神、每個人皆是自己的教士，每一位臣民皆是他自己的君王等觀念，在蘇格蘭皆很流行。因此，在論及英雄與人民的互動時，諾克斯與其同時代的蘇格蘭人民是卡萊爾的典範。

對於克倫威爾的研究，是卡萊爾對於清教思想研究的延續。卡萊爾在決定演講「英雄與英雄崇拜」之前，就已經在研究克倫威爾了，希望藉此了解清教思想與英國內戰的歷史，特別是克倫威爾的評價問題。克倫威爾是卡萊爾真正崇拜的英雄，也是他在一八四〇年代前期研究的中心。他認為克倫威爾是一個理想的統治者，是「過去五百年來最好的統治者」。他並非是一個暴君，而是一個應時代強烈要求而出現的強人。因為他是正義的，因此他能理直氣壯地採取嚴格的統治措施。在此人身上，公理與強權合而為一。然而，克倫威爾不能為卡萊爾同時代人所賞識。當時人們以為克倫威爾活著的時候是個偽君子，而死後被視為叛徒。卡萊爾不信他人的判斷與偏見，因此他費盡心思先以演說，然後鑽入浩瀚的故紙堆中，直接整編與註解克倫威爾的書信與演說，欲使他的英雄重現，一八四五年出版的《克倫威爾書信與演講集》（*Oliver Cromwell's Letters and*

Speeches）就是他研究的成果。

卡萊爾在講述《英雄與英雄崇拜》中，其第六講的英雄君主即是克倫威爾與拿破崙。他認為拿破崙實不能與克倫威爾相比，然克倫威爾卻被時人忽視與誤解。卡萊爾抨擊當時史家對克倫威爾「虛假」、「野心」的論斷是倒果為因，與事實恰好相反。他進一步抨擊一般人誇大偉人野心的心態，而認為偉人並不具常人所謂的追求喧鬧的權勢功名的野心，他所追求的是沉靜的永恆真理。人品的高下，由此立判。卡萊爾認為克倫威爾式的野心，是人所能具的最高形式；而伏爾泰式的野心，則是最低下的形式。對卡萊爾而言，此顯示出十七世紀與十八世紀文化精神的差異。然而，時人卻推崇伏爾泰，貶抑克倫威爾。

卡萊爾在《克倫威爾書信與演講集》開宗明義指出其著書目的：

> 若研究興趣能與希望英格蘭從十七世紀的歷史中獲得一些實際的信仰與了解的願望相結合的話，就太美好了！然而，目前卻無法如此；這仍是一個遙遙無期的希望。我們已經偏離那個引導十七世紀的理念太遠；實際上這些理念已引導前此的幾個世紀，而在十七世紀最後呈現。我們現已偏離太遠，必須努力回轉，再次與這些理念連結。

由克倫威爾到下一部耗時十三年的歷史鉅著《腓特烈大帝》（*History of Friedrich II of Prussia, called Friedrich the Great*）的寫作，顯示出卡萊爾在為人民選擇英雄上的改變。一般學者已注意到，卡萊爾事實上並不很景仰十八世紀的代表人物腓特烈，更不用說他的搭檔伏爾泰。但是，他為什麼選腓特烈來寫傳，並且花最長的時間與最大的精力？一般史家皆以其英雄崇拜的觀點來立論，以為他為追求權力而不惜選擇世襲的專制君主腓特烈。以古奇（G. P. Gooch）的話說，這是他不信仰民主所不可避免的結果。但這種說法忽視了一個事實，那就是卡萊爾的英雄理念曾經歷不同的階段，而有不同的發展。

卡萊爾英雄史觀的變化

卡萊爾英雄崇拜的主題本身在一八三〇年代與一八五〇年代間經歷了很大的改變。誠如李奎斯內（A. L. Le Quesne）在其書《卡萊爾》（*Carlyle*, 1982）所指出的，一八三〇年代卡萊爾的英雄是詩人伯恩斯、宗教改革者諾克斯，或革命領袖米拉波（Mirabeau）。這些英雄的共同點是：具神聖的啟發、由底層崛起、有領袖的魅力以及被人民本能地接受。一八四〇年代與一八五〇年代的英雄，則不再是教士、先知或詩人，而是政治的專制君主：如獨裁者法蘭西亞（Francia）、軍事的專制君主克倫威爾、專制世襲君主腓特烈大帝。這些英雄是強加的，主要是靠軍事的優越性強制人民接受他們的領導，而非人民本能地認可他們或自願追隨他們。因此，這種英雄並不是著重在「啟蒙」（enlighten）人民，而是著重在「強迫」（compel）人民。

若我們進一步追問：卡萊爾英雄崇拜的主題為什麼會在一八四〇年代與一八五〇年代經歷巨大的改變？李奎斯內認為，這是卡萊爾性格改變與個人挫折感的結果，並以此解釋他對人民與英雄態度的轉變。李奎斯內雖指出部分事實，如卡萊爾對人民與對英雄態度的改變，但是，他將此改變歸因於卡萊爾個人的受挫，則顯示出他未能掌握卡萊爾的英雄性格。卡萊爾就如同其所崇拜的克倫威爾，不追求權勢與功名，只追求真理的實現。他對現世的聲名以及人民的愛戴棄如敝屣，他每次寫作只顧著說出自己想說的真理，一點也不顧及社會大眾可能會有的抨擊與厭惡。他早就意識到社會的不良反應，但其具「自反而縮，雖千萬人吾往矣」的氣概。譬如，他自知其《晚年論叢》（*Latter-Day Pamphlets*）所論全是違反時代潮流，受社會大眾的抨擊與鄙視自然在其意料之中，怎會因大眾的離異而改變其態度呢？至於李奎斯內所說，卡萊爾的挫折感也來自於其所屬意的當代英雄人物皮爾（Robert Peel, 1788-1850）的意外死亡。其實，皮爾固在當代屬於難得的人物，但他並不是卡萊爾真正的英雄，他只是一個重視現實功利的政客。

另外，李奎斯內根據李洛依（G. C. Le Roy）之說，以為卡萊爾改變的主因是性格的改變則頗有見地。他將卡萊爾的本能視為他作品中的群眾，原先能收發自如，但自一八四〇年代以後，因恐懼此本能故亟欲拒斥之，而偏愛權威與壓抑。在其晚年著作中，專制軍人的重要性因此節節昇高。但是，此說卻造成更多無法解決的問題：為什麼他在一八四〇年代要拒斥本能？他真偏愛權威與壓抑嗎？專制君主如腓特烈真是他的英雄嗎？

卡萊爾之受誤解，基本上導因於人們以他的英雄史觀的角度來立論，李奎斯內也不例外。他們皆忽略了卡萊爾所論列英雄的「時代性」。不同的時代創造不同的英雄，英雄應運人民的需要而生，不同的人民選擇不同的英雄。卡萊爾原先對人民頗具信心，以為每個人皆可成為真誠的人，即後來所說的英雄。「小人物可能具備這種特質，所有上帝創造的人都有資格擁有這種特質。」卡萊爾在《英雄與英雄崇拜》的第五講中，甚至預言：「這個世界將再次變得真誠；是個信神的世界，有許多英雄在其中，是個英雄的世界！然後它將成為勝利的世界；勝利要到那時才會到來。」因此，他主張以個人的道德革新為救世的良方，這是他自一八二九年〈時代的徵兆〉一文以來的主張。但到後來，他逐漸了解人民不具自發性的改革能力，他才逐漸要求政府來引導、教育人民。當他愈覺得人民的墮落，他就愈強調政府的功能，由政府推動改革國家的政策。他的理想是克倫威爾所領導的政府，但他知道此理想不可能實現，因人心已偏離克倫威爾太遠。此時因對人性的信心未失，他仍不改其鼓勵人們道德提昇的方式。

卡萊爾對平民的態度在一八四〇年代末期經歷了一種改變。卡萊爾認為農民淪落為赤貧，是歐洲各國的一種普遍現象；其中，愛爾蘭農民的問題最為嚴重。因此，卡萊爾極為關切愛爾蘭的赤貧問題。他認為愛爾蘭是「全不列顛與全歐洲社會的巨大膿包的爆破口」。一八四五年，愛爾蘭爆發大饑荒，這場大饑荒，被霍布斯邦稱為「十九世紀最大的災難」。此災難在一八四六年更加嚴重，而在一八四八年再次發生全面大歉收。愛爾蘭大饑荒所造成的死亡人數，難以有明確的統計，約為二百五十萬。愛爾蘭大饑荒，也促使兩百萬難民移民美國。卡萊爾以愛爾蘭赤貧問題為己任，然而此問題已經失控。「對我而言，愛爾蘭是一個永恆的不幸，」卡萊爾在一八四六年寫到，「它像是夢魘一樣，壓在我的思想上。」

卡萊爾指出，「愛爾蘭的悲哀」已不限於外在的經濟貧困，而更蔓延至人民內在的心靈。愛爾蘭的民族性格已墮落，變得「雜亂、魯莽、暴烈、虛偽」。卡萊爾的人民形象由原先的「勇敢的農民」，轉變為「瘋狂叫囂、飢餓的赤貧人」。一八四八年革命的結果令其沮喪，更由於一八四九年愛爾蘭之行對飢餓窮苦悲慘的痛心，使他更深切體會到人民已非昔日的美好農民，已墮落為「人豬」；人民已成不具靈魂的動物，勸導、教誨已不可能有用，唯有在專制君主的嚴格控制指揮下才有可能。卡萊爾在《晚年論叢》中，宣稱「一個新的時代」已經到來，「一種新的民族」已經形成；這種民族甚至不具最低級的人性，且墮落像禽獸一般。卡萊爾視此為「悲哀中的悲哀」。

卡萊爾愈感受人民的墮落，就愈強調政府的控制。他認為人已完全喪失性靈，無法教誨，只有鞭笞。如他在《晚年論叢》書中所說的：「不服從規定，我會訓誡並努力誘導你；如果無效，我會鞭笞你；如果仍然無效，我最後會槍斃你。」這個由誘導變成鞭笞的分界點是一八四〇年代晚期卡萊爾對人性喪失信心；此後他不再採用對個人道德誘導鼓舞的方式，而是正式賦予專制者合法的執鞭，以威嚇逼迫人民，進行改革國家的任務——迫使人民工作。他在《晚年論叢》論貧窮問題時說：「孤立的個人與個人的微小努力已不能解決問題。到處皆需要政府來處理。」正如卡萊爾在一八五〇年告訴愛爾蘭革命運動的領袖達非（Sir Charles Gavan Duffy），他解決大問題的原則是：「愈接近全民實際需要的思想，也就是愈接近解答的唯一可能性。」他告訴其友：「這世界是一個可憐的奴隸，將一直受較低等的方式管理。」他在一八五二年所寫的短文〈歌劇〉（The Opera）中，明白宣稱他不再以高標準去要求人，而以最低標準來要求人，那就是他不再要求人民的宗教熱情，只要求全民「憎惡虛假」。

卡萊爾確信「一旦人民視真實為守則，那麼改革者到處皆有事可做了！」而他為人民所選的英雄人物，就是與其時代氣味相投的十八世紀代表人物腓特烈大帝。此人一點也不具卡萊爾前此要求其英雄的宗教熱情，在卡萊爾眼中他是一個「可疑的英雄」。不過，他有一個最大的優點：他是一個真實的人，他憎惡虛假。此種人正適合賦予磨練人民的任務，而國家正需此種人來領導。

卡萊爾與平民的分合關係象徵他作為社會先知角色的興衰。他對人民的態度，由原先採取體諒與鼓勵的詩人愛心，改為先知的鄙視咒罵；原先強調友愛式的溫情關係，後來則主張政府鐵鏈式的控制。很自然地，當卡萊爾唾棄人民而訴諸專制君主以改革社會的同時，社會大眾及其追隨者也與他疏離。他原先是為人景仰的社會導師，是工業社會道德評論傳統的主要創始人；後來則被認為是專制、極權的擁護者。卡萊爾明顯地意識到追求平等民主和轉移政治權力的激進思想為時代潮流與眾望所歸，但他深信此與真理不合，潮流終將轉換。萊爾追求秩序、真理與永恆，故欲力挽狂瀾，寧違逆時代大勢而不悔。

卡萊爾作為社會導師時，他的教誨對維多利亞社會產生深遠的影響。其同時代人梅森認為沒有一個受過教育的成年人不或多或少受其影響；艾略特（George Eliot）稱頌道：「這一世代中幾乎沒有一顆優越或活躍的心不曾被卡萊爾的著作洗禮過：如果沒有卡萊爾，過去十年或十二年中寫成的英文書每一本都將不一樣。」

卡萊爾對人民態度的改變，部分來自於他的個性的轉變與疾病的變化；很明顯地，卡萊爾年輕時期所經歷的憂傷，在其老年時再度爆發，銷蝕他對於世人的愛。但是，整體而言，卡萊爾個性的改變、疾病的變化，就像他對人民態度的改變，為人民選擇不同的英雄一樣，應該歸源於他對於所處不斷變遷中的世界與人民本身持續觀察與互動的結果。

本文作者為中正大學歷史系兼任教授

第一講

作為神明的英雄

——奧丁、異教、北歐神話

【一八四〇年五月五日】

下面將略為講述「偉大人物」、他們在世事中展現的風采、他們如何在世界歷史塑造自己、人們怎麼看待他們、他們完成哪些功業——也就是講述「英雄」，講述他們怎麼受人歡迎，又有何成績；即我所謂「英雄崇拜」和人類事務中的「英雄業績」。這個題目顯然牽連甚廣，除了我們現在要進行的討論，也值得以其他方式處理。這麼大的題目，當然也是個漫無限制的主題，和普世史一樣無邊無際。因為如我所見，普世史，也就是人類在世界完成事務的歷史，基本上就是曾在這裡工作的偉人的歷史。這些偉人，他們是人類的領袖，是一般大眾亟欲完成或得到的那些事物的雕塑者、模範，及廣義的創造者；我們在世上所見一切完成的事物，實際上都是外在的有形結果，都是實現、體現了被送進這個世界的偉人們所懷抱的「思想」。應當可以這麼說：整個世界史的精神，就是這些偉人的歷史。顯然，這個主題不是我們可以在此充分論述的！

所幸，不管怎麼處理，偉人，都是良師益友。不論處理得有多不完善，只要望著一位偉人，我們就不可能一無所獲。他是光的源泉，靠近他既有益又愉快。這道光正照亮，也曾經照亮世界的黑暗，這不只是盞點亮的燈，更是上帝賜予的自然發光體，是流動的光源，散發天生獨創的洞察力——氣概、英勇與高尚——沐浴其光輝中，人人都覺得與他們同在何其美好。無論如何，在他們附近徘徊，絕非強人所難。這「六類」從相距遙遠的國家和時代選出的英雄，縱使外型截然不同，但只要如實觀察，必能為我們闡明一些事物，如能仔細觀察，就能瞥見世界史的精華。若我能在我們這樣的時代向你彰顯「英雄氣概」的意義，說明在各時代將「偉人」和其他人結合在一起的神聖關係（我姑且這樣稱呼它）——算不上詳盡闡述這個主題，而是開疆闢土——那就太令人高興了！無論如何，我決心勇於嘗試。

俗話說得好，與一個人有關最重要的事實，是他的宗教信仰。一個人如此，一支民族也是如此。我在這裡說的宗教不是指他宣稱信奉的教義，不是他將簽署及用文字或其他方式表達支持的條文，不完全是這些，在很多情況更完全不是這些。我們見到各式各樣有公開信仰的人，在每一或任一教條下獲致各種程度的價值或無價值。這不是我所謂的宗教，這種表白和主張都不是，這通常只是出自一個人的外圍工事，出自他好爭論的領域（就算非常深入）的表白和主張。我所謂的宗教，是一個人實際相信的事物（而這通常無須向自己表明，更無須向他人表明）；是一個人真正銘記在心、確切明白的事物，是關於他和這個神祕「宇宙」的、他在宇宙裡的責任和命運，那在任何情況下對他都是首要之務，也會發揮創造力來決定其他一切。那就是他的宗教，或者，也可能是他的懷疑態度（scepticism）和非宗教（no-religion），就是他感覺自己在精神上和「看不見的世界」或「非世界」（No-World）產生聯繫的方式。我會說，如果你告訴我那個方式是什麼，就差不多等於告訴我那是什麼樣的人、他要做的是什麼樣的事了。因此，我們首先要問一個人，或一支民族，有什麼樣的宗教：是異教——多神論、僅用感官表現「生命的神祕」，而其中為人辨識的最主要元素為「自然力」？是基督教——信仰一位「看不見的神」，認為祂不僅真實，更是唯一的現實，而時間，經過每一個最卑賤的時刻，止於「永恆」；憑恃武力的異教帝國終將被更崇高的至高者，被「神聖」取代？還是懷疑論——不確定並質疑是否真有「看不見的世界」，除了發狂的生命外是否真有「生命的奧祕」——他對這一切表示懷疑，甚至不相信、或斷然否認？回答這個問題就能為我們揭露那個人或那支民族的靈魂。他們的思想是他們的行動之母，他們的情感是他們的思想之母，是他們體內看不見的和精神上的東西決定外表和實際——所以我說，他們的宗教就是關於他們的重大事實。我們的論述固然有限，但將我們的考察主要導向宗教方面，是有助益的。一旦了解這點，其他一切便迎刃而解。這個系列選擇的第一位英雄是奧丁（Odin），北歐異教的核心人物，對我們而言，他是範圍最廣闊的萬事萬物的象徵。讓我們稍微看看這位神明領域的英雄，也是「英雄氣概」最古老的原型。

當然，這種異教乍看非常奇特，身在這個時代的我們幾乎無法想像。妄想、混亂、虛假、荒謬，交織成令人迷惘、重重糾結的叢林，覆蓋了生命的原野！它讓我們驚訝不已，甚至滿心懷疑——著實令人難以理解，神志清楚的人竟然能睜著眼睛、心平氣和地相信這一套信條，還以此維生。人竟會把可憐的同伴當神崇拜，而且不只他，還有牲畜和石頭，各種有生命、無生命的物體——竟運用宇宙理論為自己造成如此充滿幻想、令人困擾的混亂：這一切看來就像不可置信的無稽之談。然而，他們真的如此，這是千真萬確的事實。跟我們一樣的人，確實信守如此可怕、如此糾結繁複的錯誤崇拜、錯誤信仰，並自在地賴以維生。這很奇怪。沒錯，如果我們會在人類攀達的高峰，為更純粹的視野而欣喜，那也可能停下來，憂鬱、沉默地望著人類黑暗的深淵。從古至今，人類就是如此，所有人皆如此，我們也是如此。

有些理論家對異教妄下定論，他們說那純屬騙術，是神職者玩弄權術，是詐欺，凡是神志清楚的人都不會相信——只能設法說服其他人，不配以神志清楚之名加以相信！這種針對人的行為和歷史所做的假設，我們有責任提出異議，在這裡，我首先就要反對這種關於異教及世上其他行之已久的「信仰」（ism）所抱持的假設。它們全都蘊含真理，否則人們不會接受。騙術和詐欺固然確實比比皆是，在各種宗教，尤其是在後期衰敗階段，騙術、詐欺都多到令人髮指，但騙術絕非宗教這類事物的原始作用；不是這類事物的健康和生命，而是疾病，是它們即將死亡的確切前兆！我們切莫忘記這點。在我看來最可悲的假設就是騙術催生出信仰，甚至包括野蠻人的信仰。騙術什麼也生不出來，只會造成世間萬物死亡。假如我們只看事物的騙術，不把騙術視為弊病和腐敗加以去除，就看不到事物的核心，而我們，所有人類的唯一職責就是不行欺騙，就是把欺騙掃出思想和行動之外。人，每個地方的人，生來就是謊言的天敵。我發現大喇嘛教之中也有一種真理——不妨讀讀特納先生（Samuel Turner）的《出使西藏紀實》（*An Account of an Embassy to the Court of the Teshoo Lama in Tibet*），他公正坦率、眼光銳利、凡事存疑。西藏子民有他們的信仰：人間每一世代，「天神」都會派出一位「化身」（轉世）下凡。這基本上跟「教宗」信仰類似！甚至更好——相信有個「最偉大的人」，而且可以為人發現，而且一經發現，我們就該徹徹底底服從他！這就是大喇嘛教的真理，「可發現性」是這裡唯一的謬誤。西藏僧人自有一套找出誰是「最偉大的人」、適合統領他們的方法。是不好的方法，但有比我們的方法——以某人是某一家系的長子為原則——壞得多嗎？哎呀，要想出好辦法幹這件事可不容易！我們得先承認對異教的信徒而言，異教曾有一段時間確為真理，才有機會了解異教。且讓我們確信，有人確實信仰異教：是睜著眼、官能健全的人，是跟我們一樣完整的人。讓我們確信，假如我們處境相同，也會信仰異教。好，現在可以問了：「異教」可能是什麼？

另一個較得體的理論把異教歸於寓言（allegory）。這些理論家說，這是詩意心靈的遊戲；是用寓言，用擬人法、視覺的形式，將詩意心靈對「宇宙」的認知和感覺，像影子一般投射出來。他們又說，這符合人性的原始法則，其運作仍隨處可見，只是在較不重要的事物；只要是人感覺強烈的事物，他就會賣力說出來，希望那能以視覺形象呈現在他眼前，彷彿那具有某種生命和歷史事實似的。無疑有這樣的法則，且是人性最深刻的法則之一，我們無須懷疑那基本上就是這樣運作。將異教全部或大部分歸於這種作用的假設，我會說那比較得體一點，但仍不能稱之為真實的假設。想想，我們會相信一個寓言，一種詩意的遊戲，並以它作為人生指引嗎？我們需要的不是遊戲，而是嚴肅的東西。要在這個世界活下去，是最嚴肅的事情，死對人來說可不是遊戲。人的一生絕非遊戲，那是嚴苛的現實，要活下去，全然是件嚴肅的事！

因此，我覺得在這個議題上，寓言派理論家雖已踏上通往真理之路，但尚未到達真理。異教確實是種「託寓」，是人類對宇宙所感所知的「象徵」——所有宗教都是那種感知的象徵，不斷隨著感知改變而改變——但在我看來，把結果和結局放在前面作為緣由和動因，這是倒果為因、極盡曲解之能事。人類需要的不是美麗的寓言，不是完美的詩意象徵，而是明白關於這個宇宙應當相信什麼，該行駛哪一條路線，在他們神祕的生命中，必須希望什麼、畏懼什麼，要做什麼、克制什麼。《天路歷程》（*Pilgrim's Progress*）是一部寓言，一部美麗、公正、嚴肅的寓言：但想想是班揚（John Bunyan）的寓言先存在，還是它象徵的信仰先存在！信仰必定已經屹立在那裡，為眾人所信——然後寓言才能成為信仰的影子；而寓言雖然嚴肅，比起它努力用詩意象徵的可怕事實與科學確證，那充其量只是個嬉鬧的影子，只是想像的遊戲。寓言是「確信」的產物，不是「確信」的製造者，班揚的例子不是，其他例子也不是。因此，對於異教，我們仍須一問，那個科學的確證——亂七八糟的寓言、謬誤和混亂之母——究竟從何而來？是怎麼來的？它又是什麼？

當然，在這裡或他處妄求「解釋」像異教如此遙遠、紛亂、朦朧、錯綜複雜的現象，是愚不可及的嘗試——那比較像雲場，而非有著堅實土地與事實的遼遠大陸！那不再是現實，但曾經是。我們應當了解這個看似雲場的東西曾是現實，不是詩意的寓言，更絕非起源於騙術和詐欺。我敢說人絕不會相信毫無根據的詩歌，絕不會冒險將靈魂的生命寄託於寓言上：所有時代的人，特別是早期嚴肅時代，都有察覺騙子、厭惡騙子的本能。讓我們試試看，放棄欺騙理論和寓言理論，深情專注地聆聽異教時代遙遠、混亂的傳說，能否至少確定下面兩件事：他們心中有某種事實，他們不虛假、不困擾，而是以他們自己的方式虔誠，而且頭腦清楚！

還記得柏拉圖的想像吧：一個男人在某個幽暗的遠方長大，後來突然被帶到高處看旭日東昇。看到這個我們習以為常、視若無睹的景象，他會有多驚異、多著迷？懷有孩子自由開闊的意識，也具備成人的成熟能力，他的心靈會被這景色所點燃，他會覺得這莊嚴神聖，他的靈魂會在它面前跪下膜拜。就是這種孩子般單純的偉大，存在於原始民族之中。這群未開化者的第一位異教思想家，率先開始思考的人，就是柏拉圖的「孩童—成人」。思想單純、心胸開闊如孩童，又有成人的深度和力量。他還不知道自然的名字，還沒有在一個名稱底下結合形形色色、變化無窮的景象、聲音、形狀和運動，即我們現在統稱的「宇宙」、「自然」等等——用一個名稱把它和我們分開。對這個狂野、深摯的人來說，一切都是新的，尚未被名稱或慣例遮掩：它赤裸裸地佇立著，向他閃耀光輝，美麗、令人敬畏，無法言喻。自然，對這個人來說，就像對思想家和先知一樣，是「超越自然」（preternatural）的。這片翠綠、繁盛、由岩石構成的土地，樹林、山脈、河流、澎湃的海洋——在我們頭頂優游的那片遼闊的湛藍深海。風不時刮過，烏雲聚集成形，時而迸出火光，時而降下冰雹和雨：它是什麼？究竟是什麼啊？實際上我們尚不知情，也永遠不可能知道。我們不是憑藉卓越的洞察力而逃過這個難題，而是因為我們極其輕浮，我們不注意、我們欠缺洞察力。正是因為我們不再思考，才不再對它感到疑惑。在我們周遭根深柢固，完全包住我們形成的每一種觀念的，是傳統、傳聞、道聽塗說的包裹。雷鳴烏雲迸出的火光，我們稱之為「電」，博學地講解它，拿絲和玻璃可以磨擦出類似的東西：但它是什麼呢？是什麼做的呢？它從哪裡來，又往哪裡去？科學已為我們做了很多事，但把偉大、深刻、神聖、浩瀚無垠的「不可知」隱藏起來不讓我們看到的，也正是貧乏的科學。它要往哪裡去，我們永遠無法看透，所有科學都只是一層膚淺的浮游薄膜罷了。儘管有那麼多科學，這個世界仍是奇蹟——不管誰來思考，那仍是奇妙的、不可測知的、神祕莫測的。

即使沒有別的神祕謎團，也有「時間」的存在：那個無邊無際、寂靜無聲、永不休止的東西，叫作「時間」，洶湧、奔騰、迅疾、無聲，宛如廣納一切的海潮，我們和整個宇宙像呼氣般在上頭泅泳，宛如幽靈，這會兒在，那會兒又不在；這永遠是名副其實的奇蹟，讓我們瞠目結舌的東西——因為我們沒有任何言語可以描述它。這個宇宙，哎呀——那個野蠻人能知道什麼，我們又能知道什麼？它是一種「力」（force），也是千千萬萬種錯綜複雜的力，一種不是我們的力。僅此而已。它不是我們，它跟我們截然不同。力、力，無處不是力，在那核心之中，我們自己也是一種神祕的力。「路上腐爛的葉子裡面一定都有『力』，否則怎麼會腐爛呢？」當然，對無神論的思想家來說，如果這樣的力可能存在，那想必也是奇蹟：這廣大無邊的「力」的旋風，在這裡裹住我們；永不止息的旋風，高如「無限」，老如「永恆」。它是什麼？是上帝的創造，是全能上帝的傑作，虔誠教徒如此回答。而無神論的科學家以諸如科學術語、實驗等等含糊不清地述說，彷彿那是個可憐的死的東西，被封在「萊頓瓶」（Leyden jar，儲存靜電的裝置）裡，擺在櫃檯販售：但無論何時，人的天生意識，如果他誠實地運用他的意識的話，會宣稱它是有生命的東西——啊，不可言喻，神一般的東西。對此，儘管絕不科學，我們最好的態度，是敬畏，是靈魂虔誠的拜倒與謙遜。若不以言語崇拜，就以沉默來崇拜。

現在我要進一步述說，在像我們這樣的時代，需要由先知或詩人來教導我們，也就是說，去剝除那些拙劣且不虔誠的包裹、術語和科學傳說——古老的誠摯靈魂，尚未被這些東西拖累，為自己做到了這點。這個世界，如今只有對天賦異稟的人是神聖的，以往則對任何抬眼望它的人都是神聖的。他赤裸裸站在它面前，與它面對面。「一切都像上帝，或就是上帝」——讓．保羅（Johann Paul Friedrich Richter）[1]仍這麼認為。偉大的讓．保羅啊，有力量逃離傳說的束縛：不過當時沒有傳說。老人星（Canopus）照耀著沙漠，藍鑽一般的光輝（那狂野如靈的光輝，遠比我們這裡看到的明亮）會穿透野人以實瑪利（Ishmael）[2]的心，指引他們越過那裡孤寂的荒野。對他狂野的心，那百感交集、卻無任何言語可以表達任何感受的心而言，那顆星，老人星，看來可能就像一隻小眼睛，從「永恆」的深處瞥了他一眼，向他表露內在的光輝。我們無法理解這些

1 譯註：讓．保羅（1763－1825），德國作家，為德國浪漫主義文學的先驅。

2 譯註：在猶太教《希伯來聖經》中，以實瑪利是亞伯拉罕的使女夏甲所生之子，後亞伯拉罕趕走夏甲母子，以實瑪利住在曠野，成為弓箭手，受上帝應許成為大國的祖先。日後的阿拉伯人即為以實瑪利的後代。

人是如何崇拜老人星，是如何成為我們口中拜星的「示巴人」（Sabean）嗎？這在我看來就是各種「異教」的祕密。崇拜是超絕的驚異，對沒有限制、沒有限度的事物感到驚異，這就是崇拜。對這些原始人而言，他們身邊所見的萬事萬物都如同神一般，或者，就是某位神的象徵。

來看看這其中有何長久不變的真理。對我們來說，如果我們願意敞開心胸、睜開雙眼，上帝不也是透過每一顆星，經由每一株草，讓我們看見嗎？現在我們不再以那種方式崇拜了：但難道那不仍被視為一種優點，證明著我們所謂的「詩意天性」——我們看出每一樣物體都有神聖之美，每樣東西仍確實是「一扇窗，透過它，我們或許就能望進無限？」能夠察覺萬物美好的人，我們會叫他詩人！畫家、天才之人，天賦異稟、討人喜愛——這些示巴人就是如此——以他們自己的方式。不管用何種方式，他們的作為，都是好的：比那些愚蠢至極的人類、駑馬和駱駝所做的都還要好——也就是什麼都不做！

然而如果我們瞻望的一切都是「至高上帝」給我們的象徵，我要加一句：比起那一切種種，人更是這樣的象徵。你應該聽過聖金口約翰（St. Chrysostom）[3]的名言：他說「光雲」（Shekinah）或「約櫃」（Ark of Testimony）都是上帝在希伯來人間肉眼可見的顯現：「真正的光雲是人！」是的，真是如此：這非虛言，確實如此。我們生命的本質，我們體內自稱「我」的

3 譯註：聖金口約翰（347－407）為基督教早期教父，三九八年成為正教會的君士坦丁堡大主教。

謎——啊，我們對這些有何說法呢？——是上帝的氣息、是「至高存在」（Highest Being）在人的身上顯露自身。這個軀體，這些官能，我們的生命，不都是那個「無以名之」者的外衣嗎？「宇宙間只有一座聖殿，」虔誠的諾瓦利斯（Novalis）[4]說：「那就是人的軀體。沒有比那種高尚的形式更為神聖的了。在人面前俯身就是向上帝於肉身的顯現致敬。我們將手放在人的軀體，就是觸摸上帝！」這聽起來像華麗的詞藻，實則不然。若仔細思考，這將證明是科學事實。這段以可用文字表達的話，是事物的真理。我們是奇蹟中的奇蹟——上帝最不可解的謎。我們無法理解，我們不知如何述說，但如果我們樂意，我們便能感覺到、也能知道。確實如此。

啊，從前比現在更容易感覺這些真理。在世界最初的世代，內心有孩童的清新，也有成年人最深的誠摯，不認為只憑科學名稱就可完全涵蓋天地間的一切，他們懷著敬畏和驚異直接凝視萬事萬物，他們更善於感覺所謂神性就在人和自然之中，他們能夠崇拜自然，更崇拜人，勝過自然中其他一切，他們沒有瘋。崇拜，如前面所說，是沒有限制的欽佩：他們能夠充分運用所有官能，用盡真心誠意，做到這件事。我認為「英雄崇拜」就是那種古老思想體系的一大修正要素。我們或許可以說，我所謂異教複雜糾結的叢林，是從很多條根長出來的：對一顆星星，對自然物體的每一種欣賞和傾慕，都是一條根，或是根的纖維，但「英雄崇拜」是最深的一條，它是主

4 譯註：諾瓦利斯（1772－1801），原名馮．哈登柏格男爵（Georg Philipp Friedrich Freiherr von Hardenberg），為德國浪漫主義詩人、作家、哲學家。著有《夜之讚歌》（*Hymnen an die Nacht*）等詩歌。

根，其他的根大半是從這裡得到滋養而生長。

而如果連崇拜星辰都具有某種意義，那麼崇拜英雄會有多大的意義啊！英雄崇拜是對偉大人物超絕的欽佩。我認為偉大人物至今仍是值得欽佩的，我敢說，基本上，沒有其他事物值得欽佩！在人類的胸膛，沒有比欽佩比自己崇高的人更高貴的情感了。直到此刻，時時刻刻，這都是人類生命中最活躍的影響力。我發現宗教就立於其上，不只是異教，還有更崇高、更真實的宗教——迄今所知的所有宗教。英雄崇拜，對某位最崇高、像神一般的「人類形體」由衷感到五體投地的欽佩、臣服，如此強烈而無窮盡——這不就是基督教的起源嗎？所有英雄中最偉大的是「一位神」（One）——我們不能妄加命名！且讓神聖的寂靜沉思那件神聖的事，你會發現它是現存於人類在塵世的全部歷史中，盡善盡美的原則。

或者來到層次較低、沒那麼不可言喻的領域：「忠誠」（loyalty）不也類似宗教「信仰」嗎？信仰即是效忠於某位獲得啟發的「教師」、某位心靈上的「英雄」。因此，若不是一種英雄崇拜的流露，對真正偉大人物的欽佩臣服，忠誠——所有社會的精神支柱——又是什麼？社會建立在英雄崇拜之上。人際往來仰賴的階層地位，我們或許可稱為「英雄政體」——也就是階級制度，因為它夠「神聖」！公爵（Duke）原意為「Dux」：領袖；國王（King）是「*Kon-ning*」或「*Kan-ning*」：有知識或有能力的人。社會處處是某種分等級的「英雄崇拜」的表現（雖不精確，但還在可以忍受的範圍）——是對真正偉大、睿智者的崇敬和服從。我是說雖不精確，但還在可以忍受的範圍！這些社會顯要都像鈔票，全都代表黃金——哎呀，其中一定有數張偽鈔。我們可以忍受一些偽鈔，甚至很多張偽鈔，但不能容忍全部或大部分是假的！絕對不能：屆時一定會發生革命，會有民主、自由、平等的呼聲，以及我不知道的事情——鈔票全是假的，換不到任何黃金，人們絕望地吶喊沒有黃金，從以前就沒有黃金！其實「黃金」，英雄崇拜，是存在的，一直都在，無處不在，只要人類存在一天，就不會停止存在。

我很清楚，時至今日，英雄崇拜，或我稱為英雄崇拜之事，看似過時，終告停止。值得花點時間探究的原因是，這個時代彷彿否認世上有偉大人物，否認我們嚮往偉大人物。給我們的評論家看個偉人，比如馬丁．路德，他們便開始他們所謂的「解釋」：不是崇拜他，而是「丈量」他——把他變成一個小人物！他們說，他是「時代的產物」，是時代召喚他出來，全部的事情都是時代做的，他什麼也沒做——除了我們這些小批評家也做得到的事！這在我看來是何其可悲。時代召喚？哎呀，我們知道時代召喚偉人的聲音夠響亮了，但時代召喚偉人時，並沒有發現偉人！他並不在那，天命還沒有派他出來；扯開喉嚨呼喊的時代勢必陷入混亂和毀滅，因為偉人在被召喚時還沒有到來。

如果我們仔細思考，時代若能找到夠偉大的人物，夠睿智、夠良善的人，擁有明辨時代需要什麼的智慧，和領導時代走上正途的勇氣，就不必崩潰了；這可以拯救任何時代。我會把常見的無精打采的時代，那些因懷疑、苦惱、困惑，因軟弱多疑的人物和侷促不安的處境，虛弱地碎裂成更糟的不幸、終至崩潰的時代，比作乾枯的燃料，等待天空迸出的閃電來點燃。偉大的人物，以及他直接得自上帝的自由力量，就是那電光。他的話語是睿智的療癒話語，人人都可相信。當他打出火光，周遭一切都會像他一樣燃起熊熊烈火。有人會覺得是那些乾枯腐朽的枝條召喚他出來。它們確實迫切需要他，但至於召喚他出來嘛——我想那些目光短淺的批評家會大喊：「瞧，著火的不是那些枝條嗎？」一個人要表現自己有多渺小，最悲哀的證明莫過於不相信偉大的人物。一個世代最悲哀的象徵，莫過於對那心靈的電光視而不見，只相信那堆乾柴。這是集懷疑之大成。在世界史上的所有時代，我們都會發現「偉人」是他的時代必不可少的拯救者——是那道電光，沒有它，燃料就燒不起來。前面已經說過，「世界史」就是「偉人傳」。

這樣的小批評家會無所不用其極地助長不信神和普世的靈性癱瘓，所幸他們不可能永遠圓滿成功。所有時代都可能有夠偉大的人出現，偉大到覺得這些小批評家和他們的說法是妄想和圈套。值得注意的是，不論在任何時代，他們都無法從活人的心臟連根拔除對於偉人的某種獨特崇敬——由衷的欽佩、忠誠、傾慕，就算可能朦朧而扭曲。只要人類還在，英雄崇拜就會持續下去。博斯韋爾（Boswell）[5]崇拜約翰生（Samuel Johnson），即便在十八世紀也十分恰當。不信神

5 譯註：博斯韋爾（James Boswell，1740 - 1795）為愛爾蘭傳記作家，最著名的作品是《約翰生傳》（*The life of Samuel Johnson*），約翰生（1709 - 1784）為英國散文家、辭書學家、傳記家、詩人。

的法國人相信他們的伏爾泰（Voltaire）[6]，還在他人生的最後一幕，圍著他爆發出非常奇怪的英雄崇拜：「將他悶死在玫瑰花下。」我總覺得崇拜伏爾泰的例子極為奇特。誠然，若基督教是英雄崇拜的最高實例，那崇拜伏爾泰就是最低的實例了！伏爾泰終其一生反基督，在英雄崇拜方面確實又呈現了奇特的對比。恐怕沒有誰比仰慕伏爾泰的法國人更不易欽佩他人了。「戲謔」是這些人腦袋的特色，仰慕在他們腦袋裡無立足之地。但你看！這個老頭從費內（Ferney）來到巴黎——一個年邁、蹣跚、衰弱、八十四歲的糟老頭——他們覺得他是一種英雄，認為他一輩子反對不公不義、解救卡拉斯家族（Calases）、揭穿高位偽君子的假面具——簡言之，儘管方法奇特，他也是像勇士一般戰鬥。而且他們覺得，如果「戲謔」是偉大的事，那麼世上不曾有過這麼一位「戲謔者」。他實現了每一名戲謔者的理想，是他們都想成為的人，是所有法國人中最法國的。他就是他們的神——他們就適合那樣的神。因此，所有人，從安東妮王后（Queen Antoinette）到聖但尼門（Porte St. Denis）的海關官員，有誰不崇拜他？上流人士偽裝成酒館侍者。咒罵不絕的驛站站長命令他的左馬御者：「走好；你是在為伏爾泰先生駕車欸。」在巴黎，他的馬車儼然是「一顆彗星的核心，民眾列隊跟隨，擠滿街道。」貴婦從他的毛皮衣物扯下一、兩根毛，視為聖物保存。法國所有最顯要、最美麗、最高尚的人，無一不覺得這位仁兄更顯要、

6 譯註：原名 François-Marie Arouet（1694 – 1778），法國啟蒙時代思想家、哲學家、文學家。

更美麗、更高尚。

是的，從北歐的奧丁到英國的約翰生，從基督教神聖的創立者到衰老的「百科全書派主教」[7]，無論何時何地皆有英雄受到崇拜。永遠都會如此。我們都愛偉大的人物，愛偉人、崇敬偉人、在偉人面前屈膝臣服。我們願誠心誠意向其他事物卑躬屈膝嗎？啊，舉凡忠實的人，不是都覺得崇敬真正高於他的人，也會讓自己更高貴嗎？寓於人心的情感，沒有比這更崇高、更神聖的了。對我來說，想到這點便非常振奮：任何懷疑論的邏輯或平凡瑣事，任何時代的虛偽和乏味都無法摧毀人心中這種高貴、天生的忠誠和崇拜。在不信神的時代──那很快會變成革命的時代──人人都見得到許多可悲的急遽衰敗和毀滅。這些時日，我似乎在英雄崇拜的不壞之身中看到永恆的堅石，革命行動的混亂殘骸會以之為底線。在這些變革時代，事物混亂的殘骸會粉碎、會在我們身邊墜毀傾覆，但到此為止，不會掉得更深。這是一塊永恆的基石，一切可從這裡重建。人類，就某種意義而言，崇拜英雄；人人崇敬，始終崇敬偉人；這在我看來就是各種崩潰之中的活生生的基石──現代革命史中的定點，否則革命就有如毫無底限，且靠不了岸。

我在古老民族的異教中發現了好多真理，雖被老舊過時的外衣掩蓋，其精神仍是真實的。自

7 譯註：指伏爾泰。百科全書派是指十八世紀法國數名啟蒙思想家於編纂《百科全書》時，以狄德羅為核心形成的學術團體，伏爾泰是其中要員。

然仍是神聖的，依舊顯現上帝的傑作。英雄仍是值得崇拜的：這正是所有異教以其粗劣、狹隘、初生的形式所努力呈現的。我認為對此時此地的我們來說，北歐的異教最為有趣。一方面它時間最近，它在歐洲這些地區一直持續到十一世紀：不過八百年前，挪威人還在崇拜奧丁。另一方面，它饒富趣味也是因為那是我們祖先的信仰。祖先的血液還在我們身上流著，我們無疑有很多地方還像他們。這就奇了：他們的確信異教，我們的信仰卻截然不同。基於許多理由，讓我們稍微看一下這些古北歐人的信仰。我們有還算不錯的方法可以做這件事，因為北歐神話還有一點很有趣：那就是至今保存良好。

冰島是個奇妙的島嶼——地質學家說那是海底火山爆發形成，是一片布滿熔岩的不毛荒地，每年都有好幾個月為狂風暴雨吞噬；夏天卻有狂野璀璨之美，堅忍不拔地聳立北海之中。有終年積雪的雪山、喧譁的噴泉、硫磺池和可怕的火山裂口，就像冰與火狼藉不堪的戰場——是我們最不可能前來尋找文學或文字紀錄的地方，這些事物卻被記載下來。在這荒地的海濱有青草地帶，牛隻可以生存，而人可靠牛隻和大海的產物維生。他們似乎是詩人，有深刻思想的人，且能夠將思想如音樂般流露。要是冰島沒有從海底冒出來，要是北歐人沒有發現冰島，我們的損失可大了。

薩蒙德（Saemund），冰島早期基督教士之一，或許對異教情有獨鍾，蒐集了好些當時眼看就要作廢的古老異教詩歌——神話、預言的詩或歌曲，大多具有宗教特色，即北歐批評家所謂的

「大埃達」（*Elder Edda*），或「詩體埃達」。「埃達」一詞語源不明，一般認為意指「女性祖先」。近百年後，極富盛名、曾受教於薩蒙德之孫的冰島紳士史諾洛・史特利森（Snorro Sturleson），除了撰寫幾本書，也親自編撰一系列完整神話的簡介，以傳統詩歌的新片段闡釋。這部作品確實別出心裁、渾然天成，我們或許可稱之無自覺的藝術；從頭到尾簡單清晰，至今讀來仍令人愛不忍釋。這就是「小埃達」（*Younger Edda*），或「散文埃達」。透過這些和其他多部「薩迦」（*Saga*）——大多以冰島文寫成、有冰島文或非冰島文的評註，至今在北歐仍大受歡迎——我們要獲得直接的洞見，要與古代北歐信仰體系面對面，是有可能的。讓我們忘卻那是錯誤的宗教，讓我們把它當成古老的思想看待，看看能否多少產生共鳴。

我發現這個古老北國神話的主要特色，是肉眼可見自然運作的人格化。誠摯、單純地承認「自然」運作是全然神奇、超乎想像而神聖的。對於我們現今視為「科學」來講授的事物，他們視為宗教來驚嘆，來敬畏地跪拜。至於自然黑暗、敵對的力量，他們認為是「約頓」（*Jotuns*），即巨人，毛髮粗濃的巨大惡魔。有霜巨人、火巨人、海上暴風雨巨人。也有友善的力量，例如盛夏的溫暖，例如太陽，則是「神」。宇宙帝國被這兩者劃分；雙方分居兩側，彼此仇視，常年相殘。諸神住在天上的阿斯嘉特（Asgard），即「阿薩神族」（Asen）的花園；「約頓海姆」（Jotunheim）——一個遙遠、黑暗、渾沌之境，則是約頓的居所。

光怪陸離，但如果我們仔細觀看它的基礎，那它並非毫無根據，也非愚不可及！例如「火」

或「焰」的力量，我們今以平凡的化學名詞稱呼之，因此看不到蘊藏其中，一如蘊藏萬物之中的奇蹟本質，古代北歐人則視之為「洛基」（Loke），「約頓」所生的一位行動最迅速、詭祕的「惡魔」。萊德隆群島（Ladrones Islands）的野人（一些西班牙航海家這麼說）也認為他們以前從未見過的火是惡魔或神，你一碰就會狠狠螫你，靠乾燥木頭維生。對我們而言，若非「愚蠢」幫助，「化學」也隱瞞不了火焰是奇蹟的事實。火焰是什麼？——古代北歐先知把「霜」看成可怕的白髮約頓，巨人索列姆（Thrym）、赫列姆（Hyym）或列姆（Rime），這個古字在這裡幾乎已廢棄不用，但在蘇格蘭仍被用來指「灰白色的霜」。那時列姆不像現在這樣是死的化學東西，而是活生生的約頓或惡魔，恐怖的列姆會在晚上策馬回家，坐著「梳馬鬃」——他的馬是「雹雲」，或疾速的「霜風」。他的牛——不對，不是他的，而是親戚巨人「修米爾」（Hymir）的牛，是「冰山」：修米爾用他的惡魔之眼「望著那些石頭」，那些石頭便裂開了。

當時，雷不只是電、玻璃電或樹脂電[8]；它是雷神「多納爾」（Donner）或「索爾」（Thor）——也是慈善的盛夏溫暖之神。雷聲是索爾的盛怒；烏雲聚集是他蹙起怒眉；天空迸射的火光是從他手中擲出、無堅不摧的鐵鎚。他會驅策他轟隆隆的戰車駛過一座又一座山頂——那

8 譯註：此為查爾斯．篤費（Charles di Fay，1968 - 1739）提出的電的雙流體理論，稱絲綢摩擦玻璃生成的電為「玻璃電」，而由羊毛摩擦琥珀生成的電為「樹脂電」。摩擦可以將這兩種電分離，合併則可相互中和對方。

就是雷鳴；他會怒氣沖沖地「吹他的紅鬍子」——那就是雷聲大作前沙沙的風暴。還有白色之神「巴德爾」（Balder），是美麗、正義、仁慈之神（早期基督傳教士覺得像基督），是太陽，肉眼可見最美麗的事物；儘管我們已有天文學和曆書，它仍是不可思議而神聖的！但我們聽過最有名的神，或許是德國語源學家格林（Jacob Ludwig Carl Grimm）發現蹤跡的希望之神（Wunsch）：他能賜予我們希望的一切！這不就是人類心靈最誠摯也最粗魯的聲音嗎？是人類有史以來構成最粗魯的理想，如今仍展現在我們最新的精神文化形式中。若作更高層次的思考，我們就會明白「希望之神」不是真實的神。

在其他的神或約頓中，我只為語源學之故提出海上暴風雨的約頓：「埃吉爾」（*Aegir*），一位非常危險的約頓——直到今天，就我所知，在我們的特倫特河（Trent）上，當河水漲至某個程度時候（會產生逆流或渦流，對船夫非常危險），船夫就會叫它「伊吉爾」（eager），他們會高喊：「當心啊，伊吉爾來了！」奇怪吧，那個詞竟然流傳下來了，就像沉沒世界裡的山峰！最老的諾丁罕船夫相信埃吉爾。當然我們英國人身上也流著丹麥人、北歐人的血；更確切地說，基本上，丹麥人、北歐人、薩克遜人除了一個表面差異外沒什麼分別——異教徒和基督徒之分，或諸如此類。在我們島嶼各地，我們主要和丹麥人相混合——拜接連不斷的入侵所賜，其中當然有一大部分是沿東海岸，但我發現，最多是從北國。從亨伯（Humber）以北，蘇格蘭各處，老百姓的語言仍和冰島語密不可分。那裡的日耳曼語仍帶有特殊的北國風味。他們也是「諾曼人」

（Norman）：即北方人——若這算某種偉大的美的話！

至於主神奧丁，我們將娓娓道來。現在請特別注意：北歐異教的精髓，事實上所有異教的精髓，都是承認自然的「力」宛如神明，是巨大的個人施為——是「神」和「惡魔」。這對我們來說並非不可想像。這是人類初期懷著敬畏與驚異，對這個更巨大的宇宙產生的思想表現。對我來說北歐體系有某種非常真誠、非常偉大且雄壯的東西。北歐體系的特色就是顯而易見的單純和樸實，與古希臘異教的輕盈優雅截然不同。那是「思想」，是深刻、粗魯、誠摯心靈的真正思想，敞開心胸接受周遭一切事物；是親自、用心地觀察萬物——這是所有時代所有好思想的第一個特徵。不像希臘異教那樣優美輕盈、半消遣，而是展露某種平凡的真實和質樸的力量，大量粗獷的誠摯。在看過我們俊美的阿波羅雕像，以及簡單明瞭、令人莞爾的神話後，再見到北歐諸神的行事作風，自然覺得奇怪：比如諸神「釀酒」設宴款待海約頓埃吉爾，派雷神索爾去約頓的地盤取大釜，索爾經歷冒險，啪地一聲把大釜蓋在頭上，像戴著一頂大帽子，就這樣離開——在釜中不知所措，釜耳都垂到腳跟了！北歐體系的特色就是這種茫然、笨拙的龐然大物——擁有擎天之力，但完全未受訓練，只能踩著不確定的大步無助地前行。只要想想他們最重要「創世」神話就好：在諸神殺了由「溫暖的風」所構成、在冰霜與烈焰的衝突中所創造出來的巨人伊米爾（Ymer）之後，決定要用他來建造一個世界。它的血化為海洋，肉化為陸地，骨化作山，眉毛形成眾神居住的阿斯嘉特，頭蓋骨化為蔚藍無垠的天穹，腦髓化為雲。這多麼「大人國」[9]啊！未馴服的思想，龐大如巨人——假以時日它會被馴化成精實的偉大，不像巨人，像神，比巨人更強大，成為莎士比亞們，成為歌德們！——無論在肉身或精神上，這些人都是我們的祖先。

我也喜歡古代北歐人「乾坤樹」（Igdrasil）的象徵。他們將生命比擬成樹。「乾坤樹」，那棵「生命」的白楊樹，根生在死亡女神海拉（Hela）的冥界，樹幹直達天頂，樹枝蔓延，遍布整個宇宙——這就是「生命之樹」。在它的樹根，即冥界中，坐著諾倫三女神（Three Nornas），即命運女神——過去、現在、未來——從「聖井」取水澆樹根。它的「樹枝」，以及枝上的芽和脫落的葉——是各種事件、受苦難的事物、完整的事物、大災難——延伸穿過所有土地和時間。它每一片葉子不就是一部傳記，每一條纖維不就是一次行動，或一句話語？它的樹枝就是民族的歷史；它沙沙作響，就是人類存在的喧嚷，從古代一路延續。它在那裡生長，任「人類熱情」的氣息窸窣而過——也任暴風席捲，像眾神咆哮般呼呼地掃過。它就是乾坤樹，生命之樹。它是過去、現在、未來；已經做的，正在做的，將要做的：「『做』這個動詞的無限變化。」想想人類的事物如何循環，每件事物如何環環相扣——我今天跟你們說的話不是僅借自默西亞的烏爾菲拉

---

9 譯註：「大人國」原文為「Brobdingnag」，借喻自強納森．史威夫特（Jonathan Swift）名著《格列佛遊記》（*Gulliver's Travels*）裡的大人國。

（Ulfila the Moesogoth）[10]，也是借自率先開口說話的人之後的每一個人類——我覺得沒有比一棵「樹」更貼切的比喻了。美麗，既美麗又偉大。「宇宙的機器」——哎呀，高下立判！

噢，古代北歐人對自然的觀點可真奇怪啊，跟我們相信的自然迥然不同。這到底來自何方？沒有人想被迫說個分明！不過有件事或許可以說：它來自北歐人的思想——尤其是第一個擁有原始思考能力的北歐人的思想。第一個北歐的「天才」——我們應該這樣稱呼他！在他之前，已有無數人經過、越過這個宇宙，只能目瞪口呆，就像一般動物可能有的感覺，或是帶著一種痛苦、想詢問而未果的驚詫，就像只有人才有的感覺——直到那位偉大的思想家，那位「原型」人，「觀察家」降臨；他說出來的適切想法喚醒了所有人處於沉睡中的能力，使他們開始思考。思想家，靈性的英雄，始終都是如此。他說的就是所有人想說，而還沒說出口的，彷彿從痛苦、著魔的睡夢中甦醒，所有人的思想圍繞著他的思想啟動、給予回應——沒錯，就是這樣！那就像破曉的曙光令人們歡欣——那不就是喚醒他們，從不存在（no-being）來到存在，由死入生嗎？我們至今仍尊敬這樣的人，稱他為詩人、才子等等，但對這些野人來說，他是魔法師，能帶給他們神奇、出乎預料的幸事的人，是先知，是神！思想一旦喚醒，就不會再沉睡了，它會自己發展成一

10　譯註：烏爾菲拉（310 - 383）是哥德（Goth）主教、基督教亞流教派（Arianism）傳教士，曾翻譯《哥德聖經》，也是哥德字母的創造者，並將基督教傳到哥德等日耳曼部落。

個「思想體系」，一人繼一人，一代接著一代地成長——直到發育完全；而一旦發育完全，這樣的思想體系便不會再長，必須讓位給另一個體系。

我們可以想像，對北歐人來說，現在人稱「奧丁」的那個人，北歐的主神，就是這樣的一個人。是「老師」，靈魂、肉身的「統帥」；是「英雄」，價值無法衡量，對他的景仰超越了已知的界限，成了傾慕。他不是擁有明確表達思想的能力嗎，還有其他許多同樣神奇的力量？因此，懷著無限的感激，北歐人粗野的心靈感覺到了。他不是為他們解開宇宙難解的謎了？讓他們對自己在宇宙中的命運產生信心了？經由他，這會兒他們知道自己在這裡必須做什麼，今後又該追求什麼；經由他，生存已經可以細說分明，悅耳動聽。他是第一個賦予「生命」生氣的人！——我們或許可以稱這位奧丁是北歐神話的起源：奧丁，或是這位「北歐第一個思想家」在人間時的任何名字。他的宇宙觀一經發布，同樣的觀點便開始在所有人心中成形、成長、繼續成長，且一直為人們信賴。那原被寫在眾人的心裡，但看不見，就像用隱形墨水寫的，聽到他的話，字跡開始浮現。哎呀，在世界的每一個時期，最偉大的事件，其餘所有事件之母，不就是有位「思想家」降臨人世嗎！

還有件事我們不能忘卻：那將略為解釋這兩部北歐《埃達》的混亂。它們不是一個一貫的思想體系，而是集數個相繼體系之大成。前述種種古代北歐信仰在《埃達》裡是隔著同樣的距離向我們展示，就像畫在同一張畫布上的畫，但在現實上不是這樣存在的。它是以各種距離和深度，存在於信仰濫觴後接踵而至的每一個世代。從第一位開始，所有北歐的思想家都對北歐的思想體系有所貢獻，不時有新的細節與增補，這是他們所有人合作的成果。它有什麼樣的歷史，是如何透過一位接著一位思想家的貢獻逐漸演變，在它發展到最終的型態，也就是我們在《埃達》看到的型態之前，不會有人知道：它的特拉比松會議（Councils of Trebizond）[11]、特利騰大公會議（Councils of Trent）[12]，它的亞他那修們（Athanasius）[13]、但丁們、路德們，都如石沉大海，在黑夜裡毫無回音！我們所能知道的就只是它有這麼一段歷史。不論思想家在哪裡出現，他想到的事物就是一種貢獻，一種增加，引發一場變革，乃至革命。哎呀，最盛大的那場「革命」就是奧丁自己發動的，可這不也跟其他事物一樣沉沒了。奧丁有什麼樣的歷史？認為他曾有歷史倒奇怪了！這位奧丁，雖然身穿古怪北歐衣服、鬍子蓬亂、眼神狂野、言行舉止粗魯，卻是跟我們一樣的人類：也跟我們一樣有喜怒哀樂，有四肢，有面容——本質上跟我們一模一樣——卻做出如此一番成果！但那些成果，大多已經毀滅，那位工作者，也只留下名字。「星期三」（Wednesday）——人們以後會這麼說，這正是奧丁的日子！但奧丁沒有歷史流傳，沒有紀錄留

11 譯註：特拉比松帝國是一二〇四年從拜占庭帝國分裂出的三個帝國之一，一四六一年亡於鄂圖曼帝國。作者所言之「會議」不詳。

12 譯註：是指天主教會於一五四五年至一五六三年間在北義大利的特倫托與波隆那召開的大公會議。會議召開的原因是馬丁．路德發動的宗教改革，常被稱為「反改教運動」，會中也釐清了許多天主教教義和神學理論，對其後展開的佈道宣教及宗教戰爭有極大的幫助。

13 譯註：亞他那修（296 - 373）為東方教會的教父，曾任埃及亞歷山大城主教，死後被列為基督教聖人之一。

存至今，也沒有值得反覆述說的猜測。

史諾洛確實以平靜，甚至簡略、就事論事的風格，在他的《挪威王列傳》（*Heimskringla*）中，寫下奧丁是多麼英勇的王子，在黑海地區率領十二位貴族，以及一支居住空間狹隘的民族，寫下他是怎麼率領他的「阿薩」（「亞洲人」之意）族民出走亞洲，靠武力征服，在歐洲北部地區落腳。他發明了文字，發明了詩——而後逐漸被這些斯堪地那維亞人奉為主神，十二位貴族變成他自己的十二個兒子，和他一樣的神。史諾洛對此深信不疑。同世紀的北歐人薩克索．格拉瑪提庫斯（Saxo Grammaticus）雖凡事充滿好奇，對此卻更堅定不移：他毫無顧忌地挖出每一神話人物的一段史實，寫成在丹麥或其他地方的大事。幾百年後，學識淵博、行事謹慎的托爾費烏斯（Thormodus Torfæus），推算了一個年代：奧丁，他說，在耶穌誕生前七十年來到歐洲。對上述僅僅基於不可靠的推測、現已證實站不住腳的事情，我什麼都不必多說。遠比七十年早，早得多啦！奧丁的年代、冒險、完整的現世歷史、人物和環境，都已永遠沉入無人可知的千千萬萬年了。

然而德國古文物家格林竟否認歷史上有奧丁這個人。他用語源學來證明，「Odin」源於「Wuotan」一詞，以主神之名在各地條頓民族間傳播。據格林的說法，這個詞和拉丁文的「vadere」和英文的「wade」等詞有關，原意是「運動」（movement）、運動的源頭、力量，適合作為最高神祇之名，不適合當人名。他說，這個詞在古薩克遜、日耳曼和所有條頓民族都代表

「神」（Divinity），它衍生的形容詞全都有神、至高，或與主神有關的意義。很有可能！在語源學方面，我們必須向格林鞠躬致敬。就讓我們認為「Wuotan」的意思的確是「Wading」，「運動」的力量。儘管如此，它為何不能既是神的名字，又是「英雄人物」和「驅動者」的名字呢？至於形容詞和衍生字，西班牙人不就是因為普遍仰慕羅培（Lope）[14]，而養成說「羅培花」、「羅培女士」的習慣嗎——如果那朵花、那位女士姿色絕倫的話？倘若這情況延續下去，「羅培」在西班牙也會發展出意謂「像神一樣」的形容詞了。事實上，亞當．斯密（Adam Smith）[15]就在他的《語言論》（*Essay on Language*）中推測，所有形容詞都是這樣形成的：某個非常綠的東西，主要因其綠而著稱，得到了「綠」這個通稱，之後如有另一件物品也以這種性質引人注意，比如一棵樹，那它就會被稱為「綠」樹——正如我們還在說「蒸汽車」、「四馬馬車」等等。據亞當．斯密的說法，所有主要的形容詞都是這樣形成，起初都是實名詞（substantive）和實物。我們不能為了語源學而殲滅像那樣的活人！世上當然有第一位教師、第一位統帥，想必也有一位奧丁，曾經是感官感覺得到的，不是形容詞，而是有血有肉的真英雄！所有傳說、歷史的聲音，或歷史的回音一致同意：思想會教導人們這件事，向我們保證這件事。

14 譯註：指西班牙劇作家和詩人羅培．德．維加（Félix Lope de Vega Carpio，1562－1635）。

15 譯註：亞當．斯密（約 1723－1790）是蘇格蘭哲學家和經濟學家，被譽為經濟學之父。著作《國富論》（*Wealth of Nations*）率先試圖闡述歐洲產業和商業發展史，也提供了現代自由貿易、資本主義和自由意志主義的理論基礎。

奧丁這個人類是怎麼被視為神，還是位主神的呢？——這當然是個沒有人會想武斷回答的問題。我曾說，他的人民對他的景仰沒有限度，他們沒有尺度來測量景仰。想像你自己對某位最偉大人物衷心的愛不斷擴張，直到它超越所有界線，直到它盈滿且溢出你思想的原野！或者，要是奧丁這個人——因為一個偉大、深刻的靈魂，永遠是個謎，他的領悟、洞察與衝動不知源自何方，卻如神祕浪潮奔騰而至，連他自己也感到恐怖和驚詫——覺得他也許具有神性呢——覺得他是「Wuotan」、「運動」、至高力量和神的某種溢出物；覺得大自然的一切都是祂們可怕的「火焰意象」，令他目不轉睛；覺得「Wuotan」的某種溢出物就在他身上呢！他未必是虛妄的，他只是誤解了，而他說的都是他所知最真實的話。偉大的靈魂，誠摯的靈魂，卻不知道他是什麼——時而高至最高，時而低至最深；萬事萬物中，最難以衡量的——就是他自己！別人怎麼看待他，他如何揣測自己，兩者奇妙地交互作用，決定彼此。若所有人民都恭敬地仰慕他；若他自己狂野的靈魂充滿高貴的熱忱和情感，充滿旋風般混亂的黑暗和璀璨的新光；若神的宇宙在他身邊迸發出神聖莊嚴之美，而類似事情未曾降臨在任何人身上，他會怎麼看待自己呢？「Wuotan？」萬民呼應：「Wuotan！」

再來想想「時間」在諸如此類的情況會起哪些作用。想想一個人如果活著的時候很偉大，死後會偉大十倍。「傳說」是莫大的暗箱放大鏡！想想，當愛、崇拜和存在人心的一切紛紛助長，一件事物會如何在人類的記憶、人類的想像中長大。在黑暗中，在全然的無知中，沒有年代，沒有紀錄，沒有書本，沒有阿倫德爾（Arundel）的大理石[16]，只有散落各處沉默不語的巨石堆。噢，如果沒有書本，三、四十年後，在見過他的當代人都過世後，任何偉大人物都會變得如神話一般，遑論三百年後，三千年後！——事實證明，要嘗試為這種事情建立理論將徒勞無功：這些是拒絕被歸納、拒絕被圖解的事，邏輯也該知道她無法說明。而對我們來說，能看出在最遙遠的地方有一絲微光，是在那個巨大暗箱影像中心閃爍的真正光亮，能看出在那中心閃爍的不是精神錯亂，不是虛無，而是神志清醒，是真有其事，也就夠了。

這道光，在北歐人心靈的巨大黑暗渦流中點燃，那渦流雖一片漆黑，卻是活生生的，只是在等待著光——我認為這就是這整件事的核心。這樣的光將如何照射出來，在令人驚奇地增強千倍之後，以各種形式和色彩自我擴散，並非取決它自己，而是取決於接納它的民族心靈。你的光的形與色，將是它必須射穿的雕花玻璃的形與色——想來離奇，對每一個人來說，任何最真的事實都是由這個人的天性所塑造！我認為，最真摯的人，在跟他的同胞說話時，說的一定都是他認定的事實，真正「自然的表象」。但這種表象或事實怎麼塑造——對他成為哪一種事實——從過去到現在，都由他自己的思考法則修改：深刻、細微，卻也普遍、一直在運作的法則。對每一個人

16 譯註：阿倫德爾大理石指十七世紀阿倫德爾十四代伯爵（Thomas Howard, 14th Earl of Arundel）蒐集的古希臘羅馬時代石雕和石刻，其中包含西元前一五八二年至二九九年間的「帕里安編年史」（Parian Chronicle），刻在石碑上。

來說，自然世界都是他自己的幻想。這個世界是「他本身夢境」的多重「形象」。誰曉得這種種異教寓言的表現，該歸功於心靈法則哪些難以言喻的微妙之處呢！「十二」這個數是所有數目中最容易劃分的，可對半，可分四份、三份、六份，是最引人注目的數字——這便足以決定「黃道十二宮」、奧丁兒子的數目，以及其他數不清的「十二某某」。任何對於數字的朦朧傳說都有歸於「十二」的傾向。其他事物也是如此。而且是在不自覺中如此——並非刻意打造什麼「寓言」！不過，只要以嶄新、清澈的眼光看一眼那些最早的時代，必能立刻察覺萬物的神祕關係，並對此心悅誠服。席勒（Johann Christoph Friedrich von Schiller）[17]在「維納斯的腰帶」（*Cestus of Venus*）[18]中發現有關「美」的性質的永恆美學真理；怪的是他小心翼翼，避免影射古希臘神話學者有講述「批評哲學」之意！整體而言，我們必須離開那些無限的境域。我們不能把奧丁想像為實際存在過的人嗎？這當然是錯的，錯得離譜：但我們也不信我們的祖先曾相信純粹的謬誤、無稽的傳說、蓄意編造的寓言——我們不相信。

奧丁的「盧恩文字」（Runes）是他有重大意義的特徵，而他透過盧恩文字施展的「魔法」奇蹟，更是這個傳說的一大特色。盧恩文字是北歐的字母：想像奧丁是那支民族中發明字母、施展

17 譯註：席勒是十八世紀神聖羅馬帝國著名詩人、哲學家、歷史學家和劇作家，德國啟蒙文學的代表人物之一，在德意志文學史上的地位僅次於歌德。

18 譯註：丈夫赫菲斯托斯（Hephaestus）為維納斯打造的腰帶，在戰鬥時保護她。

「魔法」的人！那是人類創造過最偉大的發明！把人類心中看不見的想法，用文字記錄下來。這是一種第二語言，幾乎和第一語言一樣神奇。還記得祕魯王阿塔瓦爾帕（Atahualpa）[19]有多驚訝和難以置信嗎？他讓監視他的西班牙士兵在他拇指指甲上劃出「*Dios*」（上帝），然後要第二名士兵如法炮製，弄清楚是否真有可能有這樣的奇蹟。若奧丁真為他的民族創造字母，他或許可以施展更多魔法！

用盧恩文字書寫，賦予北歐人某種獨創的氣息：不是腓尼基字母，而是斯堪地那維亞當地的字母。史諾洛還告訴我們，奧丁發明了詩，人類語言的音樂，以及奇蹟般的盧恩音樂標記。想像你穿越時空，回到各民族發展之初：我們歐洲第一道美麗的曙光，眾人沐浴在旭日般年輕的清新光輝中，而我們的歐洲正開始思考，開始存在！這些強者心中洋溢著驚奇與希望，驚奇與希望的無限光輝，宛如幼童的思想！他們是自然強壯的孩子，而這裡不只有狂野的統帥和戰士，用他狂野的炯炯目光看出該做什麼，憑他狂野勇猛的膽量去做該做的事；這裡也有「詩人」，即我們所謂「詩人」、「先知」、誠摯的「思想家」和「發明家」的合體——也就是真正「偉大的人物」。一位全方位的英雄，尤以靈魂和思想最為重要，這位奧丁，以他半明確、半模糊的粗獷方式，有話要說。他敞開一顆偉大的心靈感受這偉大的宇宙，以及此地人類的生命，對這一切說出一番偉

19 譯註：阿塔瓦爾帕是印加帝國在西班牙殖民征服之前的最後一代薩帕・印卡（皇帝）。一五三二年至一五三三年在位。

大的話。如我所言，這位英雄有他自己粗野的作風，是個睿智、有天賦、心靈高貴的人，而現在，如果我們仍仰慕他勝過其他人，那麼這些狂野的北歐人，剛被喚醒而開始思考的北歐人，會如何看待他呢！對他們來說，雖然還沒有為此命名，他是崇高、最崇高的，是英雄、先知、神，是「Wuotan」——眾人之中最偉大者。思想就是思想，不論怎麼說出口，或怎麼拼寫，仍是思想。本質上，我推測，這位奧丁必定具備最偉大人物的特質，在他狂野的心靈深處，有著偉大的思想！他明確表達的那些粗鄙的詞語，不就是我們今天還在使用的英文字的字根嗎？那幽暗的環境裡，他做著這樣的事情。但他也是其中點燃的光，一道才智之光，心靈粗野的高貴，我們至今擁有唯一一種光，是一位英雄，如我所言：而他必須在那裡發光照耀，讓幽暗的環境明亮一些——這仍是今天我們眾人的任務。

我們將把他想像成北歐人的模範，是條頓民族有史以來所產生過最優秀的條頓人。粗野的北歐心靈對他湧出無限的景仰，形成傾慕。他就像很多偉大事物的根源，他的果實已從深處生長了數千年，遍布條頓人生活的全部領域。如前文所說，我們的「星期三」不就還是奧丁的日子？溫斯布里（Wednesbury）、旺斯伯勒（Wansborough）、旺斯特德（Wanstead）、旺茲沃思（Wandsworth）[20]——奧丁也長成了英國，這些都是從那個根長出來的葉子！在所有條頓民族心目中，

20 譯註：四者皆為英國地名。

他都是主神，是北歐人的典範——而他們就是以這種方式仰慕他們的北歐人典範，這是他在世上擁有的財富。

因此，如果奧丁這個人已完全消逝，他巨大的「影子」仍投射在他的「民族的完整歷史」中。正因奧丁曾被承認為神，我們才能詳加了解，北歐的整個自然架構，或朦朧的「無架構」，不論以往是什麼樣，現在要開始改頭換面，以全新的方式發展了。這位奧丁所觀察領會的，用他的盧恩文字和詩歌教導他們的，都被整支條頓民族放在心上，帶著向前。他的思考方式成了他們的思考方式——即便在新的條件下，這仍是每一位偉大思想家的歷史。在巨大混亂的輪廓中，就像從往昔的死寂深處往上方投射出的巨大陰影，覆蓋了整個北方天際，某種程度上，北歐神話不就是奧丁這個人的肖像嗎？他天生臉孔的巨大影像，不論清晰與否，都是以那種方式擴張和混亂的！啊，我說，思想永遠是思想。偉大的人不會枉走這一遭。世界的歷史就是偉人的傳記。

對我來說，在這種原始英雄主義的形象中，在追隨者單純、無助，卻衷心完全接受一名英雄的事實中，有非常動人的內涵。儘管外表如此無助，它卻是最高貴的情感，以某種或其他形式、跟人類本身一樣長存的情感。若我能多少表現出我長久以來深刻感覺到的——那是人性不可或缺的要素，是人類歷史在這個世界的靈魂——現在這場演講就算達到目的了。現在我們不再稱我們的偉人為「神」，也不再毫無限制地仰慕，不再如此，而是有所侷限的仰慕！但要是我們半個偉人也沒有，或完全不仰慕——情況只會更糟。

這種北歐式的英雄崇拜，這種北歐人觀看宇宙、並依此自我調適的方式，對我們有堅不可摧的價值。那是對自然之神性，人之神性一種粗野、單純的認識，粗鄙至極，卻是真心誠意，強健有力，像巨人一般——預示這個孩子將長成何等的巨人！——那從前是真理，現在不是。那不就像我們埋葬已久的歷代祖先，用半啞、悶住的聲音，從時代的深處向身上仍流著他們血液的我們呼喚：「這啊，這就是我們當初對這個世界的理解：這是我們對於生命和宇宙的偉大神祕，能夠為自己形成的形象和見解。不要鄙視它。你們被抬到比它高的地方，有更大更開闊的視野，但你們仍未到達頂峰，還沒有，你們的見解雖已大幅拓展，仍只是部分、不完美的見解——這件事永遠沒有人能夠理解，不論得不得時——經過數千年日新又新的擴展，人會發現自己只是一再努力去理解其中一部分而已：這件事比人來得大，非人所能理解。無窮無垠！」

我們發現，北歐異教神話的本質，如同所有異教神話的本質，都是承認自然的神性，是人和那些肉眼看不見、其運作卻在周遭世界歷歷可見的神祕力量，誠摯地交流。這點，我可以說，在北歐做得比我所知的任何神話都要誠懇。誠懇是北歐神話的一大特色。（遠比其他神話）更深切的誠懇雖欠缺古希臘的優美，卻帶給我們莫大安慰。我認為，誠懇比優美來得好。我感覺這些古代北歐人以睜大的雙眼和開闊的靈魂觀察自然：最真摯，最誠實，天真如孩子，又有男子氣概，有寬大的純樸、深度和清新，以忠實、可愛、欣賞、無畏的方式——是真正英勇、真實的古老民族。我們發現這種對於自然的認識就是異教的主要元素。對於人和其道德義務的認識，雖然在異教也不缺，但唯有在更純粹的宗教形式才是主要元素。這裡，確實是人類信仰的一大差異和重要時期，是人類宗教發展的一大里程碑。人會先讓自己和自然及自然的力量產生關係，對那些心生好奇與崇拜，要到後面的時代他才會察覺所有力量都跟「道德」有關，對他而言重點在於善惡之分，在於「汝該」、「汝不該」之別。

至於《埃達》中種種絕妙的敘述，雖然之前已有暗示，我仍要說明，那些很可能屬於近得多的年代，且很可能，甚至從一開始，古代北歐人就認為那些相對無益，只是某種詩的遊戲。前面說過，「寓言」和「詩意的敘述」不可能是宗教信仰，必須先有「信仰」，才會有夠多「寓言」在它周遭聚集，就像健康的身體圍繞著它的靈魂一樣。我可以猜想，一如其他信仰，北歐人的信仰，是在它還處於寂靜無聲的狀態、還沒有多少東西可以述說、多少東西可以歌頌時，最為活躍。

在《埃達》所記載的那些虛幻事件、聚積了所有奇特的「主張」和「傳說」、在他們美妙的神話之中，人所能擁有的主要實際信仰可能大致有：信仰女武神「瓦爾基麗」（Valkyrs）和「奧丁的殿堂」（Hall of Odin）、信仰不容改變的命運、信仰一個人唯一需要的是勇敢。「瓦爾基麗」會選擇誰將戰死沙場：無法改變的命運已指定誰會陣亡，扭轉、緩和皆是徒勞；這是北歐信仰者的基本要點——事實上對所有地方所有誠摯的人而言都是如此，對穆罕默德們如此，馬丁．路德們如此，對拿破崙們也是如此。它是構成這些信徒的基礎，是織成他整個思想體系的緯線。接下來，「瓦爾基麗」，這些「挑選人」會引領勇者來到天堂般的「奧丁的殿堂」；唯有卑賤、盲從的人會被推向他處，推入死亡女神海拉的國度：我認為這就是整個北歐信仰的精髓。人們心裡了解，他們一定要勇敢，若不勇敢，奧丁就不會鍾愛他們，而會鄙視他們、將他們拋棄。也請想想，這樣的信仰是否毫無內涵！那是一種持續不斷的責任，勇敢的責任，到我們這個時代依然有效。英勇仍舊備受珍視。身為人類的首要之責仍是克服恐懼。我們必須擺脫恐懼，在擺脫恐懼之前，我們根本不能行動。除非能把恐懼踩在腳下，不然人就只會卑屈盲從，虛有其表，他的思想也將是謬誤，像奴隸和懦夫那般思考。奧丁的理念，如果我們抽絲剝繭，至今依舊真實。人應勇敢，必須勇敢，必須勇往直前，勇於行動——沉著冷靜地信任更高力量的委任和選擇。總之，要無所畏懼。從今以後，一個人會有多大的成就，仍將取決於能否徹底戰勝恐懼。

古代北歐人的那種英勇，無疑非常野蠻。史諾洛告訴我們，他們認為沒有戰死沙場是可恥而不幸的，而如果自然死亡看似即將來臨，他們會割傷自己的肉，以便奧丁把他們當成戰死的勇士接納。年邁的國王臨終前會躺在一艘船上，在揚帆啟程時放火慢慢焚燒，如此，出海之後，船可能被烈焰吞沒，以如此體面的方式埋葬那位老英雄，既是天葬，也是海葬！這些是狂野血腥的英勇，但也自成一格，而我敢說，這比沒有好。在古代的海上王者身上，有多麼吃苦耐勞、不屈不撓的幹勁啊！我想像他們沉默不語，緊閉雙唇，並不覺得自己特別勇敢，不把險惡的大海、海中巨怪和所有人事物放在眼裡——是我們的布萊克們和納爾遜們的祖先[21]！儘管沒有荷馬為這些北歐海上王者加以歌頌，但比起他們之中的某些人，阿伽曼農（Agamemnon）[22]的膽量不大，對世界的貢獻也不大——例如比起諾曼第的羅洛（Hrolf）[23]！羅洛，諾曼第羅洛公爵，狂放的海上王者，至今在英格蘭的統治上仍有他一份。

經過這麼多世代，就連那些狂亂的海上漫遊和戰鬥也不是毫無意義。必須確定誰是「最強壯」的人，誰有資格統治他人。在北國的統治者中，我也發現一些有「伐木者」、「伐林王」的頭銜。這其中饒富意義。我猜想其中許多君主既是伐林者，也是戰士，雖然古斯堪地那維亞的吟唱詩人主要歌頌後者——這相當程度誤導了某些批評家，因為沒有哪支民族光靠戰鬥就能生存。光靠戰鬥無法產生足夠維生所需！我猜想優秀的戰士十之八九也是優秀的伐林者——優秀的改進者、觀察家、各種實作者；因為真正的英勇——迥異於殘暴——是一切的基礎。那是更具正當性的英勇，表現在對抗野性的森林，和黑暗、殘酷的自然力上，為我們征服自然。身為他們的後裔，我們不也是朝同樣的方向發揮勇氣嗎？願這樣的英勇永遠與我們同在！

---

21 譯註：布萊克指羅伯特・布萊克（Robert Blake，1598－1657），納爾遜指第一代納爾遜子爵霍雷肖・納爾遜（Vice Admiral Horatio Nelson, 1st Viscount Nelson，1758－1805），皆是英國史上海軍名將。

22 譯註：荷馬史詩中為希臘邁錫尼國王、希臘諸王之王。特洛伊戰爭中的希臘聯軍統帥。

23 譯註：羅洛（約 846－932）是第一位統治諾曼第的維京人，常被稱為「諾曼第第一公爵」。時至今日，羅洛已被證實是英國王室及當前所有歐洲君主的遠祖，對歐洲和近東的歷史發展影響深遠。

奧丁這個人，用英雄的口吻和心靈，和來自上天的感召力告訴他的子民，英勇有多重要，人如何因英勇而變成神；而他的人民，在心中感覺到認同，相信了他要傳達的訊息，認為那是來自上天，而他是負責傳達的神：我認為這就是北歐宗教的原始種子，形形色色的神話、象徵性的習俗、推測、寓言、詩歌和薩迦，都是自然而然從這粒種子生長出來的。生長——多奇妙啊！我說它是一絲微光，在巨大的北歐黑暗渦流中閃耀著、成長著。不過這黑暗本身是有生命的，請想想這點。它是北歐人民滿懷渴望但無法表達、未受教化的心靈——那渴望能明確表達，持續不斷地表達！這個生動的教義繼續生長，一再生長——像一棵榕樹，第一粒種子是必要之物：任何枝條插入土裡，就會變成新的根。如此，在無止境的錯綜複雜中，我們有了整片樹林、整座叢林，而一粒種子是這一切的源頭。依此，某種意義上，北歐宗教不也是我們所謂「與這個人相似的巨大影子」嗎？批評家探詢出北歐神話在宇宙創造等方面和印度教有些類似。歐德姆布拉母牛（Cow Adumbla）[24]「舔著岩石上的霜」就帶有印度式的形象。是印度聖牛來到冰霜的國度。很可能如此，我們甚至可以毫無疑問地說，這些事情和最遙遠的國度、最古早的時代有某種血緣關係。思想不會消亡，只是被改變。在我們的星球上第一個開始思考的人，是一切的創始者。接著是第二

24　譯註：歐德姆布拉是北歐神話中的一頭母牛，和始祖巨人尤彌爾（Ymir）是世上最早出現的生物。尤彌爾吸食歐德姆布拉的乳水維生，歐德姆布拉則舔食冰上的鹽粒，三天三夜後，歐德姆布拉舔食的冰裡出現了布利（Buri），布利是所有神明的祖先，也是奧丁的祖父。

個人、第三個人——直到今天，每一位真正的思想家都是某種奧丁，把他的思考方式教給人們，將與他相似的影子延伸到世界歷史的各個地區。

礙於篇幅，我沒辦法詳加討論北歐神話的詩意特色或優點，這也不是我們在這裡所要關心的。我們有些離奇的預言，例如《大埃達》裡的〈女巫的預言〉（*Voluspa*）[25]，專注、誠摯、帶神祕意味。但相對而言它們是無益的附屬品，後來的那些古斯堪地那維亞的吟唱詩人（Skalds）可說只是隨便玩玩；流傳至今的主要是他們的歌。我猜想，往後幾世紀，他們仍將繼續歌唱，做詩意的象徵，就像我們現代畫家作畫一樣，那不再發自內心深處，或根本不是發自內心。這點我們應時時謹記在心。

格雷（Thomas Gray）[26]「北歐傳說」的斷簡殘編，不會帶給我們任何與它有關的更多理解——正如波普（Alexander Pope）[27]不會讓人對荷馬有更多的了解。它不是像格雷所述說的，一座由黑色大理石砌成的方形幽暗宮殿，被敬畏和戰慄所籠罩——不，它粗糙如北方的岩石，如冰島的荒野，它，帶著誠摯、樸實，甚至在可怕的事物之中仍帶著一絲幽默和喧鬧。強壯的古代北

25 編註：《埃達》詩中的第一首詩，大意是一名女巫向奧丁講述了關於世界的誕生與終結的故事。
26 譯註：格雷（1716 - 1771）為十八世紀英格蘭詩人及古典學家，一七五七年獲封桂冠詩人。
27 譯註：波普（1688 - 1744）是十八世紀英國詩人，曾翻譯荷馬史詩《伊里亞德》和《奧德賽》，但並非精確翻譯，而是依據當時英國的時代精神重新創作。

歐心靈並未追求戲劇性的崇高，他們沒有時間顫抖——我非常喜歡他們粗獷的簡樸，喜歡他們的真誠，和直截了當的概念。索爾「皺起眉頭，」表現出典型北歐人的憤怒；「緊抓他的鐵鎚，抓到指關節發白。」也有優美的憐憫特質，真誠的憐憫。「白色之神」巴德爾死了[28]；他俊美、仁慈，是太陽神。他們試遍自然界的一切治療他，但他還是死了。他的母親富麗嘉（Frigga）派侍從赫爾莫德（Hermoder）去找他：他在幽暗深谷，陰暗的迷宮裡穿梭了九天九夜，終於來到那條有金頂的橋。守橋人說：「沒錯，巴德爾曾經過這裡；但冥界還很遠，在遙遠的北方。」赫爾莫德繼續前行，越過地獄門，海拉之門，見到了巴德爾，也跟他講到話。巴德爾不能獲釋。沒有商量餘地！不管提起奧丁或其他神明的名號，都無法說動海拉放他走。俊美、和善的巴德爾必須留在那裡。他的妻子自願與他同行，陪他一起死。他們將永遠留在那裡。他把他的戒指送給奧丁，妻子南娜（Nanna）則把她的頂針送給富麗嘉，作為紀念——唉唷！

因為英勇也是憐憫的源泉——也是誠實，人類一切美德的源泉。在這些敘述中，北歐人內心粗獷樸實的英勇令人喜愛。烏蘭德（Uhland）[29]寫過一篇論索爾的出色文章，他說，這不就是古北歐人在他們的朋友雷神那裡發現的正義、誠實的力量嗎？他們不但沒有被他的雷聲嚇跑，還發

28　譯註：巴德爾為奧丁之子，北歐神話關於他的故事不多，最重要的是關於他的死亡，有幾種不同的版本，巴德爾之死暗示白晝之後必然是接著黑夜。

29　譯註：烏蘭德（1787 - 1862）為德國詩人、文獻學者和文學史學者。

現夏季的溫暖——那美麗高貴的夏季，必然伴隨雷聲！北歐人愛這位索爾和他的鐵鎚—閃電，和他一同嬉戲。索爾是夏季的溫暖，既是雷神，也是平和勤勉之神。他是農人的朋友，他忠心耿耿的侍從是希亞費（Thialfi），「體能勞動」之意。索爾本身也從事各種體力活兒，不因哪一種事務粗俗而瞧不起；他曾幾度跑去約頓的地盤，騷擾那些亂七八糟的霜怪，加以制伏，至少使他們窘迫、受傷。這些事情之中有一種粗鄙的幽默。

索爾，前面提過，曾去約頓的國度找修米爾的大釜讓諸神釀啤酒。龐然巨人修米爾走進來，灰鬍子布滿白霜，眼睛一瞪，柱子就會裂開；索爾，歷經好一番騷動才奪來大釜，啪的一聲蓋在頭上；「把手都垂到腳跟了。」北歐吟唱詩人會跟索爾開那種深情的玩笑。批評家發現，這位修米爾就是那位「牛隻是冰山」的修米爾。龐大、未受教育的大人國天才——只需加以馴化，日後就會成為莎士比亞們、但丁們、歌德們！那些古老北歐人的作品，現在都消失了——雷神索爾變成殺巨人的傑克：但創造這一切的心靈還在這裡。多奇妙啊，事物竟是這般生長、死亡，卻又不死！多奇妙啊，北歐信仰這棵巨大世界之樹，有些細枝至今仍追溯得到。童話裡的傑克，和他神奇的疾走鞋、黑外套、銳劍，是其一。蘇格蘭民謠裡的《辛德．艾丁》（*Hynde Etin*），或更為人熟知的《愛爾蘭的紅艾丁》（*Red Etin of Ireland*），也都來自北國；「艾丁」顯然是個約頓。不僅如此，莎士比亞的《哈姆雷特》（*Hamlet*）也是同一棵世界之樹的細枝，這點似乎無庸置疑。哈姆雷特，即「阿姆雷特」（Amleth），確實是神話人物，他的悲劇，父親在睡夢中被滴藥進耳毒死的悲劇，以及其他情節，都是北歐神話！古薩克遜人，依照當時習慣，讓它變成丹麥的歷史；有薩克遜血統的莎士比亞讓它變成我們今天看到的戲劇。我想，那也是從世界之樹的細枝長大的——出於自然或偶然長大的！

事實上，這些古代北歐詩歌也蘊含著某種真理，一種長存內心的真理和巨大——事實上，舉凡光靠傳說就能長久維繫的事物，必定蘊含著某種真理。巨大不僅指身體的巨大、龐然的身軀，也指靈魂的粗獷強大。這些古老心靈之中，可追溯出一種崇高而無怨無尤的憂思。這些勇敢的古代北方人似乎已經發現「沉思」可以教給所有時代所有人類什麼：這個世界不過是場展演——一個現象，或表象，並非實物。所有深刻的靈魂都領悟了這點——印度神話學者、德國哲學家——莎士比亞，誠摯的思想家，不論他身在何方：

我們都是夢裡的幻影！

索爾一次遠行來到厄特加爾（Utgard，即「外域」，約頓國度的中心），在這方面值得注意。希亞費和洛基與他同行，歷經多場冒險，他們進入巨人的國度，在一片片平原，一片片荒野的岩石和樹木間流連。夜幕低垂，他們注意到一間屋子，門占了一整面，因為它開著，他們便進入。那是個簡單的居所，就一個大大的廳，空空如也。他們待在那裡。夜闌人靜時，突然一陣巨響驚動了他們，索爾抓起鐵鎚，站在門內，準備戰鬥；兩個同伴在屋裡驚慌地跑來跑去，想找出那簡陋大廳的其他出口，他們最後找到一間小密室，便躲在裡面。結果索爾沒有戰鬥：因為啊，天亮之後，真相大白：那陣巨響，只是某位龐大但溫和的巨人，「斯克里米爾」（Skrymir）的鼾聲，他平靜地躺在附近睡覺，他們以為是房子的東西，原來只是被他扔在一旁的手套，門是手腕的開口，他們逃入的小密室是拇指！這隻手套——我也注意到，它不像我們的手套五指分開，而是只有一根拇指，其他指頭連在一起：是最古老、最質樸的手套！

這會兒斯克里米爾整天戴著他們藏身的手套。但索爾心存猜忌，也不喜歡斯克里米爾的舉止，所以決定晚上趁他睡覺時把他殺掉。索爾舉起鐵鎚，像擊雷那般搥向巨人的臉，力足以劈裂岩石。巨人只是醒過來，揉揉臉頰，說：有樹葉掉下來了嗎？待斯克里米爾再次入睡，索爾又搥了一次，比前一次更用力，但巨人只是喃喃自語：那是沙粒嗎？索爾的第三下是雙手並用（我想：「指關節發白」了），且似乎把斯克里米爾的臉打出凹坑；但他只是停止打鼾，說：我想，樹上一定有麻雀窩，他們弄掉什麼了？——在厄特加爾門口，一個高到你必須「把脖子用力向後仰才看得到門頂」的地方，斯克里米爾逕自走了進去。索爾和他的同伴也獲准進入，並獲邀參加正在進行的遊戲。他們拿給索爾一只獸角做的酒杯，告訴他，一口氣把這杯酒喝乾是很普通的事，索爾猛然灌了三大口，但裡頭的酒幾乎一滴也沒少。他們說他是沒力的孩子，他能舉起那邊那隻貓嗎？看來輕而易舉，而索爾用盡全身神力，卻舉不起來，他固然能拱起那隻動物的背，卻無法讓牠的四隻腳都離開地面，頂多只能抬起一隻。唉唷，你是男人嗎你，厄特加爾的人這麼說：這個老太婆都能跟你摔角了！備感羞辱的索爾抓住那個形容枯槁的老太婆，卻怎麼也摔不動她。

現在，索爾一行人要離開厄特加爾，約頓之首客氣地送他們一程，對索爾說：「你被打敗了——但不要因此太難為情；一切都是表象的欺騙。你喝的酒杯是「海」：你的確讓海退潮了，但那無底之海，誰有辦法喝乾呢！你舉的那隻貓——哎呀，那是耶夢加德蛇（*Midgard-snake*），世界巨蛇，牠尾口相接，圍起、維繫這整個被創造的世界；要是你把那扯開，世界就會立刻毀滅！至於那位老太婆，她是「時間」、「老年」、「持存」：什麼能跟她摔角呢？沒有人可以，也沒有神可以：不論是人是神，她全部能戰勝！而你敲的那三搥——看看這三個山谷；就是你那三下製造出來的！」索爾看看送他出來的約頓：那正是斯克里米爾——北歐批評家說，他是古老、混沌、岩石遍布的地球的人形，而那個手套／屋子是某個洞穴！而就在索爾抓起鐵鎚要搥打的當兒，斯克里米爾消失了，厄特加德，連同它聳入雲霄的大門，也化為泡影；只有那位巨人的嘲笑聲還迴盪在空氣裡：「最好別再來約頓海姆！——」

如我們所見，這是屬於寓言時代的，多少帶有娛樂效果，不是屬於先知和全然虔誠的時代。不過，作為神話，裡面難道一點古代北歐的真金也沒有嗎？這裡有更多真實的金屬，是密米爾

（Mimir）[30]的打鐵舖粗製的，比許多外型優美的知名希臘神話還多！就如大人國居民咧嘴而笑，這位斯克里米爾擁有真正的幽默感，歡笑繫於誠摯和悲傷之上，就像彩虹繫於黑色暴風雨，唯有真正英勇的心靈能夠做到。這是我們的同胞班．強生（Ben Johnson）[31]，傑出的老班所擁有的那種冷酷的幽默。我想那仍在我們的血液裡流動，因為我們在美洲蠻荒叢林的另一種體現中，又再度聽見它的聲音。

〈諸神黃昏〉（*Ragnarok*），即〈諸神之劫〉（*Twilight of the Gods*），也是非常驚人的概念。那在〈女巫的預言〉裡流傳，看來是個非常古老、預言性質的概念。諸神和諸約頓，神的力量和混沌殘暴的力量，在長年競爭、前者拿下部分勝利後，最終進行一場遍及全宇宙、涵蓋全世界的決鬥：世界巨蛇對上索爾，力量對上力量，同歸於盡，「黃昏」沉入黑暗，崩毀吞沒了被創建的宇宙。舊宇宙和它的諸神都沉沒了，但這不是最後的死絕：會有新的天，新的地，由更崇高、至高的神和正義（Justice）統治人類。很奇妙：這種「變異律」（law of mutation），也是現今寫進人類內心深處的法則，在很早很早以前，就被這些誠摯的思想家以其粗野的風格詮釋了；雖然一切都死了，連神也死了，但所有死亡都會如鳳凰浴火重生，而新生會轉化作更好、更偉大的東西！這

30 譯註：密米爾是北歐神話中的智慧巨人，亦是北歐的始祖神祇之一。

31 譯註：班．強生（1572 - 1637）是英格蘭文藝復興劇作家、詩人和演員。作品以諷刺劇和抒情詩著稱，代表作為《福爾蓬奈》（*Volpone*）和《鍊金士》（*The Alchemist*）。

就是由「時間」所構成、居住在這「希望之境」的生物的基本「存在法則」。所有誠摯的人皆已領會，也許未來還要繼續領會。

現在，與這有關，讓我們一瞥索爾現身的最後一個神話，以此作為結束。我猜想那是所有寓言之中年代最近的，是對基督教擴張令人傷感的抗議——是某位「保守派異教徒」語帶責備地提出。奧拉夫國王（Olaf）[32]因過分熱心引進基督教而遭嚴厲譴責（當然我個人該責備他還不夠熱心！），他為此付出極高的代價，死於異教子民的反叛：一〇三三年特隆赫姆（Drontheim）附近的斯蒂克萊斯塔德（Stickelstad）戰役。在特隆赫姆，北歐最重要的大教堂迄今已屹立數個世紀，感念這位「聖奧拉夫」。這篇有關索爾的神話，大意是這樣的：在強大護衛下，基督改革派的奧拉夫王沿著挪威海岸於各港口間航行，執行正義或其他王者的工作；在離開某個港口時，一個陌生人踏了進來，他的眼神、表情嚴肅，留紅鬍子、體格魁梧。廷臣問他話，他的回答得體而意味深長，令他們驚訝不已，最後他被帶去見國王。當他們沿著美麗的海岸航行時，陌生人的言談依然不同凡響，但過了一段時間，他這麼向國王說：「是的，奧拉夫王，一切都很美，陽光閃耀，翠綠、富饒，是給你的美好家園；而索爾卻有過許多難熬的日子，跟那些岩石般的約頓激戰

---

32 譯註：應指聖奧拉夫二世．哈拉爾松（Olav II Haraldsson den Hellige；約 995 - 1030），挪威國王（1015 - 1028 在位）。一〇三〇年七月於斯蒂克萊斯塔德戰役戰死後一年被追封為「永恆的挪威國王」，並因生前在斯堪地那維亞半島大力傳播基督教，由主教封為聖人。

無數回，才讓這裡變得如此。而現在你似乎打算拋棄索爾。奧拉夫王，請當心啊！」陌生人說著，蹙起眉頭——而當他們再望向他，他已消失無蹤——這就是索爾最後一次出現在這個世界的舞台上！

我們應該都明白，寓言該如何形成，才不致讓任何人感到突兀吧？這正是多數神明在人間現身的方式：因此，在品達（Pindar）[33]的時代，「有次海神涅普頓（Neptune）被人看見在尼米亞賽會（Nemean Games）現身」，這位涅普頓必然也是「外表高貴、嚴肅的陌生人」——讓人一眼就認出來！對我來說，在上述異教最後的聲音裡，有某種可悲、不幸的成分。索爾消失了，整個北歐世界消失了，永遠不會回來了。最高貴的事物都以類似的方式消逝。曾存在世間的種種，現在和未來將存在世間的一切，都一定會消失，我們都要向他們訣別。

北歐宗教，粗鄙卻誠摯、極為動人的「勇氣的奉獻」（我們或可這樣定義），能切合古代英勇北歐人的需要。「勇氣的奉獻」並非壞事！某種程度上，我們將永遠接受它。認識一下我們祖先的古老異教，也不是毫無用處。不自覺中，結合其他更崇高的事物，那古老的信仰仍在我們心底！有意識地加以理解，能使我們和過往——以及我們過去擁有的一切——建立更密切、更明確的關係。如我一再重複的，整個「過往」都是「現在」擁有的財產，過往一定有真實的東西，而

33 譯註：品達（約西元前 518 - 438），古希臘抒情詩人，以歌頌奧林匹克及其他泛希臘運動會上的獲勝選手和城邦著稱。

那正是一種珍貴的財物。在不同的時代，不同的地點，我們共有的人性一定曾經由一些其他的面向各自發展。真正的真實就是那些面向的總和，單憑哪一個面向都無法構成發展至今的人性。了解它們總比誤解好。「您特別遵從三大宗教的哪一個？」麥斯特（Meister）問他的老師[34]。「三個都遵從！」老師回答：「三個都遵從；因為要把它們三個結合起來，才會形成真正的宗教。」

34　譯註：指歌德名作《威廉．麥斯特的學徒歲月》（Wilhelm Meister's Apprenticeship）的主人翁。故事敘述他為了追求戲劇事業，離開家庭而追求個人成長的故事。

第二講

作為先知的英雄

——穆罕默德、伊斯蘭教

【一八四〇年五月八日】

現在我們從北歐斯堪地那維亞人異教信仰的粗野時代，來到截然不同的宗教年代，一支截然不同的民族：阿拉伯人的伊斯蘭教。這是偉大的轉變，這裡顯示人類的普遍境況和思想，出現何等的轉變和進步！

這位英雄不再被他的同胞視為「神」，而是得神啟示的「先知」。這是英雄崇拜的第二階段：第一個，或最古老的階段，我們可以說，已一去不復返，在這個世界的歷史中，不會再有任何人偉大到讓他的同胞視為神明了。更合理的問法是：可有一群人真的認為他們親眼看見站在他們旁邊的哪個人是神，是這個世界的創造者嗎？可能沒有：通常是某個他們記得，或曾經見過的人。但這兩種情形都不復存在了。從此以後，偉大的人物不會再被視為神明了。

把偉大的人物視為神明當然是個粗俗、嚴重的錯誤。但我們得說，不論哪個時代，要知道他是什麼，知道怎麼解釋他和接受他，都非常困難！一個時代的歷史最重要的特徵，就是它歡迎偉大人物的方式。永遠，人類真正的直覺會感受到偉大人物擁有某種神一般的特質。他們該把他視為神、先知，或他們心目中的任何角色看待，這始終是個重大的問題；而從他們回答這個問題的方式，我們可以說就像透過一小扇窗子，望進這些人心靈狀態的最中心。因為基本上，偉大人物皆出自自然之手，因此都屬於同一類東西：奧丁、路德、約翰生、伯恩斯（Robert Burns）[1]都

1 譯註：指蘇格蘭詩人勞勃．伯恩斯（1769 - 1796）。

不例外；我希望能使這些人看來都是源於同一種素材，只是因為世人接受他們的方式不同，他們呈現的形態不同，才有如此無法衡量的差異。對奧丁的崇拜令我們吃驚——在這位偉大人物面前五體投地，充滿愛和驚異而恍惚，發自內心覺得他是天上的居民，是個神！這當然不完美，但話說回來，我們歡迎伯恩斯的方式，又能說是完美無瑕的嗎？上天賜予人間最珍貴的禮物，一位我們所謂的「天才」，真正帶著上帝給我們的旨意從天而降的「人類靈魂」——我們卻把他當成無益的人造煙火白白浪費，讓他被派來娛樂我們一陣，便化為灰燼，灰飛煙滅：我們這樣接納一個偉大人物，豈能稱之為完美！探究這件事情的核心，我們也許可以說，比起北歐人崇拜奧丁，我們崇拜伯恩斯是更醜陋的現象，暴露出人類作風更可悲的不完美！因為愛和仰慕而陷入不理智的恍惚固然不好，但不理智、無理性、目中無人而一點愛也沒有，恐怕更糟！英雄崇拜這件事一直在變：每個時代不同，很難在任何時代做好。事實上，我們可以說，這個時代的首要之務，就是把這件事做好。

我們選擇穆罕默德不是因為他是最傑出的先知，而是因為我們有充分的自由討論他。雖然他絕非先知之中最真實的一位，但我確實敬他是真實的一位。另外，因為我們之中任何人都沒有變成穆罕默德教徒的危險，我可以盡我所能講出他所有優點。這是探知他的祕密的方式：讓我們先設法理解這個世界對他的意義，之後，世界在有了他之後具有何種意義，才是比較容易回答的問題。我們目前對穆罕默德抱持的假設——即他是詭計多端的騙子，是虛假的化身，他的宗教只是騙術和愚行等等——已開始站不住腳，誰也不信了。那些謊言——那些出於善意的熱情，而堆積在此人周遭的謊言——只會讓我們丟臉。波科克（Edward Pococke）[2]問格勞秀斯（Hugo Grotius）[3]，那隻鴿子經過訓練而能從穆罕默德的耳裡啄豆子，並被認為是向他傳令的天使，這事有什麼證據嗎？格勞秀斯回答，沒有證據！是該拋棄所有這類問題的時候了！一千兩百年來，這個男人所說的話，已是一億八千萬人的人生指引。這一億八千人也跟我們一樣，是上帝所創造。此時此刻，相信穆罕默德話語的人，比相信其他任何言論的人都多。這麼多全能上帝所造的子民曾靠它而活，因之而死，我們豈能認為這是可悲的心靈騙術？我自己不能這樣推測。我寧願立刻相信大部分的事情，也不願相信那樣的推測。要是江湖騙術如此猖獗而在世界得到認可，我們就完全不知該如何看待這個世界了。

啊，這樣的理論非常可悲。如果我們要在上帝真正的造物中獲得任何事物的知識，我們千萬不要相信這些理論！這些是懷疑時代的產物：它們顯現了最悲哀的靈性麻痺，和行屍走肉般的人類靈魂。我想，地球上不曾發表過更無神的理論了。一個虛妄的人創立一種宗教？怎麼可能，虛妄的人連磚屋都蓋不起來！要是他不能了解、不能真正按照灰泥、燒過的黏土和其他建材的性質

2 譯註：波科克（1604 - 1691）是英國東方學者及聖經學者。
3 譯註：格勞秀斯（1583 - 1645）是荷蘭基督教護教學者，亦為國際法及海洋法鼻祖。

使用，他蓋的就不是房子，而是垃圾堆——那不會屹立十二個世紀，無法讓一億八千萬人居住，那會馬上倒塌。人必須順應自然法則，必須確實與自然和萬物的真理息息相通，否則自然會回答他：不行，絕對不行！虛有其表就是虛有其表——哎呀！——卡廖斯特羅（Cagliostro）[4]，好多卡廖斯特羅，遠近馳名的世界領導者，確實靠騙術榮極一時。這就像假鈔，他們讓假鈔脫離他們的無用之手，而遭殃的是別人，不是他們。大自然會迸出火焰，法國大革命，諸如此類的事件，會極盡誠實地宣布假鈔是偽造的。

但特別對於一個偉大人物來說，對於他，恕我直言，他若不忠實，是件難以置信的事。在我看來，忠實就是他的首要基礎，就是他一切內涵的首要基礎。米拉波（Mirabeau）[5]也好，拿破崙、伯恩斯、克倫威爾（Oliver Cromwell）[6]也好，首先要對所做的事認真誠摯，才可能勝任任何事。這就是我所謂的真誠之人。我認為真誠，深刻、強烈、由衷的真誠，是各種英雄人物的首

4　譯註：亞歷山德羅・卡廖斯特羅伯爵（1743－1795）是義大利西西里人，自稱為鍊金術師，是十八世紀後期歐洲各國宮廷炙手可熱的神祕主義者，特別是法國宮廷；他的聲望在死後仍持續近數十年，但後來逐漸被視為詐欺者，卡萊爾更在著作中傳播此論點。

5　譯註：米拉波伯爵（1749－1791）是法國革命家、作家，也是法國大革命時期的政治家和演說家，在法國大革命初期統治國家的國民議會中，他是溫和派最重要的人物之一，主張建立君主立憲制。

6　譯註：克倫威爾（1599－1658）是英格蘭政治人物，在一六四二至一六五一年英國內戰中支持圓顱黨，擊敗保王黨，一六四九年與黨內領袖決定處斬查理一世，廢除英格蘭的君主制，隨後征服蘇格蘭與愛爾蘭，一六五三年自命為護國公，至一六五八年去世。

要特質。不是自稱真誠的那種真誠——不是，那是非常可憐的東西——那是膚淺、自誇、刻意的真誠，往往是自負。偉大人物的真誠是那種他無法言喻，察覺不出的真誠：哎呀，我想，他能意識到的應該就是不真誠吧；畢竟誰可以精確地按照真理法則過完一天呢？不會，偉人不會拿真誠來自誇，絕對不會；也許他根本不會自問是否真誠：我會說，他的真誠並非操之於他自己；他是不得不真誠！偉大的「存在事實」對他而言是偉大的。他固然將高飛，卻無法飛越這個令人敬畏的現實。他的心因此而生，他首先是因此而偉大。這個宇宙對他是可畏而美妙的，真實如生，真實如死。就算所有人都忘了宇宙的真理，虛華度日，他卻不能。時時刻刻，那火焰的影像耀眼地照射在他身上；不容否認，在那裡，就在那裡！——希望你把這看作我給「偉大人物」下的首要定義。小人物可能具備這種特質，所有上帝創造的人都有資格擁有這種特質：但偉大人物不能沒有。

這樣的人就是我們所謂的「原型」人。他以原本的面目來到我們身邊。他是信使，是從無垠、不可知之地派出，捎給我們信息的。我們可能叫他詩人、先知、神——我們覺得他吐露的話語就是跟其他人說的不一樣，是直接來自「事物的內在事實」——他活在，必須活在與它的日常交流之中。傳聞掩蓋不了它，若他聽信傳聞，他就是盲目、無所適從、悲慘的了；它照耀在他身上。他說的話，豈不是一種「啟示」？——因為沒有其他別稱，我們必須這樣稱呼。那來自他所來自的世界中心，他是萬物原始真實的一部分。上帝固然給過很多神啟，但這個人也是，上帝不就是把他造為最近、最新的神啟了？「但在人裡面有靈；全能者的氣使人有聰明」[7]：我們必須先聽他說話。

因此，這位穆罕默德，我們若認為他是空洞、矯飾、有野心的陰謀家，那就不聰明了。我們不能這樣看待他。他傳達的粗野訊息真實不虛，是來自未知深處的誠摯、混亂的聲音。這個人的話不是虛妄，他在人間的活動也不是；不是空洞，不是幻象。要點亮這個世界：造物主命令他這麼做。穆罕默德的錯誤、瑕疵、甚至不誠實——就算這些能被證明，也無法動搖關於他的這項基本事實。

總而言之，我們太小題大作了，讓事情的細節遮掩它真正的中心。錯誤？最大的錯誤，我敢說，是意識不到任何錯誤。有人會想，《聖經》的讀者可能比較了解真相。誰被稱為「遵從上帝本心的人？」大衛，希伯來王，也陷入過諸多罪惡、最令人髮指的罪行，他不缺罪惡。於是不信神的人就譏笑，問：這就是你們遵從上帝本心的人？我必須說，這樣的譏笑在我看來極為膚淺。要是生命內在的祕密，生命的懊悔、誘惑，真實、備受阻撓而永不歇止的奮鬥，已遭忘卻，那錯誤又算得了什麼，生命外在的枝微末節又算得了什麼？「行路的人不能定自己的腳步。」[8]對一

7 譯註：出自《約伯記》（*Job*）第三十二章第八節。
8 譯註：出自《耶利米書》（*Jeremiah*）第十章第二十三節。

個人而言，所有行為中最神聖的不就是悔悟？最致命的罪惡，我會說，就是目中無人地認為自己無罪——那即是死亡；心，一旦充滿那樣的意識，便脫離了真誠、謙遜和事實，與死無異。它「純潔」，如同乾枯的沙子一般純潔。大衛的生平和歷史，如《詩篇》（*Psalm*）為我們撰寫的，我認為是給人類道德演進和塵世鬥爭最真實的象徵。所有誠摯的靈魂都能從中看出誠摯的靈魂是如何忠實地奮鬥，只為邁向好還要更好的目標。奮鬥常受阻撓，慘痛的挫敗，乃至全毀，但奮鬥永不停止，絕不停止，永遠會帶著淚水、悔悟、堅定不移的意志，重新開始。這就是人性！人的行進不總是如此：「跌了又爬，爬了又跌？」人別無選擇。在狂亂的人生中，他必須勇往直前，這會兒跌倒、那會兒受辱，但永遠要帶著淚水、悔悟、淌血的心重新奮起，勇往直前。他的奮鬥是忠實、堅定不移的奮鬥：這才是首要問題。如果他的靈魂是真實的，我們可以容忍許多糟糕的枝微末節。光靠枝微末節，永遠無法教導我們靈魂的真貌。我相信我們錯估了穆罕默德的錯誤，即便那些真是錯誤，而執著於他的錯誤並無法獲知他的祕密。我們要把他所有的錯誤拋諸腦後，相信他的確意欲進行某件忠實的事，並坦率地問，那是什麼，或可能是什麼。

穆罕默德生為阿拉伯人，阿拉伯人當然是值得注意的民族，他們的國家也值得注意，那裡適合這樣的種族棲居。無法進入的荒山石嶺，偌大的嚴峻沙漠，其間點綴美麗的翠綠地帶：有水，就有綠，就有美；芬香的香膏灌木、棗樹、乳香樹。試想廣袤無垠的荒漠，空蕩，靜謐，像一片沙海，隔開了可居住的地帶，你獨自站在那裡，只有宇宙為伴；白天，烈陽炙熱難耐的光芒照耀著沙漠，夜晚，深邃的天空繁星點點。這樣的國度適合行動敏捷、意志堅定的民族生存。阿拉伯人的性格中有極靈敏、積極，又善於沉思、充滿熱忱的特質。波斯人被稱作「東方的法國人」，我們該稱阿拉伯人為「東方的義大利人」。一支擁有天賦的高貴民族，一支有狂熱強烈的情感，又有鋼鐵意志克制這些情感的民族：這是思想高尚，是天縱英明的特質。狂野的貝多因人（Bedouin）歡迎陌生人到他的帳篷，給陌生人權利享受那裡的一切；若來者是他的死敵，他會宰殺小馬招待，莊嚴地款待他三日，再鄭重地送他上路——然後，依據另一條同樣神聖的法律，如果可以，就把他殺了。他們的言語一如行動。阿拉伯人並非能言善道的民族，較沉默寡言，但真要說話的時候，又口若懸河，對答如流。是一群誠懇而忠實的人。如我們所知，他們是猶太人的親戚：但他們固然有猶太人極可怕的熱忱，卻似乎結合了不屬於猶太人的優美和亮麗。在穆罕默德的時代之前，他們有「吟詩競賽」。塞勒（George Sale）[9]說：在阿拉伯南部的奧卡德（Ocadh），每年都會舉辦市集，待買賣告一段落，詩人會吟詩競爭獎賞——而狂野的阿拉伯人會聚集起來聆聽。

這些阿拉伯人彰顯了一個猶太人的特質，是結合許多甚或全部崇高特質的成果：我們或可稱之為「篤信宗教」（religiosity）。他們從遠古就是狂熱的崇拜者，依各自的見解崇拜。有人崇拜星

9 譯註：塞勒為十八世紀英國東方學家，於一七三四出版《古蘭經》英譯本。

辰，例如示巴人，有人崇拜許多自然物體──視之為象徵，自然創造者的直接表現。這是錯的，但也非完全錯誤。某種意義上，上帝的所有造物仍是上帝的象徵。如我極力主張，能從所有自然物體中辨識出某種無窮盡的意義，即我們所謂「詩意之美」，不是仍被我們視為一種長處嗎？能辨識詩意之美，能把它說出來，或唱出來的人，就是詩人，並因此受人尊敬──這是一種稀釋了的崇拜。這些阿拉伯人，他們有很多先知，每位先知都是某個部落裡的老師，依其所知傳道。事實上，我們不是自古就擁有最崇高的證據，至今仍能讓我們每一個人明瞭的證據，說虔誠與高尚的心靈，曾經存在於這些質樸而富有思想的民族嗎？聖經評論家似乎同意我們自己的《約伯記》是在世界那個地區寫成的。姑且不談相關理論，我認為那是人類用筆寫出最偉大的東西之一。我們感覺，那其間彌漫著一種高貴的普遍性，有別於高貴的愛國情操或宗派主義，彷彿不是希伯來文。那是一卷高貴的書，所有人類的書！是我們第一部、最古老，對那個永無休止問題的陳述──人的命運，以及神在塵世間對待人的方式。這一切就蘊含於行雲流水的概要中，洋溢真誠、質樸、史詩般的旋律與和諧的安詳。書中有觀察敏銳的眼睛，有體貼理解的心。那處處如此真實，以真實的視野和眼光看待萬事萬物；不只是精神方面，也有物質方面的事物：馬──「牠頸項上挓挲的鬃是你給牠披上的嗎？」[10]──牠「嗤笑短槍颼的響聲！」[11]如此生動的描繪前所

10 譯註：出自《約伯記》第三十九章第十九節。

11 譯註：出自《約伯記》第四十一章第二十九節。

未見。崇高的憂傷，崇高的調和，人類心靈最古老的合唱旋律——如此輕柔，如此偉大，如仲夏午夜，如有海洋、有星辰的世界！我認為，《聖經》裡沒有其他篇章，《聖經》外也沒有其他著作具有同等文學價值。

對崇拜偶像的阿拉伯人來說，最古老而普遍崇拜的物體是「黑石」，今天仍收藏在麥加名為「天房」（Caabah）[12]的建築內。西西里的狄奧多羅斯（Diodorus Siculus）[13]曾斬釘截鐵地提到「天房」是他的時代最古老、最受崇敬的聖殿，而那是西元前半世紀左右的事。西爾韋斯特·德·薩西（Silvestre de Sacy）[14]說「黑石」可能是塊隕石。若是如此，很可能有人看到它從天而降！它現在立在「滲滲泉」（Well Zemzem）旁邊；天房是建於兩者之上。不論位於何處，一口泉井都是美麗動人的東西，如同生命一般從堅硬的土地湧出——在炎熱乾燥的國度更是如此，那可是生存的第一要件。滲滲泉因其汩汩水聲——滲滲——而得名；他們認為夏甲（Hagar）[15]和她的小以實瑪利在曠野中找到的就是這口井。那塊隕石和這口井已封神聖，數千年來皆有天房籠罩之。天房，多奇妙的物體！此時此刻它仍屹立在那兒，覆蓋著蘇丹每年送去的黑布；「二十七腕

12 譯註：或音譯為「克爾白」，位於伊斯蘭聖城麥加的禁寺內，相傳是第一個人類阿丹（亞當）興建。
13 譯註：西元前一世紀的古希臘歷史學家，著有《希臘史綱》（*Bibliotheca historica*）。
14 譯註：德·薩西（1758 - 1838）是法國貴族，語言學家和東方學者。
15 譯註：《聖經·創世紀》記載，夏甲原為亞伯拉罕妻子撒拉的埃及使女，後產下以實瑪利，相傳為阿拉伯人的祖先。與滲滲泉的相關故事請參見《創世紀》十六至二十一章。

尺高」[16]；有迴廊，有柱子構成的兩條迴廊，有一排排彩燈和古雅裝飾形成的花綵，燈到今天晚上還會再次點亮——在星光下搖曳。是最古老的過往的真實片段。那是所有穆斯林的「基卜拉」（*Keblah*）：從德里一直到摩洛哥，無數禱告者的眼睛都朝向這裡，一日五次，日復一日：是人類居住最引人注意的中心之一。

麥加就是從它與天房黑石和夏甲之井的神聖連結，從阿拉伯各部落紛紛來此朝聖而崛起成為「聖城」。它曾是個大城，不過現已衰敗許多。它沒有發展成城鎮的自然條件，它位於荒蕪山丘之間的沙質谷地，離海有段距離，它的食糧，它的食物，都要從外地輸入。但有那麼多朝聖者要地方住，因此所有朝聖的地點，從第一處開始，都成了貿易站。在朝聖者相遇的第一天，商人也相遇了，眾人原本是為一個目的而來，卻發現藉由這樣的聚會可以完成其他目標。麥加成了全阿拉伯地區的市集，也是印度人和西方國家、敘利亞、埃及、甚至義大利之間各種貿易商品的集散地。那裡一度有十萬人口：東西方商品的買主和運輸者、為利益輸入食糧穀物者都住在那裡。當時的政府可說是非正規的貴族共和政體，也帶有一點神權統治的味道。某一主要的部落會以粗淺的方式選出十人作為麥加的管理者和天房的看守人。在穆罕默德時代，古萊什（Koreish）是最重要的部落，它自己的家族也是出自那個部落。民族其餘成員，被沙漠切割得支離破碎，生活在類

16　譯註：出自《但以理書》（*Daniel*）第三章第一節。腕尺是古度量衡，為肘至中指指尖的長度，約45－55公分。

似粗鄙的家父長制度下，以一至數人為首——是牧人、運輸者、貿易商，通常也是強盜，不時彼此交戰，或全部一起混戰；除了在天房相遇，沒有公開聚會把他們凝聚起來，而在天房，阿拉伯所有形式的偶像崇拜會集合成一種共同的瞻仰——主要是由共同血緣、共同語言這種內在、不可分離的連結維繫。以這種方式，阿拉伯人活了很久很久，不為外界所知；這支有偉大特質的民族，不自覺地等待舉世聞名的那一天。他們的偶像崇拜似乎已經開始動搖，許多崇拜方式正引起騷亂。歷經數個世紀，關於世界史上發生過最重要的那件事——猶地亞（Judea）一位神聖人物的生與死——同時也是世界所有人口產生巨變的徵兆和原因，含糊不明的消息也已傳到阿拉伯，使這個地區也無可避免開始發酵。

西元五七〇年，就是在生活於這種情況下的阿拉伯人之間，穆罕默德誕生了。如前面所說，他出身自古萊什部落的哈希姆家族（Hashem）；雖然貧窮，卻跟國土上最重要的地方人士有關係。他的父親差不多在他出生時過世，六歲時，以美麗、智慧著稱的母親也走了。穆罕默德出生即由百歲的老祖父照顧。那是位善良的老人，穆罕默德的父親阿布杜拉（Abdallah）曾是他寵愛的幼子。在穆罕默德身上，他一雙老邁、被人生消磨殆盡的眼睛，百歲的眼睛，看到失去的阿布杜拉回來了，那是阿布杜拉唯一留下的。他非常喜歡這個小孤兒，他常說，他們必須照顧這個漂亮的小男孩，他們的親屬中沒有比他更珍貴的了。他死時，男孩才兩歲，於是改由目前的一家之長、穆罕默德最年長的叔父阿布・塔勒卜（Abu Thaleb）照顧。所有事情顯示這位叔父是公正理性的男子，在他照顧下，穆罕默德以阿拉伯最好的方式教養。

穆罕默德長大後，陪同叔父一起經商旅行；十八歲時跟隨叔父參戰，成為戰士。但他最重要的一次旅程，或許比那早個幾年：一次敘利亞市集之旅。那是這位年輕人第一次和真正外面的世界接觸——而一個陌生的元素令他終身難忘：基督教。我不知道該如何理解「聶斯托利僧侶塞爾吉烏斯」（Sergius, the Nestorian Monk），據說穆罕默德和叔父曾住在他家，也不知一位僧侶能教小孩子多少東西。很可能這位聶斯托利僧侶的事情過於誇大了。當年穆罕默德才十四歲，只懂自己的語言，在他眼中，敘利亞的種種想必宛如一道奇妙難解的漩渦。但少年的眼界打開了，他瞥見的很多事情無疑會往心裡去，像謎一樣深埋在那裡，而後以一種奇特的方式發展成熟，有朝一日成為觀點、信仰和洞見。對穆罕默德來說，敘利亞之旅或許是很多事情的開端。

還有一個情況是我們不能忘卻的：他沒有受過學校教育，完全沒受過我們所謂的學校教育。書寫的藝術才剛傳入阿拉伯，「穆罕默德一生不會寫字」的主張似乎是事實。沙漠裡的生活，種種生活經驗，就是他所有的教育。他從他幽暗的地方，以他自己的眼睛和思想，盡可能理解這無垠宇宙的道理，而他能理解的就那麼多，不會再多。仔細想想，沒有書本這件事非常奇妙。除了他親眼見到的，或在隱蔽的阿拉伯沙漠中聽到的不確定傳言，他無從得知任何事情。先人的智慧，或是世上相隔甚遠之處的智慧，對他來說就跟不存在一樣。固然有偉人的靈魂、烽火般的知識穿越那麼多地方、那麼多時代，卻沒有一個能和這個偉大的靈魂直接交流。他孤零零地在那兒，曠野最深處，必須孤零零地長大——只有大自然和他自己的思想作伴。

不過，從很年輕的時候，他就被看作一個很有想法的人。他的同伴稱他「Al Amin」，忠實之人。忠誠、盡責之人：忠於他所做、所說、所想。他們說他的言行總是充滿意義。他沉默寡言，無話要說時便保持靜默，但真的開口就會說得貼切、睿智、誠摯、使人恍然大悟。這是唯一一種值得說的語言！我們發現他終其一生都被視為牢靠、友愛、真誠的人。嚴肅、誠懇，卻又敦厚、熱忱、與人為善，甚至詼諧風趣——他會真的笑：有些人的笑跟他們的其他種種一樣不真實，根本不會笑。我們也聽說過穆罕默德的美：他英俊、聰慧、誠實的臉孔，褐中帶紅的膚色，炯炯有神的黑眼睛——不知怎地我也喜歡他額頭的靜脈，他一生氣就會脹成黑色，就像司各特（Sir Walter Scott）[17]《*Redgauntle*》裡面寫的「馬蹄形的靜脈」。這本是哈希姆家族的特徵，而穆罕默德格外明顯。好個率真、熱情，又公正、實在的男人！充滿狂野的官能、火焰與光芒；狂野、未受教化的價值；在沙漠的深處進行畢生的職志。

穆罕默德是怎麼結識富孀海迪徹（Kadijah）、當她的管家、為她經商而再次來到敘利亞市集；他是怎麼盡責、精明地管理一切事務；她對他的感謝和尊敬是如何日益增長——他們的婚姻故事是多麼優美易懂的故事，阿拉伯的作家都告訴我們了。他二十五歲，她四十歲，但丰采依

17 譯註：指華特．司各特爵士（1771 - 1832），蘇格蘭著名歷史小說家、詩人、劇作家，是歷史小說體裁的創始人，著名作品有《撒克遜英雄傳》（*Ivanhoe*）等。

舊。他似乎以最深情、平靜、周全的方式和這位結過婚的女恩人一起生活，忠實地愛她，只愛她一人。這個事實與說他是騙子的理論背道而馳：他以這種無懈可擊、完全寧靜而平凡的方式生活，直到歲月巔峰已過。他四十歲才開始談論上天賦予的使命。他種種不尋常的言行，不論是真的或猜想的，是從他五十歲後開始，而那時他的好海迪徹已經過世。在此之前，他的「野心」，就是過誠實的人生；他要的「名聲」，在此之前，只要獲得認識他的鄰居好評便已足夠。要到他年華老去，生命中的狂熱燃燒殆盡，這個世界眼看只能給他平靜了，他才開始「遂行野心」，像個卑鄙空洞的騙子，獲取他現已無法享有的事物，證明他過往的性格和生活方式都是虛假！——我個人完全不相信這種說法。

絕非如此。這位滿腔熱血的狂野之子，有雙炯炯發亮的黑眼睛，和開朗、善於社交、情感深厚的靈魂；心裡有的不是野心，而是其他想法。靈魂靜默而偉大，他不得不認真，不得不誠摯，是自然本身指定他要真誠的。當別人依慣例和傳聞處世，並以此為滿足，這名男子不因循苟且；他一個人與他自己的靈魂和萬物的現實在一起。如我所言，偉大的「生存之謎」耀眼地照射他身上，挾著恐怖，挾著輝煌，沒有任何傳聞能掩蓋這個無法言喻的事實：「我在這裡！」這樣的真誠——我們如此稱呼——的確擁有某種神聖的性質。這樣的人說的話是直接發自自然心底的聲音。人的確，也必須聆聽那個聲音，不要聽別的聲音——相較於此，別的聲音都是風聲。在他朝聖和流浪之際，他的心中浮現一千種古老的思想：我是什麼？我居住其中的這個深不可測、被人們稱為「宇宙」的東西是什麼？什麼是生，什麼是死？我該相信什麼？該做什麼？哈剌山（Mount Hara）、西奈山（Mount Sinai）的嶙峋岩石不回答，嚴峻沙漠的孤獨不回答。頭上遼闊寂靜的天空，藍光閃爍的星星，不回答。沒有回答。於是，這個人自己的靈魂，以及存在其中的上帝聖靈，必須回答！

這是所有人類都該問自己的問題；我們也必須問，必須回答。這個狂野的男子覺得那無比重要；相形之下，其他問題都不重要。好辯希臘學派的艱澀行話、猶太人含糊不清的傳說、阿拉伯偶像崇拜的愚蠢慣例，這些也找不到答案。如我一再重複，這就是英雄的第一個特徵，事實上，我們或可說這是他英雄氣概的第一個和最後一個特徵，自始至終的全部特徵，他看穿了事物的表象，覺察事物的內涵。約定俗成、可敬的傳聞、可敬的慣例：這些都是好的，也是不好的。那一切背後還有東西，是這一切必須呼應，必須作為象徵的，否則它們就是——偶像崇拜；「幾小塊黑木冒充神；」對誠摯的靈魂而言，這是拙劣、可憎的模仿。由古萊什領袖侍候、虛有其表的偶像，對這個人毫無意義。雖然人人服膺，但這有何意義呢？偉大的「現實」熠熠照耀著他，他必須予以回應，否則就會含悲而死。現在，就是現在，否則永遠無法回應了！回應它。你必須找到答案——野心？全阿拉伯人能為這個人做什麼；希臘希拉克略（Flavius Heraclius Augustus）[18]的

18 譯註：或譯赫拉克利烏斯（約575－641），東羅馬皇帝。六一〇年進軍君士坦丁堡打敗並處死了原在位的福卡斯（Flavius Phocas Augustus），同年加冕稱帝。

王冠、波斯霍斯勞（Chosroes）[19]的王冠、塵世所有王冠——這些能為他做什麼？他想聽人訴說的不是關於這個塵世的事，而是上面的天堂和下面的地獄的事。所有王冠，所有統治權，短短幾年後會在哪裡呢？做麥加或阿拉伯的謝赫（Sheik）[20]，手中握著一小塊鑲金的木頭——那就是一個人的救贖嗎？我堅決認為，不是。我們要將這種騙人的假設拋諸腦後，那並不可信，甚至不能容忍，應當被我們拋棄。

穆罕默德有在每年賴買丹月（Ramadhan）[21]避靜的習慣。那其實是阿拉伯人的習俗，一種值得讚揚的習俗，阿拉伯人覺得自然而有益的風俗。在群山的靜謐中與心靈交流，人會沉靜下來，聆聽「微小、寂靜的聲音」：這是適切而自然的風俗！穆罕默德四十歲時，在賴買丹月避居麥加哈刺山的一處洞穴，天天禱告，並沉思這些巨大的問題，有一天告訴妻子海迪徹（這一年同他的家眷與他同住，或住在附近），那個無法言喻的神的特別恩惠，他已經找到了，不再懷疑，不再陷於黑暗，全都看見了。所有偶像和慣例都毫無意義，只是可悲的木塊。只有一位主，獨一的真主。我們必須拋棄所有偶像，仰望主。主是偉大的，別的事物則不偉大！主是真實的，木頭

19 譯註：指霍斯勞二世（570 - 628），薩珊王朝國王，曾進攻東羅馬帝國，最後在六二五年於尼尼微（Nineveh）戰役被希拉克略的軍隊擊潰。
20 譯註：謝赫是阿拉伯常見的尊稱，意指「部落長老」、「伊斯蘭教長」、「智者」等。
21 譯註：賴買丹月是伊斯蘭曆的第九個月，也是穆斯林實行齋戒的月分。

偶像不是真實的，唯有主是真實的。是他先創造我們、扶養我們，我們和萬事萬物都只是他的影子，只是暫時的衣裝，遮掩永恆的光輝。「阿拉胡阿克巴，真主至大；」——又說「伊斯蘭」，我們必須服從真主。我們的力量來自對主的順從，不論他對我們做什麼。為這個世界，為另一個世界！他賜予我們的，就算是死亡，就算比死亡更壞，也是好的，是最好的，我們要委身於主。——「如果這就是伊斯蘭，」歌德說：「我們不都生活在伊斯蘭之中？」可不是嗎，凡有道德生活者，都是活在伊斯蘭之中。這向來被視為人類的最高智慧：不僅服從「必要」——必要讓他服從——更要了解和堅信「必要」命他去做的嚴苛之事是最明智的、最好的、最需要的。停止狂妄地以他小小的腦袋審視偉大上帝的世界，明白世界在比他所探測更深之處，確實有公正的律法，而這律法的精神是善——他的本分是遵從這「完全的律法」（Law of the Whole），虔誠、緘默地遵從；切莫質疑，要毫不質疑地服從。

我認為這是我們所知唯一真正的道德。一個人能不顧所有膚淺的法律、暫時的外觀、損益的計算，而加入偉大、深刻的「世界律法」，他就是正義的、無敵的、貞潔的，正走在純粹征服的路上；只要他與那偉大的中心律法合作，他就會戰勝，否則就不會戰勝——當然他第一次與它合作，或進入這個路線的機會，是徹底明白有它存在：明白它是善的，唯有它是善的！這就是伊斯蘭的精髓，當然也是基督教的精髓——因為伊斯蘭可被定義為基督教的一種混亂形式；沒有基督教，就不會有伊斯蘭。基督教也要我們先順從上帝。我們不要和血肉商議，不要聽無謂的指責，不要理會無謂的悲傷和希望；要知道我們一無所知，知道我們眼中最壞、最殘酷的，未必是它看起來的樣子；我們必須接受上帝從天上降予我們的一切，說，它是好的，明智的，上帝是偉大的！「神雖殺我，我仍信神。」這正是伊斯蘭「否定自我，消滅自我」的意義。這也是上帝向我們塵世透露的最高智慧。

這樣的光照亮了這個狂野阿拉伯靈魂的黑暗。炫目撩亂的光輝，如同生命和天堂的光輝，照在預示死亡的無邊黑暗：他稱之為「啟示」和天使加百列（Gabriel）——我們有誰知道該如何稱呼它呢？那是賜予我們理解的「全能者的氣」。「知曉」，了解任何事物的真理，始終是種神祕的行為——最好的邏輯恐怕也只是膚淺的胡謅。「信仰不就是真實的神所宣布的神蹟？」諾瓦利斯（Novalis）[22]這麼說——穆罕默德的整個靈魂被這個偉大真理燃燒著，感覺它是重要且唯一的，這是再自然不過的事。上帝不言不語地把真理透露給他，把他從死亡和黑暗中拯救出來，賦予他光榮，因此他必得讓所有造物知曉同樣的真理：這就是「穆罕默德是上帝的先知」的意思，這並不是沒有真實意義的。

我們可以想像，善良的海迪徹一臉驚訝、懷疑地聽他講，最後回答：是的，他說的是真的。我們可以想像穆罕默德有多感激；以及她給予他多大的仁慈，相信他現在說出來的誠摯而難以啟

22 譯註：諾瓦利斯（1772 - 1801）為德國浪漫派詩人、作家、哲學家，著有《夜之讚歌》（*Hymnen an die Nach*）等。

齒的話是最好的。「這是一定的，」諾瓦利斯說：「在另一個靈魂相信它的那一刻，我的信念就無限擴張了。」這是無限的恩惠——他永遠不會忘記善良的海迪徹。很久以後，他寵愛的年輕妻子阿伊莎（Ayesha）——因才德兼備而一輩子在穆斯林間享譽盛名——一天，這位年輕優秀的阿伊莎問穆罕默德：「現在我還比不上海迪徹嗎？她是個寡婦，年老色衰，你現在愛我勝過你以前愛她吧？」——「不，以阿拉之名！」穆罕默德回答：「沒那回事。沒有人相信我的時候，她相信我。那時，整個世界我只有一個朋友，就是她！」——他的奴隸塞依德（Seid）也相信他；他們，和他的表弟，即叔父阿布．塔勒卜的兒子阿里，是第一批皈依他的人。

他向每個人宣揚他的信仰，多數人回以嘲笑、冷淡。三年後，我想他只獲得十三名追隨者。進展相當慢。他所獲得讓他堅持下去的鼓勵，就是像他這樣的人在這種情形下通常會獲得的鼓勵。在三年略有斬獲之後，他招待了四十位近親，他站起來，告訴他們他的抱負：他要去國外向所有人傳播他的信仰，那是至高的信仰，唯一的信仰。他們之中有誰支持他呢？在一片懷疑與沉默中，年輕的阿里，十六歲的少年再也不能忍受，倏然躍起，以熱情、激烈的語言高喊：他願意！這群人，阿里的父親阿布．塔勒卜也在內，不能對穆罕默德不友善，但此情此景，一個不識字、老大不小的男人，一個十六歲少年，決定展開違抗全人類的事業，太荒唐了。他們哄堂大笑。但事實證明這不是什麼好笑的事，這是非常嚴肅的事！至於這位年輕的阿里，實在討人喜歡。如他所展現，現在和未來，他永遠心地高尚、熱情洋溢、慷慨激昂。他有俠義風範，勇猛如獅，又優雅、忠實、真情流露，媲美基督騎士精神。他在巴格達清真寺遇刺身亡，他的死是他本身寬厚正大，且相信他人亦能秉持公正所致：他說，若這傷證明不會致死，他們必須寬恕刺客，反之，他們必須立刻將他殺死，讓他們兩個可以同時出現在上帝面前，看這場爭執的哪一方為正義！

穆罕默德自然得罪了古萊什，天房的守護者，偶像的看管人。有一、兩位具權勢者加入他：那傳播得很慢，但有在傳播。他自然得罪了每一個人：這傢伙是誰，竟妄稱比我們都聰明，指責我們是崇拜木頭的愚人！善良的叔父阿布・塔勒卜同他說：他不能安靜不提那個嗎？要信那些東西是他的事，何必硬要談論來招惹別人、觸怒頭目、危及自己及他人呢？穆罕默德回答：就算太陽立於他右手，月亮立於他左手，命令他保持沉默，他也不能服從！不能：他得到的真理就是關於自然本身，與太陽、月亮、自然創造的一切地位相等。它是自己說出來的，只要全能上帝允許，任憑太陽、月亮、所有古萊什人，所有人事物，都攔不住。它必須如此，別無他途。穆罕默德這樣回答，據說一邊「潸然淚下。」潸然淚下：他覺得阿布・塔勒卜對他和善，知道他的任務並不輕鬆，是個嚴峻而偉大的任務。

他繼續對願意聽他說話的人說話，並向前來麥加的朝聖者宣揚他的教義。他在這裡和其他地方獲得信徒。持續不斷的矛盾、仇恨、公然或暗中的危險伴隨著他。有勢力的親人保護著穆罕默德，但逐漸地，聽從他的忠告，他所有追隨者都離開麥加，過海到阿比西尼亞[23]避難。古萊什人更加憤怒，設下陰謀、發下重誓，要手刃穆罕默德。阿布．塔勒卜已去世，善良的海迪徹也已亡故，穆罕默德不期盼我們同情，但他那時的情況確實悽慘。他得藏身洞穴，化裝逃亡；顛沛流離、居無定所，性命時時受到威脅。一切不只一次看似就要終結，不只一次他命懸一線、猶如驚弓之鳥——眼看穆罕默德和他的教義就要結束，無人聞問。但那並未就此結束。

傳道第十三年，得知他的敵人聯合起來反抗他——四十個發過誓的男人，一個部落一個，等著取他的命——穆罕默德明白繼續留在麥加已不可能，於是逃到當時名為亞斯列布（Yathreb）的地方，在那裡獲得一些追隨者。正因如此，那個地方現在叫麥地那，或「Medinat al Nabi：先知之城」。那裡位於兩百哩外，要越過岩石和沙漠；歷經千辛萬苦，我們可以想像他懷著這種心情逃到那裡，結果受到歡迎。整個東方都以這次逃亡為紀元，名為「希吉拉」（Hegira），希吉拉元年就是公元六二二年，穆罕默德五十三歲時。他現在要變成老人了，他身邊的朋友一一倒下，他的道路是孤寂的，危機四伏，除非他能在心裡找到希望，但事情表面看來對他可說毫無希望。所有遭遇類似情況的人都是如此，在此之前，穆罕默德都是用講道和勸服的方式宣揚他的宗教，但現在，既然被粗暴地逐出故鄉——因為不公不義的人不但不聽他真摯的神諭、他心靈深刻的呼

23　譯註：今衣索比亞。

喊，而如果他繼續宣講，甚至還要他的命——這位狂野的沙漠之子決定像個人，像阿拉伯人那樣保衛自己了。如果古萊什人執意如此，那就隨他們吧。他們不聽他捎來的音信——他覺得對他們和所有人類都無比重要的音信，還要用暴力、刀劍和謀殺加以踐踏，好吧，那就讓刀劍一試吧！此後穆罕默德又活了十年——十年都在戰鬥，在令人喘不過氣的困苦和掙扎中度過。而結果，我們都知道了。

關於穆罕默德用劍傳道的事蹟，世人已多著墨。我們基督教所自誇的、以和平方式透過講道和說服來傳教，無疑高貴得多。然而，若我們以此來主張一種宗教的真偽，那就犯下根本的錯誤了。劍，固然是劍，但你要從哪裡拿到你的劍呢！每一個新的見解，剛提出之際，都是少數意見。只在一個人的腦子裡，只居住在那裡。全世界只有一個人相信它，他要獨力對抗全世界。這時他拿把劍，試著用劍傳道，不會有什麼效果。你必須先拿到你的劍！一般而言，一件事會盡可能靠其本身傳播。我們也沒有發現基督教在拿到劍後還瞧不起劍。查里曼（Charlemagne）[24]使薩克遜人改宗就不是靠傳道。我並不在意劍不劍的：我會容許一件事物靠刀劍，靠唇舌，或任何它擁有或可以掌控的工具，來為自己在世上奮戰。我們會讓他宣講、發小冊子和戰鬥，奮力激勵

24 譯註：查理曼（768 - 814），或稱查理大帝，歐洲中世紀早期法蘭克加洛林王朝國王，自羅馬帝國以來，首度一統西歐大部分地區，為後世的法國、德國以及低地諸國奠定基石。

自己，靠嘴，靠爪，為所能為；當然，長久而言，它征服不了不應被征服的，它排除不了比它更優秀的，只能排除比它差勁的。在這場偉大的對決，由「自然」當裁判，且不會出錯：深根於自然的事物，也就是我們所謂「最真實者」，只有它，而非對手，會生長到最後。

論及穆罕默德和他成功的原因時，我們要記得「自然」是什麼樣的裁判：她是多麼偉大，有多麼深沉、容忍的平靜。你把小麥扔進大地的胸懷，你的小麥也許混了雜質、碎草、穀倉裡的灰塵和所有你想得到的廢物；沒有關係，你把那扔進仁慈公正的大地，她會長出小麥──她會默默地吸收、覆蓋廢物，絕口不提。黃色的麥子會在那裡生長，其他東西，善良的大地會保持緘默──默默地也將它們轉變成有益之物，且毫無怨言！自然處處皆如此！她真誠不撒謊，而她的真誠又如此偉大，公正而慈愛。對於一件事物，她只要求誠心，若誠心，她就會保護；不誠心，就不會保護。萬事萬物都有真誠的靈魂曾受到她的庇護。啊，這不就是現在或曾經來到這世界的所有至高真理的歷史嗎？萬物的軀體不完美，是黑暗中的光，必須以單純的「邏輯」，以某種「宇宙的科學定理」呈現在我們面前；那不可能完整，將來有一天必會被發現不完整、不正確，進而死亡、消失。一切真理的軀體會死，但如我所說，所有真理中都有個靈魂永遠不死，會以新的、更高貴的化身永存不朽，就像人一樣！這就是自然之道。真理的真正本質永存不朽。它是不是真的，是不是來自自然深處的聲音，這是自然裁判席上的要點。我們所說的純粹與否，對她而言不是決定性的問題。不是你體內有多少雜質，而是你有沒有任何小麥。純粹？我可能會跟很多人說，是的，你是純的，夠純；但你也可能是雜質——不真誠的假設、傳聞、俗套。你從來沒有跟宇宙的偉大心靈接觸過，你可能既純又不純；你什麼都不是，自然與你毫無關係。

穆罕默德的信仰，我們也可說是一種基督教。真的，看看那種相信和思忖時的那種狂野、全神貫注的真摯，我敢說那是比可悲的敘利亞教派更好的一類信仰——後者老是針對「同本質論」（*Homoousion*）和「本質相似論」（*Homoiousion*）[25]做無謂的爭吵，腦袋裡都是無價值的噪音，心靈空虛而死寂！它的真實嵌在不祥的錯誤和虛假之中，然而是它的真實使人相信，而非虛假：它是因真實而成功。這是一種畸形、卻富有生命的基督教，有跳動的心臟；不是貧瘠且了無生氣的邏輯！這位沙漠出身的狂野男子，脫離了阿拉伯偶像崇拜、神學爭論、傳統、精微、希臘人和猶太人的謠言、假說及那些虛幌的細節等等一切的垃圾，以他狂野真誠的心，如生與死的誠摯，以他光華閃亮的天生洞察，看到了事物的核心。偶像崇拜一無是處：你們這些木造偶像，「你給它們塗油抹蠟，蒼蠅就黏在上面。」我告訴你們，這些是木頭！它們不能為你們做任何事情，它們是無力的、褻瀆神明的表現，是令人深惡痛絕的，如果你了解它們的話。唯有上帝是真實，唯有上帝擁有力量；他創造我們，他可以殺死我們，可以讓我們活著：「阿拉胡阿克巴，真主至大。」要了解他的意志對你最好，了解不論血肉有多疼痛，那都是最睿智，最好的：你必須這樣

25 編註：「同本質論」即一種認為聖父、聖子、聖靈三位同體的學說；「本質相似論」則認為三者僅相似但不相同。

接受它，在此世和來世，你別無選擇！

不論它以何種形式呈現，如果那些狂野的偶像崇拜者真的相信了，以他們火熱的心牢記它、實踐它，我會說它就值得被相信。不論化為哪一種形式，我會說它仍是唯一值得被所有人相信的東西。於是人便成了這間「世界神廟」的大祭司。他與這個世界的創造者的信念和諧一致，跟它們合作，而非無謂地反抗。我知道，直到今天，關於「責任」（Duty），沒有比這更好的定義。所有「對」的事物都納入與真正「世界趨勢」的合作中：你藉此而成功（世界趨勢也會成功），你就是善的，就是走在正確的路上。「同本質論」、「本質相似論」，無論當時、之前、任何時候，都是無謂的邏輯爭論，可能大聲吵鬧，吵得不可開交：那些爭論就是要努力表現這件事的意義，如果真能表現什麼的話；但如果爭論未能表達它的意義，那就沒有意義。不是抽象概念或邏輯論述，不論說得正不正確；亞當之子謹記在心的是活的、具體的東西，那才是重點。伊斯蘭吞沒了所有無謂爭論的教派，我認為它有資格這麼做。它是「真實」，再一次直接來自偉大的自然心靈。阿拉伯的偶像崇拜，敘利亞人的慣例，一切沒有同等真實的事物，都必須付之一炬——就多種意義而言，那些只是死的燃料，供給伊斯蘭這把真正的火的燃料。

就是在這些狂亂的爭鬥和掙扎期間，尤其是逃往麥加之後，穆罕默德斷斷續續口述了他的「聖書」，即穆斯林所說的「古蘭」（Koran）或「讀物」，「該讀的東西。」這就是他和他的門徒最為重視的作品；問問全世界，那不是個奇蹟嗎？穆罕默德的信徒對《古蘭經》的崇敬，遠遠超過絕大多數基督徒對《聖經》的崇敬。各地都承認那是所有法律、所有常規的標準；沉思和生活該依循的準則；是直接來自上天的信息，塵世必須遵從，必須奉行；是該讀的東西。法官依此裁判；所有穆斯林都必須研習，在經文中追尋生命之光。他們建了清真寺，天天在寺中讀經，由三十位祭司輪誦，每天都要誦完。因此，一千兩百年來，這部經書的聲音無時無刻不在那麼多人的耳畔和心裡迴響。聽說有穆斯林學者已經讀了七萬遍！

非常奇怪：如果有人想找「民族喜好的差異，」這當然是最顯著的例子！我們也可以讀《古蘭經》；我們有塞勒的英譯本，據說是很好的譯本。我得說，這是我讀過最吃力的讀物——令人厭煩、一團混亂、粗鄙、生硬、無盡的重複、冗長囉嗦、糾纏不清；粗鄙、生硬得要命——簡言之，愚不可及！若非責任感，沒有歐洲人讀得完古蘭經。就像讀官方公報，我們讀了一堆令人讀不下去的破爛東西，希望在裡面瞥見一位非凡人物幾眼。的確，我們是在不利的條件下讀《古蘭經》：阿拉伯人會比我們在經文中看出更多條理。穆罕默德的追隨者發現的《古蘭經》都是片段，就是它剛開始宣揚時寫下的片段。他們說，它很多內容是寫在羊肩胛骨上，匆忙扔進一個箱子裡；他們加以發表，未按照時間或其他有跡可循的順序——看起來僅僅試著把最長的章節放在最前面，但也沒有非常嚴格地遵守。照這樣看來，《古蘭經》真正的開始差不多是在結尾：因為最早的部分是最短的。若能按照其歷史順序來讀，也許就沒那麼壞了。他們說，《古蘭經》原版大部分是有韻律的，是某種狂野的可吟誦的歌。這可能是一大重點；譯本可能未將大部分的韻律表現出來。不過雖然有這些可容忍的理由，我們恐怕還是很難相信會有任何凡人認為《古蘭經》是在天上寫的書，好到塵世寫不出來；或認為它是一本寫得很好的書，或甚至認為它確實是本書，而不是令人困惑的狂想曲；就寫作而言，不像大部分的書那麼壞！關於民族差異或品味標準，我就說到這裡。

不過我認為，阿拉伯人這麼愛《古蘭經》，並非晦澀難懂的事。當你完全放開《古蘭經》混雜糾纏的線圈，置於身後一段距離，它的基本型態就會自行揭露，而那其中有一個迥異於文學價值的優點。如果一本書是發自內心，它會設法觸及別人的內心，比起這個，藝術啊，寫作技藝啊，都沒那麼重要。我們可以說，《古蘭經》最重要的特色是它的真誠，它是至誠之作。我知道普利多（Prideaux）[26]等人將之詮釋為一大堆詐術，一章又一章忙著替作者一連串的罪惡開脫、掩飾、遂行其野心和騙術——但真的是該拋棄這些觀念的時候了。我不會宣稱穆罕默德始終真誠如一：畢竟有誰能持續不斷地真誠？但我承認，我完全不明白這年代竟然還有批評家指控他預謀詐欺、甚至從頭到尾蓄意欺騙——甚至生活在蓄意欺騙的環境，像偽造者和騙子那樣寫出這部《古蘭經》！我認為，每一隻正大光明的眼睛都不會以這種方式讀《古蘭經》。那是一個偉大、

26 譯註：應指英國國教教士及東方學者普利多（Humphrey Prideaux，1648 – 1724），著有《穆罕默德生平》（*Life of Mahomet*）一書敘述其騙徒理論。

粗野的人類靈魂的混亂騷動；粗野、未受教育，甚至不會讀寫，但熱情、真摯、奮力要用話語把自己表達出來。他努力自我表達時，情感強烈到令自己喘不過氣，思緒凌亂地盤據他的心頭：縱有千言萬語，卻什麼也說不出口。內心縱有意義，卻無法構成形式，因此說出來不按順序、沒有條理、缺乏連貫性——他那些想法完全沒有成形，它們是在混亂不堪、難以言喻、苦苦掙扎、跌跌撞撞、尚未成形時，就被拋了出來。我們說「愚蠢」，但天生愚蠢絕非穆罕默德這本書的特色；那該說是自然無教化。這個人沒有學過怎麼說話；在持續戰鬥的匆忙和壓力下，沒有時間醞釀貼切的語言。一個為生存和救贖奮戰的男人，倉促、激憤得上氣不接下氣——這就是他的心境！馬不停蹄；那麼多重要的意義，他無法明確地化為言語表達。一個處於那種心境、二十三年來受盡人世滄桑的靈魂，不斷吐露心聲，有時講得好，有時講得壞：這就是《古蘭經》。

因為在那二十三年間，我們要把穆罕默德視為衝突世界的中心。與古萊什人和異教徒戰鬥，和同族之人爭吵，跟自己狂野的心靈拉扯；這些都使他像個不停打轉的漩渦，靈魂永不靜止。我們可以想像，在不眠的夜，這個人狂野的靈魂在渦流中顛簸，一旦見到任一道可為它們做出決定的光，都會認定是真正來自上天的光；任一次下定決心，對他來說都是深受祝福、必不可少的決心，看來都像天使加百列的啟示。偽造者？騙子？不是，不是！這顆偉大熱烈的心，沸騰著，像一座思想的大熔爐汩汩沸騰的心，這絕非騙子的心。他的生命對他是事實，上帝所造的宇宙是事實，是真實。他犯過許多錯，這個人是未受教化、半野蠻的自然之子，許多貝多因人仍依附他：

我們必須這樣理解他。不要、也不能把他看成一個卑鄙的假象、一個無眼也無心的貪婪騙子，為了菜肉湯而進行褻瀆神明的詐騙、偽造神的文件，一再背叛造物主，背叛他自己的人。

在我看來，從各方面來說，「真誠」就是《古蘭經》的價值所在，正是真誠，使狂野的阿拉伯認為《古蘭經》彌足珍貴。畢竟，真誠是一本書最重要的價值，其他價值皆由它而生——實際上，唯有真誠能催生出任何種類的價值。奇妙的是，透過《古蘭經》裡這些拙劣的傳說、謾罵、抱怨、吶喊，我們見到一種真正、直接的洞察力零星出現，或可稱之為詩。《古蘭經》的主體由傳說構成，此外便是強烈、熱情的即興講道。他一再回到在阿拉伯人記憶裡流動的古老先知故事：一位繼一位先知，先知亞伯拉罕、先知互德（Hud）、先知摩西（Moses）、基督和其他真有其人或傳說中的先知，來到這個那個部落，提醒族人他們的罪。族人像接受穆罕默德為先知一樣，也接受了這些先知——這對他是莫大的安慰。這些事情他重複了十遍、二十遍，說了又說，令人厭倦，重複個沒完。那位英勇的塞繆爾．約翰生，或許就是這樣在他淒涼的閣樓精讀作家傳記！這就是《古蘭經》最重要的成分。但奇妙的是，透過這些，我們一再瞥見真正的思想家和觀察家。這位穆罕默德，確實擁有觀察世界的眼光：以某種直接、粗俗的活力，將他的心坦然接受的事物平靜地帶到我們心中。我不在意他讚美阿拉，很多人讚美阿拉，我猜那主要是從希伯來語引進的，對阿拉的讚美起碼比希伯來語動聽得多。但那隻直直望進萬物核心、看出萬物真理的眼睛，是我很感興趣的東西。那是偉大自然的禮物，她把那送給每一個人，但每一千人只有一人沒有可悲地將之丟棄。這就是我所謂洞察的真誠，這是對真誠心靈的試煉。

穆罕默德不能創造奇蹟。他常不耐煩地回答：我不能創造奇蹟。我？「我是個公開的佈道者，」被派來對眾人宣達教義。但這個世界，如我們所見，其實自古就是個偉大的奇蹟。放眼這個世界，他說——阿拉的傑作，豈不巧妙，若你睜開眼睛，那就完全是「給你的顯靈」！這個塵世，是真主為你所造，「在這之上指定了路徑，」你可以在這之上生活、在這之上來回行走。阿拉伯這個乾旱國度的雲，對穆罕默德來說十分奇妙：偉大的雲啊，生在無垠天空的懷裡，是從哪裡來的呢！那黑色的巨怪，它們高掛在那兒，傾注滂沱大雨，讓「死掉的土地復活，」使青草迅速生長，還有「高大葉茂的棕櫚樹與它垂懸的串串核果。這不是顯靈嗎？」還有你們的牲畜——是阿拉創造的，可供使用的啞巴生物，把青草變成奶；你的衣服取自於牠們，非常奇特的生物；牠們黃昏來臨便排隊回家，「並且，」他補充：「當歸功於你。」船也是——他談到船：龐大、會動的山，展開布做的羽翼，橫渡大海，由天上的風驅動；未幾，它們一動不動，主已收回了風，它們宛如死去，靜如止水！奇蹟？他吶喊：「你們還要什麼奇蹟？你們自己不就在奇蹟之中？是主創造你們，「用一小塊黏土把你們塑出來。」你們曾經很小，幾年前你們根本不存在。現在你們美麗，有力量，有思想，「你們同情彼此。」你們會年華老去，髮鬢灰白，你們的力量會消退，會變得虛弱，你們會倒下，再也站不起來。「你們同情彼此」這句最令我感動：阿拉創造你們時可以不讓你們同情彼此——那會變成什麼樣！這就是偉大、直接的思想，直接望進萬物的「事實」。這個男人身上看得見殘留的詩人天分，最好、最真的那種。他是才智非凡而未受教化之人，有眼界，有心腸，是個堅強而狂野的人——或許可以把自己塑造成詩人、王者、教士、任一種英雄。

在他眼中，這整個世界顯然不可思議。他看到了我們說過的，所有偉大思想家，包括粗獷的北歐人，想方設法，努力要看的東西：這個看似堅固的物質世界，其實什麼都不是，只是主的力量和存在的視覺「顯現」（manifestation）——是主掛在無垠虛空懷抱裡的影子。山，他說，這些偉大的岩石山脈，會「像雲一般」自己消散、像雲一樣融進藍天，不復存在！塞勒告訴我們，穆罕默德依阿拉伯人的習慣將塵世想像成浩瀚的平原或平地，山脈是被放上去使之穩固的。末日當天，它們就會「像雲一般」消失，塵世會開始旋轉，轉到崩裂，化作塵土和蒸氣消散在虛空中。阿拉從塵世縮回他的手，塵世就不復存在。阿拉的宇宙帝國，處處將一種無法言喻的「力」，一種「光輝」，以及一種未命名的「恐懼」，在萬事萬物之中展現為真正的力量、本質和實體。對此，這個男人一直看得透澈。現代人以名稱、自然力、自然法則來談論這些，不把那視為神聖，甚至不視為一物，而是一組事物，真夠不神聖——可以販售、奇特、適合於推動汽船！有了科學和百科全書，在我們那些實驗室裡，便很容易忘卻神聖性。我們不該忘記！一旦忘記，我不知道還有什麼值得牢記。大部分的科學，我認為是枯死的東西：凋萎、引發爭論、空虛——如晚秋的薊。最好的科學，如果沒有神聖性，也只是一塊枯木，不是成長中的樹和森林——那能永遠給我們新的木材，還有其他東西！除非人能以某種方式崇拜，否則他不會知道。不崇拜神聖，他的知識將只是賣弄，是枯死的薊。

關於穆罕默德的宗教耽於感官滿足，人們已經談得、寫得很多了，多到有失公允。那些我們認為是罪，他卻容許的放縱，並非他所指定；他發現那些已在實踐，從遠古時代起在阿拉伯就未受質疑，他只能加以削減、加以限制，不只從一方面，而是許多方面。他的宗教不是安逸的宗教：有嚴苛的齋戒、淨身、嚴格複雜的準則、一日禮拜五次、禁酒，「若成安逸的宗教，」它就不會「成功。」彷彿任何宗教、任何維繫宗教的理念，都可以藉由安逸而成功似的！說人的英勇行為是被安逸、對愉悅的希望、報酬——此世或來世的任一種甜美果實——所激發，那是在誹謗人！在最卑賤的凡人身上也有某種高貴的內涵。那些經過宣誓、受雇來為死而戰的士兵，也有著不同於操練管理和一天一先令的「士兵的榮譽」。可憐的亞當之子懵懵懂懂地渴望著的不是品嘗甘甜之物，而是做高尚、真實的事，以及在皇天之下證明自己是神創造的。只要告訴他可行的途徑，就連最乏味的苦工也能被點亮而成為一名英雄。說人是受安逸引誘，就大大冤枉他了。艱難、克制、殉道、死亡，都是會對人心產生作用的誘惑。點燃他內心和善的生命力，你就有一團火焰焚盡所有低層次的考量。不是愉悅，而是更高層次的事物：甚至在輕浮的階級，以及他們「攸關名譽」之類的事裡面，我們也能看到這些。任何宗教能獲得信徒，不是因為迎合我們的慾望，不是這樣，而是因為喚醒了在每個人心中沉睡的英雄氣概。

穆罕默德本身，儘管世人可以有各種說法，但絕非貪圖感官享受的人。如果我們認為這個人是一般沉迷酒色之徒，一心只想要低劣的享樂——任何種類的享樂，那就大錯特錯了。他家用節儉；他最常吃的是燕麥做的麵包和水：有時好幾個月壁爐不曾生火。他們引以為傲地記錄他會自己補衣補鞋。他是個貧窮、勞苦、缺衣少食的人，不在意俗人汲汲營營的一切。我會說，他不是個糟糕的人，他擁有某種比任何類型的渴望來得優秀的特質——否則這二十三年來與他並肩作戰、摩肩擦踵的狂野阿拉伯人、一直跟他有密切接觸的人，就不會如此敬重他了！他們是野人，不時一言不合，爭執不休，演變成各種激烈的真誠；沒有正確的品格和男子氣概，誰也不能指揮他們。他們叫他「先知」，你怎麼說？哎呀，他與他們面對面站著，毫不遮掩，不故作神祕；眾人都看得到他縫補披風、修補鞋子；他在他們之中戰鬥、給予忠告、發號施令：他們必定親眼目睹他是什麼樣的人，想叫他什麼就叫他什麼！沒有哪個頭戴王冠的帝王能像這位穿著自己修補的披風的男子這樣得人服從。那是二十三年艱難、實際的試煉。我發現那樣的試煉必能造就名副其實的英雄。

他的臨終之言是禱告。一顆懷著顫抖的希望、為接近造物主而奮鬥的心靈，斷斷續續地出聲。我們不能說是他的宗教讓他每況愈下；他的宗教讓他更好，更好，而不是更壞。他被記錄了許多寬厚的事：失去女兒時，他用他的方言，誠心誠意，與基督徒做出相同的回應：「主賜予的，主取回去；以主之名賜福。」塞依德——他獲得自由、討人喜歡的奴隸，也是第二名信徒——過世時，他也是這樣回應。塞依德是在塔布克之戰（War of Tabuc）捐軀，那是穆罕默德首度與希臘人交手。穆罕默德說，如此甚好，塞依德已完成他的主交付的工作，現已回到主的身邊，那對塞依德來說甚好。然而塞依德的女兒卻見到穆罕默德趴在父親屍體上痛哭——白髮蒼蒼的老人淚流滿面！「我看到什麼？」她說。「你見到一個朋友為朋友哭泣。」穆罕默德死前兩天最後一次進清真寺；他問，他是否傷害過任何人？就讓他的背被鞭笞。他是否欠過任何人什麼？一個聲音回答：「有的，欠我三枚銀幣，」是在某某情況借的。穆罕默德下令償還：「現在羞愧總比在審判日羞愧來得好。」他這麼說。你還記得海迪徹，和他說的「不，以阿拉之名！」吧。十二個世紀以來，諸如此類的特徵一再向我們證明，這是個真誠的人，是我們大家的兄弟，真的是我們共同「母親」的兒子。

而且我也喜歡穆罕默德完全沒有虛偽言辭。他是自力救濟的曠野之子，絕不自命為他不是的東西。他沒有浮誇的傲慢，也不過分謙遜：他就是本來的他，穿著他自己修補的披風和鞋子，像波斯王、希臘皇帝一般直言不諱，非常了解自己，「汝應有的尊重」。在與貝多因人的生死交戰中，少不了殘酷的事情，但也不缺仁慈的舉動、高尚的憐憫和寬大。穆罕默德不為殘酷致歉，也不誇耀仁慈。這些都由他的心靈自由支配，都是彼時彼地不得不如此。他不拐彎抹角！如果情勢需要，他會率直展現凶惡，不會吞吞吐吐！他常提到塔布克之戰：當時他有許多部下以天氣太熱、要收成等等為由拒絕前進；他永遠不會忘記那場戰事。你們的收成？延後一天就好。在永世之中，你們的收成會怎麼樣？天氣很熱？沒錯，是很熱；「但地獄更熱！」有時也會出現粗暴的挖苦：他會對不信神的人說：在那偉大的日子，你們的行為將受到公平的測量。回報將依你所秤，你所得的將分毫不少！——每當他凝神注視一件事，他就會看見它：他的心，彷彿時不時為事物的偉大所震懾。「確實如此，」他說，而在《古蘭經》裡，這個詞語有時會自己構成一個句子：「確實如此。」

這位穆罕默德決不半吊子；他專心致志於「時間」和「永恆」的「摒棄」及「救贖」之事：對此他認真至極！半吊子、假設、推測，是玩票性質的追求真理，是在玩弄真理、和真理調情：這是最令人反感的罪，是其他所有可想像的罪的根源。那在於人的內心和靈魂從不坦然接受真理——「活在虛榮的展演中。」這樣的人不只會說謊造假，他本身就是虛假——理性的道德原則，神性的火花，已沉入他的最深處，行屍走肉的麻木之中。穆罕默德撒的謊都比這種人說的實話來得真實。這種人不誠實：外表磨得光滑，在某些時間和地點受人尊敬，不得罪人，不對任何人說難聽的話，潔淨無垢——跟碳酸一樣，而那是死亡，是毒藥。

我們不會讚美穆罕默德的道德箴言絕對是最精美的，但我們可以說那其中永遠有為善的傾向，是由一顆趨向正義、真實的心所發出的命令。基督教那種崇高的寬恕——有人打你的右臉，把左臉也轉給他——在這裡看不到。你要報復，但要適度，不可過度、不可踰越公平正義。另一方面，伊斯蘭，和所有偉大的信仰，以及對人類本質的洞見相仿，主張人人平等：信徒的靈魂比塵世所有王權更加重要；依據伊斯蘭教義，眾生平等。穆罕默德堅持的不是布施的得體，而是布施的必要：他以律法規定你要施予多少，若你忽略，你就危險了。一個人年收入的十分之一，不論那些有多少，都是窮人、病人、需要幫助者的財產。這是好事：這位狂野的自然之子心中與生俱有的人道、悲憫、平等之聲這麼說。

穆罕默德的天堂是感官的，地獄也是感官的：確實如此，而這足以衝擊我們的靈性。但我們要記得，這是阿拉伯人本來就有的；穆罕默德不管怎麼改變，都只是加以緩和及削減罷了。最壞的感官滿足是出自那些學者、他的信徒之手，而非他的傑作。在《古蘭經》裡，對天堂的喜樂著墨甚少，而且是暗示，並非堅決主張。我們也不該忘卻，就連天堂裡至高的喜樂也是精神方面的，是「至高的風采」，這會無止境地超越其他愉悅。他說：「你們的問候語該是：和平。」「薩拉姆」（Salam），要和平相處！——這是所有理性靈魂在塵世渴望、追求的，是神的賜福。「你們要坐在位子上，彼此面對，所有怨恨都將從你們心中抹去。」所有怨恨！你們要慷慨地相親相愛，因為你們每一個人，在手足同胞眼中，都是天堂！

關於這個感官的天堂，和穆罕默德的耽於感官，對我們而言是最難堪的話題，有很多事情可說，但不方便在此多做敘述。我只說兩點，其餘留給你們秉公判斷。第一點是歌德提供，是他不經意的暗示，但在我看來相當值得注意。在他《威廉・麥斯特的學徒歲月》裡的一篇描述，主人翁偶然碰到一群有奇風異俗的人，其中一個是這樣的：「我們要求，」那群人的首領說：「我們每一個人都要在某一方面限制自己，」要違逆其欲望而行，強迫自己做不想做的事，「如果我們容許他在其他方面有較大迴旋餘地的話。」這在我看來相當公正。享受愉悅的事物不是罪惡：罪惡的是我們任道德自我成為它們的奴隸。讓一個人主張他可以支配他的習慣，也能夠、願意在必要時擺脫它們——這是絕佳的律法。穆斯林的齋戒月——在穆罕默德的宗教，以及他自己的人生皆十分重要——就是照此方向發展；就算不是深謀遠慮，就算不是明確為了精進自己的道德，只是出於健康、男子氣概的本能，那也不賴。

不過，關於穆罕默德的天堂和地獄，還有一件事要說。那就是不管它們有多粗俗或物質，仍舊是永恆真理的象徵——有時大家不會清楚記得這點。他粗俗而貪圖享樂的天堂；那可怕的烈焰地獄；他一輩子堅持的偉大審判日，在粗野的貝多因人的想像中，這些若非那個偉大精神事實、一切事實之始的影子，也就是責任的無限本質，又是什麼呢——若我們未能充分了解和感受這點，是我們的不幸。人在世間的行為對他無比重要，永遠不死，也不會結束；那個人，和他小小的性命，可抵達至高的天堂，也可抵達至低的地獄，在他於人世的六十年間，緊抓著一種永恆，那可怕而奇妙地隱藏著：這一切像火焰般熊熊燃燒，在狂野的阿拉伯靈魂留下深刻的烙印。那彷彿用火焰和閃電寫在那裡，駭人，不可言喻，永遠呈現在他眼前。憑滿腔的誠摯、激烈野蠻的真誠，他努力想說分明，卻怎麼也說不清，只能以那天堂與那地獄為象徵。只要以你想要的方式象徵，那即是第一個真理。不論採用哪一種象徵，都值得尊敬。人在塵世最重要的目的是什麼？穆罕默德回答了這個問題，而他回答的方式可能讓我們一些人感到羞愧！他不像邊沁（Jeremy Bentham）[27]、不像裴利（William Paley）[28]那樣量取對錯、計算損益，將這個和那個終極快樂加加減減，結算出淨額，問你，整體而言「對」是否占有壓倒性優勢？不，行善不是比為惡好，行善與為惡就像生與死——就如天堂和地獄。一者絕不能做，一者絕不能不做。你不該加以計算，他們是不能比較的：一者是永死，一者是永生。邊沁的功利論，以損益衡量價值，將這個神創造的世界貶低為一部無生命、無理性的蒸汽機，把人帶神性的靈魂貶低成某種乾草秤，用來秤草和薊、快樂和痛苦——如果你問我，對於人在這個宇宙間的命運，誰的看法更下賤、更謬誤，是穆罕默德還是他們，我會回答，絕不是穆罕默德！

整體而言，我們要再說一遍，穆罕默德的宗教是一種基督教，擁有在精神上至高的真誠要素，而這不會被它各種不完美所掩蓋。北歐的「希望」之神，所有粗人的神，這被穆罕默德擴大為「天堂」，但天堂是神聖責任的象徵，是要靠信仰、善行，靠英勇的行動，以及更英勇、帶神性的忍耐才能掙得。這是北歐的異教，而有真正神性的元素附加其上，莫言之虛妄，別看它的謬誤，看它的真理。十二個世紀以來，它是全人類五分之一人口的宗教和人生指引，最重要的是，

27 譯註：邊沁（1748 - 1832）為英國哲學家、法學家和社會改革家，是最早支持功利主義的人士。

28 譯註：裴利（1743 - 1805）為英國牧師、哲學家、功利主義者。

它是人們衷心相信的宗教。阿拉伯人相信他們的宗教，也試著靠它維生！自早期以來，沒有基督徒——或許只有現代的英國清教徒——能像穆斯林這樣信守自己的信仰——全心全意相信，以它面對時間，以它面對永恆。今晚，當開羅街上的巡夜員高喊「是誰？」，他會聽到路人和他一起回答：「唯真主外，沒有別的神。」阿拉胡阿克巴，伊斯蘭，這呼喊響遍數百萬黝黑的靈魂，以及他們全部的日常生活。熱心的傳教士赴海外，在馬來人、巴布亞黑人、殘忍的偶像崇拜者之間講道——取代較壞的，但不會取代更好的或善的事物。

對阿拉伯民族而言，這宛如從黑暗到光明的心聲。藉由它，阿拉伯人第一次朝氣蓬勃。從世界創始，這群牧羊人就一直在他們的沙漠裡流浪，從未被世人注意：一位英雄／先知被上天派來給他們，帶著他們能相信的話語：看哪，這群從未被注意的人變得舉世聞名了，從微不足道的變成像世界那麼大了。不到一世紀的時間，阿拉伯的版圖已西至格拉納達，東迄德里[29]——閃耀著英勇、輝煌、創造力之光——漫長歲月以來，阿拉伯照亮了世界很大的一部分。信仰是偉大的，賦予生命的，一旦一支民族有了信仰，它的歷史就會變得豐富、提振靈魂而偉大。這些阿拉伯人，這位穆罕默德，以及那個世紀——是不是很像一點火花掉在一個看似滿是黑色沙子、沒有人注意的世界，但，看哪，那沙子原來是可引燃的火藥，從德里到格拉納達的天頂熊熊燃燒！我說，偉大的人永遠像是天堂發出的閃電，芸芸眾生像燃料一般等著他，然後也會跟著燃燒起來。

29 譯註：指西班牙的格拉納達和印度德里。

第三講

作為詩人的英雄
——但丁、莎士比亞

【一八四〇年五月十二日】

神的英雄、先知的英雄，都是古代的產物，在新時代不會再出現了。他們預先假想了某些粗糙的概念，但已被科學知識的進展消滅。如果處在深情驚嘆中的人想要幻想他們的同胞是神，或神的代言人，就需要一個缺乏或幾乎缺乏科學形式的世界。神性和先知已成往事。現在我們要將我們的英雄視為較不具野心，也較無疑義的詩人看待。這種人物不會消逝。詩人是屬於所有時代的英雄人物，一旦出現，就能為所有時代所擁有。最新的時代和最老的時代一樣都可能產生——只要自然高興，永遠都會產生。讓自然送一位英雄靈魂過來，在任何時代他都可能被塑造成一位詩人。

英雄、先知、詩人——在不同的時代、不同的地點，根據我們在他們身上發現的特質，依據他們表現自己的領域，我們給予偉大人物好多不同的名稱！按照同樣的原則，我們可以取更多名字。不過，容我再次強調這個不可謂不重要、必須了解的事實：即不同的領域構成這種分別的主要源頭，依據英雄生在什麼樣的世界，他可以是詩人，可以是先知、君王、教士，或其他你想要的稱呼。老實說，我不知道有哪個真正偉大的人不能是所有類型的人。只會坐在椅子上寫詩句的詩人永遠寫不出有價值的詩。除非他本身起碼是個英勇的戰士，否則沒辦法歌頌英勇的戰士。我想像他的體內也是個政治家、思想家、議員、哲學家——某種程度他可能是這些，也是全部。所以我也不明白擁有高尚、灼熱的心靈，擁有火一般的熱情，真情流露的米拉波，豈會寫不出詩句、悲劇、詩歌，以此觸動所有人的心——假如他的人生方向和教育引領他往那個方向發展的話。這種崇高的基本性格就是偉人的性格，這個人必定偉大。拿破崙的言辭就像奧斯特利茨戰役（Austerlitz Battles）[1]；路易十四（Louis Fourteenth）[2]的將軍都鍾愛詩歌；杜倫尼（Turenne）[3]說的話富於機智又親切，就像約翰生的言談。偉大的心靈，有深刻洞察力的清澈之眼，都在這裡，不論是誰，身在何處，沒有這些就不可能發達。佩脫拉克（Petrarch）[4]和薄伽丘（Boccaccio）[5]也發表過外交訊息，且看來相當出色：這點無須懷疑，因為他們做過的事情比這些還難！伯恩斯，才華洋溢的詩歌作者，可能成為更傑出的米拉波。莎士比亞——你更是不知道他在哪方面不能有最卓越的表現。

誠然，人有天生的習性。自然並非以同一個模子來造就所有的偉人，如它對其他人那樣。人類無疑有種種習性，但有更多、無限多種環境；而人們通常只注意後者。這就像普通人學習工藝，你挑了一個人，目前才能不明，可能成為任一種工匠；你把他訓練成鐵匠、木匠、石匠，從

---

1 譯註：拿破崙一世的一場著名戰役。七萬五千名法軍在他指揮下，在今捷克奧斯特里茲村取得對俄羅斯—奧地利聯軍的決定性勝利，第三次反法同盟隨之瓦解，直接導致奧地利皇帝法蘭茲一世（Franz I）於次年放棄神聖羅馬皇帝封號。

2 譯註：法國國王（1638 - 1715），一六四三至一七一五年在位，為法蘭西王國最富裕強盛時期。

3 譯註：杜倫尼子爵（1611 - 1675）原名 Henri de la Tour d'Auvergne，為法國將軍，被譽為史上最偉大的軍事家之一。

4 譯註：佩脫拉克（1304 - 1374）為義大利學者、詩人、早期的人文主義者，主張以「人的學問代替神的學問」而被視為人文主義之父。

5 譯註：薄伽丘（1313 - 1375）為義大利文藝復興時期佛羅倫斯作家、詩人及人文主義者，以《十日談》（*Decameron*）故事集流芳百世。

此他就是鐵匠、木匠、石匠，不是別的。而如果，如同艾迪生（Joseph Addison）[6]所抱怨，你有時會見到街上挑夫用細長小腿支撐重擔，一路搖搖晃晃，而附近有位裁縫有參孫（Samson）[7]般的體格，卻要捏著細針處理一小塊布——你也不會認為這裡只有天生習性起作用！偉人該當哪一行的學徒呢？你的英雄是要成為征服者、國王、哲學家，還是詩人呢？這是這個世界與他之間一個難以理解、錯綜複雜且備受爭議的算計！他將研讀這個世界和它的律法，這個世界，連同它的律法會在那裡讓他研讀。如我們說過的，在這件事情上，世界將容許和吩咐他研讀這個世界最重要的事實。

在我們現代寬鬆不嚴謹的觀念中，「詩人」和「先知」是兩碼子事。然而在某些古老的語言，這兩個名稱是同義詞。「Vates」既指先知，亦指詩人。確實，不論哪個時代，若充分理解，「詩人」和「先知」意義相近。其實他們的本質依舊相同，尤其在這最重要的層面：兩者都看穿了宇宙的神聖奧祕，即歌德所謂「公開的祕密。」「偉大的祕密是什麼？」有人問。「是公開的祕密」——對所有人公開，卻幾乎沒有人看得到！那神聖之謎，遍存於生命各處，費希特（Fichte）[8]稱之為「世界的神聖理念，藏於表象底層。」所有表象，從繁星點點的天空到原野

6　譯註：指約瑟夫・艾迪生（1672 - 1719），英國散文家、詩人、劇作家、政治家。
7　譯註：聖經《士師記》中的大力士，可徒手擊殺獅子，並隻身與外敵非利士人（Philistines）周旋。
8　譯註：指德國哲學家約翰・戈特利布・費希特（Johann Gottlieb Fichte，1762 - 1814），是德國唯心論哲學重要的奠基人物。

上的青草，尤其是人類和人類工作的表象，都只是外衣，是讓神聖理念顯而易見的具體表現。神聖奧祕無所不在，確確實實存在。在多數時間和地點，它屢遭忽略；宇宙——在任何語言都可定義為已實現的「上帝思想」——被視為無關緊要、了無生氣、司空見慣的東西——如諷刺家所言，彷彿是死的東西，是某位裝潢師傅把它拼湊起來的！這件事現在多說無益，但如果我們不加以了解，沒有活在這樣的知識裡，相當可惜。可惜到令人悲切——我們若不這樣度過此生，就是枉走這一遭了！

現在，我可以說，不論誰忘記了這種神聖奧祕，「Vates」，先知也好，詩人也好，已經洞悉，他是被派來這裡讓我們加深印象的。這就是他要傳遞的音信，他就是來把那揭露給我們的——永遠與他同在的神聖奧祕。當其他人忘卻，他依然明白——我或許可以說，他是被迫知道這些的，在未經他同意之下，他發現自己活在其中，必須活在其中。這其中沒有道聽塗說，只有直接的洞見和信仰，這個人也不得不成為一個真誠的人！任何人都可以活在事物的展演中，但對他來說，活在萬物的事實裡是自然且必然之事。儘管其他人都在玩弄宇宙，他卻對宇宙十分認真。他是個「Vates」，而第一個條件就是真誠。至今，詩人和先知這兩種「公開祕密」的參與者，仍為一體。

再回到他們的差異：我們或許可以說，「Vates」先知掌握了神聖奧祕的道德面，例如善與惡、責任和禁令；「Vates」詩人則掌握德國人所謂的美學面，如美與不美。前者我們或許可以說揭露了我們該做的事，後者則揭露了我們喜愛的東西。但其實這兩個領域互相接壤，密不可分。先知也著眼於我們所愛，否則我們怎麼知道什麼是我們該做的事？塵世所聽過「至高的聲音」說：「想想野地裡的百合花怎麼長起來；它們既不勞苦，也不紡線。然而我告訴你們，即便是所羅門極為榮華的時候，他所穿戴的，也不如其中的一朵花呢！」[9]那望進了美的至深處。「野地裡的百合花」——穿得比世間王公貴族都美，從卑微的壟溝裡長出來；一隻美麗的眼，從美麗之海的深處望著你！假如這粗糙地球的本質和她外表一樣崎嶇，不是內蘊的美，它怎能創造出這些呢？以此觀點來看，歌德有一句令許多人震驚的話可能饒富意義：「美，」他暗示：「比善更高，美包含著善。」我在某個地方說過，真正的美，「不同於虛假，一如天堂有別於沃克斯豪爾！」[10]詩人和先知的異同，就說到這裡。

在古代和近代，我們發現有些詩人被視為完美無瑕，挑他們的毛病是大逆不道。這值得注意，這是對的；但嚴格來說，這純屬幻想。實際上，很明顯，沒有完美無瑕的詩人！詩的氣質存於所有人類心中，沒有人是完全由詩構成。當我們好好讀一首詩的時候，我們全都是詩人。「在但丁的地獄前顫抖的想像力」雖然程度弱了點，但那需要的想像能力不也和但丁自己的如出一

9 譯註：《馬太福音》第六章第二十八至二十九節。

10 譯註：沃克斯豪爾（Vauxhall）位於泰晤士河畔，以建於十七世紀的沃克斯豪爾花園（Vauxhall Gardens）著稱。

轍？除了莎士比亞，沒有人能從薩克索・格拉瑪提庫斯（Saxo Grammaticus）[11]的著作中像莎士比亞那樣具體表現《哈姆雷特》的故事，但人人都可以從中塑造某種故事，人人都能呈現故事，呈現得好不好而已。我們不需要多花時間界定。在沒有明確差異之處，例如方圓之間，所有定義必多少有些武斷。在內心發展出豐富詩意元素、因此為人注意的人，會被鄰人稱作「詩人」。世界的詩人——那些我們認為完美無瑕的詩人——也是這樣被批評家確立的。一個在某些批評家心目中遠遠凌駕一般詩人水準的人，感覺就像宇宙的詩人。應當如此。但這是、必定是武斷的區分。所有詩人，所有人，都帶有一些宇宙的氣息，但沒有人完全由那構成。大部分的詩人很快就被遺忘，他們之中最高貴的莎士比亞或荷馬，也不可能永遠被記得——總有一天也會被遺忘！

但你會說，真正的詩和真正的非詩語言之間一定有分別吧：分別在哪裡？關於這一點已有諸多討論，特別是近期的德國批評家，而其中有些乍看不是非常容易理解。例如他們說，詩人具有一種無限的特質，會將一種「*Unendlichkeit*」（即某種「無限」的性質）傳達到他描寫的東西。這種說法雖然不太精確，但既然探討的是如此朦朧的事情，仍值得牢記：如果善加思索，仍會慢慢梳理出一些意義。就我個人而言，我在那古老、通俗的詩的特性中發現了相當程度的意義：詩是

11 譯註：格拉瑪提庫斯（約 1150 - 1220）是丹麥史學家，神學家和作家。著有丹麥人的第一部通史《丹麥人的事跡》（*Gesta Danorum*）。

有韻律、有音律的，是歌。的確，如果被迫給出定義，我們可能會馬上說出這個特徵：如果你的描寫真正具有音樂性，不僅文字符合音律，在心靈和實質上，在所有思想和思想的表達上都是音樂，那它就是詩；若非音樂，那就不是詩——音樂啊，多少事物蘊含於此！唯有已洞察事物最深的核心、察覺事物最深的奧祕，也就是其隱藏旋律的心靈，才能說出音樂般的思想；事物內在凝聚的和諧是它的靈魂，有這樣的靈魂，事物才會存在、才有權利存在於這個世界。我們可以說，所有內心深處的事物都是旋律，以歌曲自然表露自己。歌的意義非常深刻。誰能以邏輯的語言表達歌曲對我們的影響呢？這是一種難以言喻、深不可測的語言，引領我們來到無限的邊緣，讓我們凝視它片刻！

不但如此，所有語言，甚至最普通的語言，裡面都有歌：世上沒有哪個教區沒有自己的腔調——當地人跟著這樣的韻律或音調唱出他們要說的事！腔調就是一種吟誦：每個人都有他自己的腔調——雖然他只會留意別人的腔調。也請注意，所有熱情洋溢的語言也會變成音樂——比單純的腔調更精緻的音樂；人在盛怒下說的話也會變成一種詠唱，一首歌。所有深刻的事物都是歌。歌，不知怎地看來好似我們最核心的精髓，彷彿其他一切都只是外衣和外殼！歌是我們最重要的元素，我們如此，萬物如此！希臘人煞有介事地講述「天體的和聲」（Sphere- Harmonies）：那是他們對自然內部結構的感覺；自然所有聲音和話語的靈魂，就是美妙的樂章。因此，詩，我們要稱之為「音樂的思想」，詩人是以這種方式思考的人。基本上，那仍取決於思維的力量，是一個人的真誠和深刻洞察力讓他成為詩人。看得夠深，就能感受到音樂；自然的心處處是音樂，只要你觸得到它。

相較於「Vates」先知，「Vates」詩人，連同他旋律優美的自然啟示錄，在我們之間似乎地位低下；他的功能，以及我們因他的功能給予他的敬重，也同樣薄弱。英雄被視為神明；英雄被視為先知；後來英雄只被視為詩人，如此觀之，我們對於偉大人物的評價，是否一代不如一代了？我們先把他看作神，再來是受神啟發的人，現在，第三階段，他不可思議的話語只讓我們承認他是詩人，優美詩句的創作人，才華洋溢的人等等！看起來就是這樣；但我說服自己，本質上並非如此。若仔細思考，或許事實會變得明朗：人們仍對這種「英雄的天賦」抱有與過去任何時代相同的崇敬，不管它被喚作什麼名稱。

我想，現在我們不再把偉大人物看作名副其實的神，那是因為我們對於「神」、對於至高不可及的「光輝、智慧、英雄氣概」泉源的概念愈升愈高；而非因為我們對這些顯現於我輩身上的特質愈來愈不尊敬。這點值得仔細思考。半吊子，玩世不恭——是這個時代的詛咒，不過不會永遠持續下去——確實在這個人類事務的最高領域中壞事，一如在其他領域搗亂，使我們對偉人的崇敬——已削弱、盲目、麻痺——陷入困境，幾乎無法辨識。人們崇拜偉大人物的外觀，多數人不相信偉人有任何實質值得崇拜。這是最陰鬱、最具毀滅性的信念——一旦相信，我們就會對人類事務名副其實感到絕望。然而，比方說，讓我們看看拿破崙好了！一位科西嘉砲兵中尉——這是他的外觀：但他難道不是受人服從和崇拜，比世上所有君主帝王加起來有過之而無不及嗎？高貴的伯爵夫人，客棧的馬夫，全都圍繞著伯恩斯這位蘇格蘭村夫——他們每個人心中都有一股異樣的感覺，他們不曾聽聞這樣的人：總之，就是他了！在這些人私密的心靈，那種感覺朦朧地浮現，雖然現在還沒有獲得認可的方法將之吐露：那位村夫，有濃黑眉毛和炯炯如日的眼神，說著令人笑中帶淚的奇妙話語，顯然遠比其他人來得高尚，不是其他人可以比擬。我們不是這樣覺得嗎？現在，倘若那些半吊子、玩世不恭、膚淺庸俗及所有類似可悲的態度，通通被攆出我們內心——憑上帝恩賜，總有一天會如此——倘若這種對事物外觀的信仰能被掃除殆盡，換成對事物本身的清澈信仰，讓人只憑這股衝動行事，視其他衝動不存在，我們對於這位伯恩斯會有何種更強烈鮮明的感覺呢！

話說回來，在我們這個時代，不是有兩位詩人，僅有這兩位，就算沒有被奉若神明，也可以說被「宣福」（beatify）了？莎士比亞和但丁是「詩聖」；真的，如果我們仔細想想，他們確實被封聖（canonize）了，因此褻瀆他們就是大不敬。這個世界不受約束的本能，跨越所有剛愎乖戾的障礙，已達成這樣的成果。但丁和莎士比亞是獨特的兩位。他們離群索居，生活在某種高貴的孤獨中；沒有人平起平坐，也沒有人次於他們：在世人一般的感覺中，這兩位充滿某種超凡脫俗，某種臻於完美的光榮。他們已被封聖，雖然沒有教宗或主教主持儀式！在這最不崇尚英雄的時代，儘管面臨各種墮落腐蝕的影響力，這仍是我們對英雄氣概堅不可摧的崇敬——我們將稍微探討這兩位，詩人但丁，和詩人莎士比亞：儘管對於「作為詩人的英雄」，在此我們能說的極為有限，但那將以最恰當的方式自我呈現。

評論但丁和其著作的文章不勝枚舉，但整體而言成效不佳。他的傳記已經失傳，再也找不回來了。他活著時無人聞問、四處流浪、滿懷悲傷，因此對他的記載不多，且經過這麼久，大部分已經失落。自他封筆、與世長辭至今，已經五個世紀過去。雖然有那麼多評論，我們對他的認識主要還是得靠那本書。那本書——或許可以加上一般認為是喬托（Gioto di Bondone）[12]所繪的肖像，看著那幅肖像，不管繪者是誰，你會不由得認為那是如實臨摹。對我來說那是一張最動人的臉孔，或許是我見過所有臉孔中最動人的。孤獨地在那裡，彷彿繪於一片虛空，只有簡單的月桂枝葉纏繞著，那不死的哀傷和苦痛，人盡皆知，也是不朽的成就——意義深遠地刻畫了但丁的生平！我覺得那是寫實畫所畫過最哀傷的臉孔，一張悲切、心痛的臉。溫柔、親切、宛如孩子的和善情感構成那張臉的基礎，偏偏這些又凝結成鮮明的矛盾，凝結成克制、孤立、驕傲而絕望的痛苦。一個溫柔、飄渺的靈魂如此嚴肅、堅決、倔強又銳利地向外望，彷彿從厚冰的監牢中向外望！而這也是沉默的痛，沉默、輕蔑的痛：抿著嘴唇，像神一般鄙視侵蝕他心靈的東西——彷彿那是卑鄙、了無意義的東西，彷彿被那股力量折磨、勒殺的他，比那東西更強大。他在強烈抗議

12　譯註：喬托·迪·邦多內（1267－1337）為義大利畫家和建築師，被譽為義大利文藝復興時期的開創者，以及「歐洲繪畫之父」。

這個世界，一輩子與這世界奮戰到底，不屈不降。情感全都轉化為憤慨：無法平息的憤慨，緩慢的、平和的，沉默的，像神的憤慨！那隻眼也是，它看似詫異地向外望，像在詢問，這世界為什麼是這個樣子？這就是但丁，他就是這個樣子，這個「十個沉默世紀的聲音」，向我們唱出「他神祕、深不可測之歌。」

我們對但丁生平所知極為有限，但與那幅畫和那本書相應。他在一二六五年出生於佛羅倫斯上層階級，他所受的教育是當時最好的教育：學院派的神學、亞里斯多德的邏輯、一些拉丁文經典——對於事物某些領域不算無足輕重的洞見——而但丁，憑藉著誠摯而聰穎的天性，我們無須懷疑，所有具學習價值的事物，他一定學得比多數人好。他培養出十分敏銳的理解力，這是他從那些學究身上努力實現的最好教育成果。周遭的學識，他瞭若指掌，但在那個時代，沒有印刷書籍或自由交流，他不可能確切了解遠方的事物：小而明亮的光，清楚照亮了旁邊的一切，但映在遙遠的東西上，就突然變成獨特的明暗對照法（*chiaroscuro*）。這是但丁從學校學到的。至於人生，他則經歷了尋常的命運：曾兩度從軍為佛羅倫斯出戰；曾出使外邦；三十五歲時因才德兼備升任佛羅倫斯最高行政委員之一。他童年時期遇過一位漂亮的女孩貝緹麗彩．波蒂納里（Beatrice Portinari），年紀和家世與他相仿，長大後偶爾碰見她，與她保持遠距聯繫。所有讀者都知道他對此事優美動人的記述，之後兩人分別，她嫁給別人，不久即香消玉殞。她在但丁的詩中占有極大分量，似乎也是他生命的重要人物。在所有人裡面，彷彿只有她是他全心全意愛過的，雖然她不在身邊，且最後在朦朧的永恆中與他天人永隔。她死了；但丁自己也結了婚；但他的婚姻似乎不幸福，一點也不幸福。我想，這位嚴厲、認真的男人，敏感又容易激動，要讓他快樂並不容易。

對於但丁的不幸際遇，我們沒什麼好抱怨的：要是一切稱心如意，他可能會當上佛羅倫斯的執政官、總督之類，受鄰人愛戴——於是世界就會失去世人說過或唱過最偉大的作品之一。佛羅倫斯可能擁有一位傑出的大市長，而沉默的十個世紀會繼續悄然無聲，再十個（因為一定會有超過十個）聆聽的世紀沒有《神曲》（*Divina Commedia*）可聽！我們沒什麼好抱怨的。這位但丁被指派了更崇高的命運，而他，就像走向死亡和十字架受難的人一般掙扎，不由自主地履行了命運。給他選擇幸福的機會！他並不比我們清楚，何謂真正的幸福，何謂真正的不幸。

在但丁擔任行政委員期間，圭爾夫派和吉柏林派之爭（Guelf-Ghibelline）[13]，白黨和黑黨之爭（Bianchi-Neri）[14]，或其他混亂紛爭達到高峰，但丁雖然所屬黨派勢力似乎較強，卻出乎意料地與友人遭到放逐，自此注定一輩子顛沛流離。他的財產全部充公，他強烈感覺到這件事完全不

13 譯註：指中世紀義大利中部和北部分別支持教宗和神聖羅馬帝國的派別。教宗與神聖羅馬帝國的權力鬥爭始於一〇七五年的敘任權之爭，但這兩派的爭鬥一直持續到十五世紀。

14 譯註：一二六六年圭爾夫派掌權後，一二九四年當選的新任教宗想控制佛羅倫斯，部分富裕居民希望城市保持獨立、不願受制於教宗，分化成「白黨」，但部分沒落的居民卻盼藉助教宗勢力翻身，成為「黑黨」。兩派重新爭鬥，但丁的家族原屬圭爾夫派，由於但丁強烈主張獨立自由，因此成為白黨中堅，並被選為最高權力機關執行委員會的六位委員之一。

符公平正義，無論在上帝或人的眼中都是窮凶惡極。他盡己所能盼能復職，甚至拿武器進行突擊，但徒勞無功，甚至雪上加霜。我相信今天佛羅倫斯的檔案館裡還有紀錄判決這位但丁不論在哪裡被逮捕，都可以活活燒死。活活燒死，就是如此，他們說：這是非常奇特的市政紀錄。另一件在幾年後寫下的奇特紀錄是一封但丁寫給佛羅倫斯執行官員的信，答覆他們較溫和的提議：只要道歉和繳罰款，他就可以回來。他的回答流露堅定不移的驕傲：「如果我不能以無罪之身回去，就永遠不會回去，*nunquam revertar*。」

現在，但丁在這個世界上已經沒有家了。他四處流浪，寄人籬下，證明——以他自己苦澀的話說——「這條路有多艱辛，*Come e duro call*。」悲苦的人不是令人愉快的伴侶。窮困、被放逐、本性又傲骨嶙峋、鬱鬱寡歡的但丁，不是討人喜歡的人。佩脫拉克記錄，但丁曾待過坎格蘭德一世．德拉．斯卡拉（Cangrande Della Scala）[15]的宮廷，有天因悶悶不樂、沉默寡言而遭責備，他的回應一點也不像廷臣。德拉．斯卡拉站在廷臣之間，有丑角和活寶（*nebulones ac histriones*）讓他興高采烈，這時他轉頭對但丁說：「這不是很奇怪嗎？這可憐的傻子讓自己使人愉快，聰明如你，卻一天又一天坐在那裡，不做一點逗我們大家開心的事？」但丁忿忿不平地回答：「不，一點也不奇怪，請殿下記起那句諺語：物以類聚」——有娛人者，必有被娛者！這樣

15 譯註：坎格蘭德（1291 - 1329）是義大利貴族，所屬的德拉．斯卡拉家族從一三〇八到一三八七年統治維羅納（Verona）。

的一個人，以他自傲、沉默的方式，以他的諷刺和憂傷，注定無法在宮廷發達。漸漸地，他終於明白他在這世上不會再有安居之地，或獲得優勢的希望。塵世已將他驅逐，讓他漂泊、流浪；現在沒有活著的心愛他了；他的悲痛，他的不幸，再也得不到安慰了。

於是，「永恆世界」對他的影響自然更深了。這個世界，這裡的時間，這裡的佛羅倫斯和放逐，只是像個不真實的影子在那可怕的現實上振翅。你再也見不到佛羅倫斯了，但你一定見得到地獄、煉獄（Purgatory）、天堂！佛羅倫斯、坎格蘭德·德拉·斯卡拉、這個世界和生命算什麼！永恆：你和萬物都是奔向永恆，不是他處！但丁的偉大靈魂，在塵世已無家可歸，於是逐漸以可怕的另一個世界為家。他的思想只駐足於那個世界，那個世界成了對他唯一重要的事實。不論有沒有形體，這是對所有人都很重要的事實——但是對但丁而言，在那個年代，它具體表現為固定的科學形式；他不懷疑有「惡溝」（*Malebolge*）[16]存在，不懷疑那就坐落在那裡，有一圈圈陰暗的溝渠，和「深深的嘆息」（*alti guai*），不懷疑他自己會見到它，就像我們不會懷疑如果我們前往康士坦丁堡，就會見到康士坦丁堡一樣。但丁的心靈長久以來就充斥這些，以無言的思想和敬畏鬱鬱沉思，最後突然迸發成「神祕、深不可測之歌」，而他的《神曲》，近代著作中最不

16 譯註：「惡溝」為但丁《神曲》第八圈的地獄，為一個巨大的漏斗形洞穴，又分為十個同心圓的溝槽或溝渠。「*malebolge*」為義大利文，意為「邪惡的溝渠」。

同凡響的一部，就是成果。

這對但丁一定是莫大的安慰，如我們所見，也是值得驕傲的念頭：既然被放逐，他就能做這項工作了——沒有佛羅倫斯，沒有任何人可以妨礙他做這件事，而這對他大有幫助。他也隱約感覺到這是偉大的，是人類所能進行最偉大的事。「只要跟著你的星，*Se tu segui tua stella*，」——這位英雄在被遺棄時，在窮愁潦倒中，仍能這樣對自己說：「跟著你的星，就一定走得到光榮的避難處！」我們知道，可想而知，寫作的辛勞對他多麼巨大且痛苦；他說，這本書「讓我消瘦好多年。」啊，是的，它是費盡千辛萬苦贏來的——不是鬧著玩的，而是嚴肅、認真的。他的著作，一如大部分的好書，就許多意義而言，是嘔心瀝血寫成的。這，這本書，是他全部的人生。他寫完就過世了，年紀還不算老，才五十六歲——據說是心碎了。他死在拉溫納，也葬身該城：*Hic claudor Dantes patriis extorris ab oris*。一個世紀以後，佛羅倫斯人請求拿回遺骨，拉溫納人不給。「我但丁躺在此處，被拒於故鄉海岸之外。」

我認為但丁的詩是一首歌：稱它作「神祕、深不可測之歌」的是蒂克（Johann Ludwig Tieck）[17]；而這正是它的特色。柯勒律治（Samuel Taylor Coleridge）[18]在某處的評論非常精闢：

17 譯註：約翰・路德維希・蒂克（1773 - 1853）為德國詩人、翻譯家、作家及評論家，是十八世紀末至十九世紀初浪漫主義運動的元勳之一。

18 譯註：山繆・泰勒・柯勒律治（1772 - 1834）是英國詩人、文學評論家、哲學家和神學家。

每當你發現一個句子的詞語有音樂性，字裡行間有真正的韻律和旋律，那它一定也有深刻、適切的意義。因為身體和靈魂，文字和概念，在這裡會莫名並轡而行。歌，我們之前說過，是「語言的英雄」！所有古老的詩，不論荷馬或其他人的詩，都是名副其實的歌。我認為，嚴格來說，所有好詩都是歌；而不能吟唱的作品都不能算是詩，只是塞進韻文裡的散文——多數情況下既大大傷害了語法，也帶給讀者大大的痛苦！我們想了解的是這個人的思想，如果他有的話：如果他可以平鋪直敘說出來，為什麼要扭曲成韻文？唯有在他的心完全陷入旋律的熱情時，唯有他的音調，根據柯勒律治的說法，因其思想的偉大、深刻和美妙聲音，變得宛如音樂時，我們才會賦予他押韻和吟唱的權利，才會稱他「詩人」，才會把他視為「英雄的說話者」——言語有如歌聲的人——來聆聽。冒牌詩人很多，而我懷疑，對誠摯的讀者而言，讀那種韻文通常是件令人憂鬱，甚至無法忍受的事！那種韻文根本沒有必要押韻——該平鋪直敘地告訴我們它要說的事，不必鏗鏗鏘鏘的。我會勸告所有可以說出想法的人，不要用唱的；請了解，在嚴肅的時刻，嚴肅的人身上，沒有非唱不可的天職。正如我們熱愛真正的歌，為歌曲，一如為某件神聖的事物著迷，我們痛恨假的歌，將之視為呆板的噪音，空洞、膚淺的東西，完完全全是不真誠又冒犯人的東西。

當我說但丁的《神曲》不管怎麼看都是一首真正的歌時，是給他我最高的讚美。在它的聲音裡有一種「定旋律」（*canto fermo*），它宛如透過吟詠進行。在這方面，他所用的語言，簡單的義大利三行體（*terza rima*），無疑有所幫助。我們是以某種歡快的節奏，自然地讀它。但我要補充一句，那不可能用別的方式讀，因為那部作品的本質和素材本身都是有韻律的。它的深刻、出神的熱情和真誠，使它成為音樂——只要夠深入，處處是音樂——那是由一種真正的內在對稱，我們或可稱為建築的和諧主宰，使之均衡相稱：是種建築，也帶有音樂的特色。那三個王國——地獄、煉獄、天堂，像一座龐大建築的三個部分彼此相望；是一座巨大的超自然世界大教堂，層層堆疊、嚴峻、莊嚴、可怕；是但丁的「靈魂世界」！它基本上是所有詩作中最誠摯的一首；誠摯，在這裡，我們認為也是衡量價值的基準。那發自作者內心最深處，歷經漫長的世代，也進入我們內心深處。維羅納的民眾，看到但丁在街上時常說：「*Eccovi l' uom ch' e stato all' Inferno*，看哪，是那個去過地獄的人！」沒錯，他去過地獄——漫長、嚴酷的悲痛與掙扎，夠地獄了，和他類似的人無疑都去過地獄。否則那出於「神聖」的「曲」就不會完成[19]。思想，是真正的勞動，是最高的美德，難道不是痛苦的產物？彷彿生於黑色的漩渦——是真正的努力，就像囚徒奮力爭取自由：這就是思想。從各方面來看，我們都是「歷經苦難而變得完美」——不過，如我所說，在我知道的作品中，沒有像但丁《神曲》這麼精心擘劃的。那彷彿在他靈魂最熱的熔爐裡熔化，那讓他「消瘦」好多年。不只是整體而言，《神曲》的每一部分都是以最強烈的誠摯精心刻畫成真實，清楚地呈現在讀者眼前，每一部分彼此呼應，每一部分恰如其分，像大理石精確地雕鑿和

19 譯註：《神曲》義大利原文為「Divina Commedia」，其實但丁沒有訂定明確的標題，也只在《地獄篇》中提到過兩次「Commedia」（原意為喜劇），「Divina」（神聖）一詞則出自薄伽丘。

琢磨。這是但丁的靈魂，而在但丁的靈魂裡，有中世紀的靈魂，以美妙的韻律永遠呈現在那裡。並非輕而易舉，是極度艱鉅的任務：但任務完成了。

也許我們可以說，強烈，以及仰賴強烈的那些特質，是但丁天賦的主要特色。在我們面前出現的但丁沒有包容一切的開闊心胸，而是狹隘，甚至偏執的心靈：這一部分是時代和地位所致，一部分也是本性使然。從各方面來看，他的偉大完全集中於火一般的熾烈和深刻。他舉世聞名不是因為他廣及全世界，而是因為他深及全世界。透過所有客體，他可說洞悉了存在的核心。我不知道有哪樣東西能像但丁那麼強烈。比如，從他強烈特質的最外圍發展開始，想想他是如何描繪的。他有絕佳的觀察力，能抓住事物的基本典型，如實呈現，一點也不會太過。你還記得他見到「地帝廳」（Hall of Dite）的第一眼吧：紅色尖頂，炙熱的鐵錐在朦朧無垠的幽暗中發著紅光——如此生動，如此清楚，一見便永誌不忘！這象徵了但丁完好的天賦。他有一種簡練，一種猝然的精確：連塔西佗（Tacitus）[20]也沒有比他簡潔，比他精煉；而在但丁身上，那似乎是一種天生的精煉，是自然流露的。一個震撼人心的詞，接著便歸於沉默，不再多言。他的沉默比言語更有說服力。奇怪的是，他能以一種鮮明、堅決的優雅捕捉事物真實的樣貌，彷彿拿著一枝火之

20 譯註：普布利烏斯．科爾奈利烏斯．塔西佗（Publius Cornelius Tacitus，約 55 - 117）為羅馬帝國執政官、元老院元老，也是著名的史學家與文體家，為文充分發揮拉丁文生動、有力、富有節奏感的特色。

筆，直直切入事物內部。虛張聲勢的巨人普魯忒斯（Plutus）聽到維吉爾（Virgil）[21]斥責就垮掉了，就像「帆倒了，桅杆猛然折斷。」或者那可憐的布魯內托・拉蒂尼（Brunetto Latini）[22]，有張「烘乾的臉」，烤得焦褐乾瘦；還有落在他們身上那「火一般的雪」，一場「無風的火一般的雪」，緩慢、從容、永不止息！或者那些棺蓋，方形石棺，在那寂靜朦朧燃燒著的廳裡，每一副裡面都有靈魂受折磨，蓋子開著擱在那裡，到審判之日才會蓋上，直到永遠。還有那法利納太（Farinata）[23]如何站起，卡爾甘提（Cacalcanti）[24]如何倒下——聽聞他兒子的消息，還有過去式的「fue」！但丁的一舉一動都簡潔明快，迅速、堅決，簡直像軍事行動。這樣的描繪是他天賦的精髓。火一般熱烈、迅捷的義大利天性，如此沉默、熱情，猝不及防的快速行動，沉默的「黯淡的憤怒」，都在這些事物中表露無遺。

雖然這樣的描繪是一個人最外在的發展，但也跟其餘一切一樣，來自他的基本能力；這可說是這整個人的「人相學」。發現一個人能以文字畫給你一幅肖像，你已經找到一個具有某種價值

---

21 譯註：普布利烏斯・維吉利烏斯・馬羅（Publius Vergilius Maro，西元前70 - 前19年），英語世界通稱維吉爾（Vergil 或 Virgil），古羅馬詩人，在但丁《神曲》中常作為但丁的保護者和老師出現。

22 譯註：布魯內托・拉蒂尼（1220 - 1294），義大利哲學家、政治家，生於佛羅倫斯貴族家庭，屬圭爾夫派人物，對義大利詩歌的興起和但丁有重要影響。

23 譯註：但丁時代人物，屬吉柏林派。

24 譯註：但丁時代人物，屬圭爾夫派。

的人了；注意他做這件事的態度，那就是他的特徵。首先，除非他能對客體感同身受——我們或許可以這樣說——內心有獻予客體的同情，否則就毫無辨識客體，或察覺客體的重要典型的可能。他也必須對客體秉持真誠；真誠與同情：沒有價值的人不可能為你描繪任何客體的外觀，他只駐足於所有物體的模糊客觀性、謬誤、瑣細的傳聞。如此，我們難道不能說才智表現在這種分辨客體為何的能力上嗎？不論一個人的心智有何能力，都是出於此處。對於一件事，一件要做的事情，又何嘗不是如此？有天賦的人是能看到這些實質要點，把其他視為多餘而不予考慮的人：那也是他的能力，會做事的人的能力：對於他要做的事，他能察覺真正的外貌，不是謬誤膚淺的外貌。而我們從任何事物獲得的這種洞察力，有多少道德觀念啊！「這隻眼睛在它帶來的萬物中見到『看』的能力！」卑賤的眼中，萬物微不足道，一如黃疸病患看什麼都是黃色的。畫家告訴我們，拉斐爾（Raphael）[25]是最傑出的肖像畫家。最具天賦的眼睛也無法把任何物體的意義看得透澈。在最平凡的人類臉上，也有拉斐爾畫不出的東西。

但丁的描繪不僅生動、簡潔、寫實、鮮明如黑夜中的火；若採用更寬廣的標準，那更是無處不高貴，是一個偉大靈魂的成果。法蘭契斯卡（Francesca）和她的情人[26]，擁有什麼樣的特質

25　譯註：本名拉斐爾．桑蒂（Raffaello Santi，1483 - 1520），義大利畫家、建築師，為文藝復興時期最重要的人物之一。

26　譯註：《神曲》地獄第二圈懲罰耽溺色慾的靈魂，但丁遇到法蘭契斯卡和小叔帕奧羅（Paolo）。法蘭契斯卡因政治聯姻許配給醜陋又殘暴的喬凡尼（Giovanni），後與喬凡尼溫文儒雅的弟弟帕奧羅相戀，兩人皆死於喬凡尼之手，並因不倫戀下了地獄，但也終成永恆伴侶，在地獄的風中飄蕩。

啊！是以彩虹織成的東西，置在永恆黑暗的地面。是無垠微弱的慟哭，像笛聲如泣如訴，穿進我們內心最深處；也有一絲女性的氣質：*della bella persona, che mi fu tolta*（那個美麗女子，被人從我身邊奪走了）；還有，即使在悲痛的深淵，他再也不會與她分別，也是一種安慰！何其傷感的悲劇，令人不勝唏噓。而在那「褐色空氣」（*alti guai*）中，折磨的風又把他們捲走，永遠的慟哭！——想來奇怪：但丁跟這位可憐的法蘭契斯卡的父親是朋友，在法蘭契斯卡還是個聰明、天真、純潔的小女孩時，說不定曾坐在詩人的膝上。無盡的憐憫，也有絕對嚴格的律法，「自然」就是這樣構成；就但丁所領略，自然就是這樣構成的。有人說，他的《神曲》是粗劣、壞心眼又虛弱無力的人間誹謗，把他在塵世無法報復的人通通打進地獄，這種說法並不足取！我想，如果任何人心中都有溫柔如母親的憐憫，那麼但丁也有。但不了解嚴厲的人，也無法憐憫，他的憐憫將是怯懦的、自我本位的——只是多愁善感，或比那好一點點。就我所知世上沒有人的情感能與但丁比擬，那是一種溫柔，一種顫抖、渴望、憐憫的愛：像風弦琴（Aeolian harp）的哀訴，多麼輕柔，多麼輕柔，就像孩子的幼小心靈——又有那嚴厲、令人悲痛的心腸！他渴望走向他的貝緹麗彩，渴望與她在天堂相會，渴望凝視她純淨有神的眼，凝視被死亡淨化已久、與他相隔好遠好遠的她——我們把這比作天使之歌，是最純淨的真情流露，或許是出自人類靈魂最純淨的真情流露。

因為這位強烈的但丁，對所有事物都無比強烈，他已洞悉所有事物的本質。他作為描繪家、偶爾作為推理家時的智識洞察力，其實是他在其他方面強烈熾熱的結果。最重要的是，我們必須說他有偉大的道德。他的輕蔑，他的悲痛，都跟他的愛一樣超然——確實，那些除了是他的愛的相反或顛倒，還能是什麼呢？「*A Dio spiacenti ed a’ nemici sui*，憎恨上帝，也憎恨上帝的敵人：」多高傲的輕蔑，無法平息的沉默的斥責和厭惡；「*Non ragionam di lor*，我們不談他們，看一眼，走過去便罷。」或者想想這句話：「他們對死亡不抱希望，*Non han speranza di morte*。」有一天，這個想法溫柔而堅定地在但丁受創的心靈浮現：他，固然如此悲慘、永不止息、疲憊不堪，但一定會死：「命運無法注定他不死。」這一句話就在這個人的心中。以嚴厲、誠摯、深刻而言，現代世界尚無人能與他並駕齊驅；要找到可相比擬者，我們必須進入《希伯來聖經》，與裡面的古代先知一起生活。

許多現代批評家喜歡《地獄》勝過《神曲》其他兩部分，我不同意。我認為這樣的偏愛是我們拜倫式的品味所致[27]，類似一種稍縱即逝的感覺。我認為《煉獄》和《天堂》，尤其是前者，比《地獄》還要傑出。「煉獄山」（*Purgatorio*）是崇高的東西，象徵那個年代最崇高的概念。若罪惡決定命運，那地獄就會，也必須是如此嚴厲、駭人；但人也可能透過悔改而淨化，悔改是偉

27 譯註：「拜倫主義」（Byronism）或崇拜「拜倫式英雄」以浪漫主義時期英國拜倫勛爵（George Gordon Byron, 6th Baron Byron，1788 - 1824）為名，拜倫式英雄具有理想性但有缺陷，特徵包括：才華橫溢、熱情、不滿現行社會體制、不尊重階級和特權、愛情因社會箝制或死亡而受挫、過度自信終至自我毀滅等等。

大的基督教行為。但丁描寫得多美——破曉時分的清新晨光，海浪顫動，遠遠映在那流浪的二人身上，波浪的「震顫」是典型的心情轉變。希望已露出曙光，永不凋零的希望——就算仍伴著沉重的憂傷。惡魔和無賴的藏身處在腳下，悔改的輕柔呼吸聲已愈攀愈高，來到「慈悲」的王座。「為我祈禱，」苦痛之山的居民全都對他說。「請我的吉奧凡娜（Giovanna）為我祈禱，」吾女吉奧凡娜；「我想她的母親不再愛我了！」他們艱辛地爬上蜿蜒的陡坡，「彎著腰，宛如建築的枕梁，」其中有些人——「因傲慢罪」擠成一堆，但在多年以後，千千萬萬，億萬年後，他們終會抵達山頂，那裡就是天堂的門，而「慈悲」會放他們進去。一人成功，全部的人會歡聲雷動，搖撼整座山，當一個靈魂悔改完畢，將它的罪和苦難拋諸腦後，讚美的聖歌會揚起！我說這是一種真正崇高的思想的高貴體現。

但這三個部分當然是互相支撐，彼此依存。《天堂》，在我看來是種難以表達的音樂，是《地獄》的救贖面；沒有《天堂》，《地獄》就不真實。《天堂》、《煉獄》、《地獄》組成了中世紀基督教想像的「未見世界」（Unseen World）：令所有人永難忘懷、對所有人而言本質永遠真實的世界。那在所有人類心靈中的描繪，或許都不會像但丁這麼真實而深刻。他是被派來吟唱那個世界，讓它為人們長久牢記的人。值得注意的是他多麼簡單就走出日常現實，進入看不見的現實：在第二或第三節，我們赫然發現自己已置身「靈魂的世界」，和其他摸得到、不容置疑的東西在一起！對但丁來說，事情就是如此：所謂真實的世界，以及這個世界的事實，只是踏進一個更崇高的事實世界的門檻。實際上，這個世界和另一個世界同樣超自然。每個人不都有一個靈魂？他不僅將會成為幽靈，且現在就是幽靈。對於誠摯的但丁而言，這是顯而易見的事實，他相信它，看見它，也因為相信它、看見它而成為詩人。真誠，我再說一遍，是得救的美德（saving merit），現在如此，永遠如此。

但丁的地獄、煉獄、天堂是個象徵，象徵性地表現了他對這個宇宙的信仰——未來會有某些批評家，就像不久前北歐信仰的批評家，不再像但丁那樣想，而覺得這是「寓言」，或許是個無益的寓言！這是基督靈魂的崇高體現，甚至是至高體現。它以巨大、擴及世界的建築象徵，表現了篤信基督的但丁如何認定「善」與「惡」是宇宙兩極的要素。宇宙就在上面旋轉，兩者不同不是因為哪個比較可取，而是因為絕對、無盡的不相容，一者如光和天國一般優越崇高，一者如陰間（Gehenna）[28]和地獄深淵漆黑可怕。永恆的正義，伴隨著悔改，以及永恆的憐憫——所有基督教義，但丁和中世紀所秉持的所有基督教義，都在這裡以象徵表現出來。是象徵——但如我先前極力主張，這有著多麼完整的目的真實性，並不將自己視為任何的象徵！地獄、煉獄、天堂：塑造這些不是為了成為象徵；在我們現代歐洲的心靈，可曾有過它們是象徵的念頭？它們不是不容置疑的可怕事實嗎？人心不是早認為它們簡直是真理了，各處的自然不都加以證實了？事情本

28 譯註：出自聖經《列王紀略》，或譯為「欣嫩子谷」，是過去耶路撒冷城牆外的谷地，以色列人會在此焚燒罪犯屍體。

來就是這樣。人不相信寓言。未來的批評家，不論他有什麼新的想法，若認為但丁《神曲》全是作為寓言而生，那就犯了嚴重的錯誤了！我們已認清異教是人對宇宙產生的誠摯、敬畏情感的真誠表現；真誠，過去是真實的，現在對我們亦非無價值。不過請注意異教和基督之間的差異，一個相當大的差異：異教主要以象徵表現自然的運作，表現這個世界上人、事、物的命運、努力、結合、變遷；基督則以象徵表現人類責任的律法、人的道德法則。一個是表現感官的自然：粗糙、無奈地流露人類剛萌生的思想——公認的首要美德是「勇氣」、「克服恐懼」。另一個則不是表現感官的自然，而是表現道德。如果只考量這個層面，這是多大的進步啊！

我們說過，十個沉默的世紀，以一種非常奇特的方式，在這位但丁身上找到了聲音。《神曲》是但丁的作品，但事實上那屬於十個基督教世紀，但丁只是集其大成。向來如此。比如那位工藝師，那位鐵匠連同他的金屬、工具和那些熟練靈巧的方法——在他所做的事情中，真正屬於他的創作的少之又少！以往每一位善於創造的人都和他一塊工作——事實上，也和我們一起做每一件事。但丁是中世紀的代言人，中世紀賴以維生的思想仍屹立在此，在永恆的樂章中。他的崇高思想，可怕的也好，美麗的也好，都是基督教所有優秀先人沉思的果實。他們如此可貴，但他不也如此可貴嗎？若非他說出來，有多少事情將啞然無聲，不是死去，而是無聲地活著。

整體而言，這首奧祕之歌不就是史上最偉大人類靈魂之一的發聲，也表達了歐洲到那時為止最崇高的事物？但丁吟唱的基督思想，不是粗獷北歐心靈裡的異教，也不是七百年前在阿拉伯沙漠說得含糊不清的「庶子基督教」！——而是到當時為止在人類之間已成真實的最高貴理念，被一個高貴的人唱了出來，用象徵恆久表現出來。就各種意義而言，我們不是樂於擁有它嗎？我個人預測它還能延續數千年。因為從靈魂深處吐露的東西，和由外表講述的東西截然不同。外表是屬今日的，歸時尚所統治，在不止息的變化中消逝；內心深處之物卻是昨日、今日、永遠不變。真正的靈魂，世界上各個世代的真正靈魂只要注視這位但丁，就會發現手足之情：他深切真摯的思想，他的痛苦和希望，都會向他們的真誠傾訴，他們會覺得但丁也是弟兄。聖赫勒拿島[29]上的拿破崙為老荷馬親切的真摯傾倒；衣著與我們迥異的老希伯來先知也是如此，因為他的話語是發自內心深處，是對所有人的內心深處訴說。這是萬古流芳的唯一祕訣。但丁，他真誠之深切，就像一位古老的先知，他的話語，一如他們的話語，是發自他內心深處。如果有人預言他的詩可能是我們歐洲所創造最恆久的作品，你無須懷疑，因為沒什麼能比出自真心的話更恆久。所有教堂、教宗、青銅和石頭、所有外在的安排，絕不會如此持久，比起像這樣一首深不可測的肺腑之歌，都如曇花一現。我們會覺得，當那些東西全都溶在一起無法辨識、通通失去獨特性時，唯有這首歌彷彿存活了下來，依舊對人類十分重要。歐洲已經成就了很多事物：偉大的城市、偉大的帝國、百科全書、信條、許多意見和實務；但與但丁同等級的思想，卻幾乎毫無成就。荷馬至今

29 譯註：非洲外海大西洋島嶼，主權屬英國，拿破崙在滑鐵盧戰役後被流放此地，一八二一年過世。

仍與我們每一個開敞的靈魂面對面，反觀希臘，希臘在哪裡？淒涼孤寂數千年了，不在了，消失了，剩下一堆石頭和垃圾，裡面的生命和存在皆已流逝，像一場夢，像阿伽曼農王化為塵土！希臘曾經存在，而如今，除了在它說的話語之中，已經不在。

這位但丁的用處為何？我們不會說太多他的「用處」。一個人的靈魂一旦進入歌的基本元素，從那裡恰當地把歌唱出來，他就是在我們生命的深處作用著，在漫長的時間裡餵養所有卓越人類事物的生命之根——這樣的「效用」是沒辦法計算出來的！我們不會用太陽幫我們節省多少煤氣燈來衡量太陽的價值；但丁不是無可衡量，就是毫無價值。我要說明一件事：英雄詩人和英雄先知在這方面的差異。如我們所見，穆罕默德在一百年內使他的阿拉伯同胞來到格拉納達和德里；但丁的義大利同胞則似乎差不多留在原地。那我們是否該說，但丁對這世界的影響相對輕微？並非如此：他的活動範圍受限得多，但那也高貴、透澈得多——或許不是較不重要，而是更重要。穆罕默德用適合的粗俗方言向平民大眾說話，這種方言充滿不一致、粗魯、愚昧：他只能對平民大眾產生影響，而善與惡奇妙地融合。但丁則是對所有時代、所有地方高貴、純淨、重要的人士說話。他不會像穆罕默德那樣變得過時。但丁像一顆純粹的星星，在蒼穹固定的位置燃燒著，所有時代偉大崇高的人物都會在那裡點燃自己：他永遠是這個世界天選之人的財產。但丁，我們可以預測，會活得遠比穆罕默德來得久。如此一來，天平或許又平衡了。

不管怎麼說，不能以他們對這個世界的影響，不能依照我們對這種影響的評價來衡量一個人和他的貢獻。影響？作用？效用？就讓一個人做他的工作，成果如何是別人關心的事。那會長出它自己的果實。而不論是體現於哈里發王權和阿拉伯人的征服，「登上所有早報晚報」並史上留名（歷史是一種提煉過的報紙），或完全沒有體現——那又何妨？那不是真正的果實！僅就他的作為而論，阿拉伯哈里發王國不容小覷。如果那偉大的「人類的志業」，人在神的塵世的貢獻，僅止於阿拉伯哈里發，不再有任何進展，那不管他奪得多少彎刀，侵吞多少金幣，在這世上製造多少騷動多少喧囂——他也只是個大音量的膚淺、徒勞之輩而已，實際上，他什麼都不是。讓我們再次尊敬那偉大的寂靜帝國！尊敬那我們不會放進口袋叮噹響，也不會算給別人看的無限財富！這或許才是我們每一個人在這喧譁的時代該追求的最大用處。

一如義大利人但丁被送到我們的世界，用音樂體現中世紀的宗教、我們現代歐洲的宗教及其內在生命，我們或許可以說莎士比亞為我們具體呈現了歐洲到當時為止發展的「外在生活」，它的騎士精神、禮數、幽默、雄心、當時人們實際的思考、行動，和觀看世界的方式。如同我們至今仍能從荷馬的作品推斷古希臘，數千年後的人們將能從莎士比亞和但丁辨認我們現今歐洲的模樣，包括信仰和習俗。但丁帶給我們「信仰」，或靈魂；莎士比亞則以一樣高尚的方式帶給我們「習俗」，或身體。後者，莎士比亞先生，也是我們所擁有的，是被派來帶給我們這些的。正當發揚騎士精神的生活方式來到尾聲，且一如我們隨處可見，瀕臨緩慢或迅速的崩解，這第二位至高的詩人被派來用他觀察敏銳的眼，和雋永的歌聲把它記下來，賦予持久的紀錄。這兩位恰當人選：但丁，深切、激烈得如同世界中心之火；莎士比亞，寬大、溫和、看得遠，如太陽，如世界天頂的光。義大利創造了一個世界之聲，我們英國人很榮幸創造了另一個。

說來奇怪，這個人來到我們身邊，彷彿完全出於偶然。我常想，這位如此偉大、安靜、造詣精湛而自負的莎士比亞，要是華威郡的地主沒有在他偷鹿後告發他，我們也許永遠不會聽聞這位詩人了。史特拉福的森林、天空、鄉村生活，對他已經足夠！但我們這整個英國奇妙的萌芽發展，即我們所謂的伊莉莎白時代，不也是自然而然到來的嗎？那棵「乾坤樹」[30]依它自己的法則發芽和枯萎——太深了，非我們能明察。但那確實是按照固定、永恆的法則發芽和枯萎，長出每一根樹枝，每一片葉子；托馬斯．路西爵士（Sir Thomas Lucy）定是在對他最恰當的時機出現。真奇妙啊，而且怎麼也想不透：萬事萬物如何互相合作；沒有哪一片在路上腐爛的葉子不是太陽系和恆星系不可分解的一部分；沒有哪一個人類的思想、言語或行動，不是來自全人類，且遲早會對所有人產生明顯或不明顯的影響！那全是一棵樹：樹汁的循環和作用，每一片最小的葉子都和最底下的根鬚，以及樹裡每一個最大和最小的部分互相聯繫，彼此相通。這棵乾坤樹，它的根深抵冥界和死國，它的樹枝布滿至高的天國！

就某種意義而言，我們或許可以說，這個光榮的伊莉莎白時代和它的莎士比亞是先前種種開

30 譯註：原文為「Tree Igdrasil」，在北歐和芬蘭神話中，這個巨木的枝幹構成了整個世界。

花結果，而可歸因於中世紀的天主教。基督信仰曾是但丁之歌的主題，也造就讓莎士比亞歌唱的實際生活。當時的宗教，一如現在和永遠的宗教，是習俗的靈魂，是人類生活最基本而重要的事實。還有一點也很奇妙，就議會法令（Acts of Parliament）能夠廢止的部分，中世紀天主教在莎士比亞——它最高貴的產物——出現之前，就已被廢止。但莎士比亞還是出現了。自然，按照她自己的時間，連同天主教和其他或許必要的部分，把他送過來，沒怎麼考慮過議會法令。英王亨利們和伊莉莎白女王走他們的路，自然則走她自己的。議會法令儘管引發喧鬧，但微不足道。是哪一項在聖司提反教堂（St. Stephen's）議事場或其他地方辯論的議會法令催生出莎士比亞嗎？絕非共濟會酒館的晚宴、公布捐款名單、販賣股份和其他吵吵鬧鬧或真或假的努力將他催生出來！伊莉莎白時代，和它所有高貴的、恩賜的一切，未先通知，在我們沒有準備之下降臨。無價的莎士比亞是自然的無償贈禮，默默地送給我們，彷彿是不大重要的東西。然而，他卻是名副其實的無價之寶。我們也該看看事情的這一面。

關於我們這位莎士比亞，我們有時會聽到略帶偶像崇拜的意見，這是正確的見解。我認為這不只是英國最好的評價，也是歐洲最好的評價，它慢慢指向這個結論：莎士比亞是至今所有詩人的翹楚，是最偉大的智者，在我們這個有文字紀錄的世界，以文學留下屬於他自己的紀錄。整體而言，綜觀莎士比亞文學裡的所有角色，我不知道還有誰具有和他一樣的觀察力及思考力。沒有人有這種深刻的平靜，平和歡樂的力量。在他偉大的靈魂，所有想像的事物都如此真實而清晰，像在一座靜謐深邃的海裡！有人說，在莎士比亞戲劇的組成中，除了其他所謂的「才能」，還表現出一種理解力，可媲美培根（Francis Bacon）在《新工具》（*Novum Organum*）裡所展現[31]。確實如此，而這不是會令眾人驚訝的事實。只要我們拿莎士比亞的戲劇素材試試自己能否做出這樣的成果，事情就會變得明朗！這座建好的屋子看來處處如此適切——就是它該有的樣子，彷彿是按照它自己的法則和萬物的本性來到那裡——使我們忘記它的材料是來自那個粗陋雜亂的採石場。這棟屋子完美無瑕，彷彿是自然自己蓋的，掩蓋了建造者的功勞。完美，比任何人完美，我們或許可以這樣形容莎士比亞：他能明辨，憑本能洞悉自己在什麼樣的條件下工作、有哪些素材，他具有的說服力，以及那與素材的關係。匆匆一瞥的觀察是不夠的，需要對整件事情審慎地闡明，需要靜靜觀看的眼睛，簡言之，需要優秀的智識。一個人如何將他親眼目睹的廣博事物建構成敘事，要賦予它什麼樣的圖像和描述——這是你理解那個人有何等智識的最佳衡量標準。哪些條件至關重要，該去凸顯？哪些情況並無必要，該去抑制？真正的開始在哪裡，真正的脈絡和結尾又是如何？要明白這些，一個人需要完整的洞察力。他必須了解這整件事，而他了解得有多透澈，將決定他的答案有多適切。你必須這樣考驗他。他是否物以類聚，是否有條不紊地攪動混

31 譯註：法蘭西斯・培根（1561－1626），著名英國哲學家、畫家、政治家、科學家等，其著作《新工具》一書，可說是科學方法論的劃時代作品。

亂，慢慢建立秩序？這個人能否說一句「*Fiat lux*」——要有光——而從混沌中創建一個世界？精確地說，他自己要有光才能完成這件事。

或者我們可以再說一遍，莎士比亞的偉大之處在於我所謂的肖像描繪，在於人事物的敘述，尤其是人。這個人的偉大絕對全部出自這裡。我想，莎士比亞平靜的創作洞察力是史無前例的，他觀察的事物不僅顯露這個或那個面貌，也洩露它的內心深處和共通祕密：在他面前，事物就像在光之下溶解，讓他能看出它完整的結構。創造力，比如詩的創作，若非充分、透澈地觀察事物，又是什麼？描繪事物的詞語是跟隨對事物如此清晰而強烈的觀察而至。而莎士比亞的道德，他的英勇、真誠、寬大、忠實，他克服艱難險阻的實力和偉大，不也歷歷可見？如世界一般偉大。不是歪歪扭扭的凹凸透鏡，用它的凹面或凸面反射所有物體，而是完美的平面鏡——也就是說，他是一個能持平看待所有人事物的人，是個好人。這個偉大靈魂是怎麼吸收形形色色的人事物：法斯塔夫（Falstaff）、奧賽羅（Othello）、茱麗葉（Juliet）、科利奧蘭納斯（Coriolanus），將他們完整的特質呈現在我們眼前，且深情、公正、公平對待每一個人——這是多壯麗的奇景啊。《新工具》，以及你在培根身上找到的智慧，只能算次等，與莎士比亞相較，顯得庸俗、物質、貧乏。嚴格來說，我們在現代人之中幾乎找不到與他同等級的人。自莎士比亞的時代以來，我只想到歌德。歌德，你也可以說他觀察入微，可以用他評論莎士比亞的話來評論他：「他的人物就像帶有透明水晶表盤的手表，它們和其他手表一樣顯示時間，而內部的機械裝置也可以看得一清二楚。」

觀察入微的雙眼！它揭露了事物的內部和諧，透露了自然的用意，揭露自然在那些時而粗糙的體現中掩藏了什麼樣的音樂思想。她確實有她的用意。觀察入微的雙眼可以察覺箇中奧祕。是卑鄙、可悲的東西嗎？你可以為它們笑，可以為它們哭，可以用某種方式與之和睦相處——最起碼，你可以對它們保持沉默，撇開你自己和他人的臉，直到真正能根除、消滅它們的時刻來臨！實際上，這就是詩人，也是所有人的首要天賦——擁有足夠的思維能力。若是能夠運用語言，那他將成為一名詩人，若是無法，或許就成為一名行動的詩人，說不定更好。他是否寫作，以及如果寫作，是用散文還是韻文，取決於偶然因素：誰知道那是多麼平凡的偶然——或許取決於他曾有過一位音樂老師，取決於童年曾學過唱歌！但他能夠察覺事物內心，察覺那裡存在的和諧（因為事物內心不管有哪些東西，都一定保持著某種和諧，否則就不會凝聚在一起了），這樣的才能就不是習慣或偶然的結果，而是自然賜予的天賦，是一位英雄，不論哪種英雄的首要配備。對詩人，一如對其他每一個人，我們認為，最重要的是觀察。沒辦法觀察，就算把那些韻腳串在一起、把情感胡亂塞進音韻而自稱詩人，也是枉然。若能觀察，無論用散文或韻文，無論付諸行動或陷入沉思，都有各種各樣的希望。乖張執拗的老教師在收新學生時常會問：「你確定他不會反應遲鈍？」哎呀，對於打算做任何工作的每一個人，我們都可能這樣問，且認為這是必要的問題：你確定他不會反應遲鈍？這就是了，在這個世界，沒有其他更不幸的人了。

因此，我認為要衡量一個人，看他擁有何等觀察力是正確的指標。如果要定義莎士比亞的才能，我認為是卓越的思維能力，而我把所有一切涵蓋在內。何謂才能？我們討論才能時好像覺得它們是各不相同、可以分開的東西，彷彿人有智力、想像力、幻想等等，就像他有手有腳有胳膊。這是天大的錯誤。同樣地，我們也聽人說到一個人的「智識天性」和「道德天性」，彷彿這些也是可以分割，單獨存在似的。就語言而言，這種說法或許有其必要性，我知道，如果我們得說這件事，就非得那樣說話不可。但言語不該變成死板的東西。在我看來，我們對於這件事的理解，已徹底扭曲。我們該明白，也該永遠謹記在心的是，這些分別只是名稱，而人的精神本質，他體內的生命力，基本上是不可分隔的一體，我們所謂的想像力、幻想、理解云云，只是同一種「洞察力」的不同外貌罷了，它們全都密不可分、形影不離，我們知其一，就會知其二，知道全部。道德性，即我們所謂一個人的道德特性，這不就是一個賴以生存和運作的生命力嗎？一個人所做的一切是他的「人相學」。你可以從一個人唱歌的方式看出他會如何戰鬥；他的勇氣，或缺乏勇氣，會顯露在他吐露的話語、他形成的意見，和他揮出的一擊一樣清楚。他是一體的，而會以種種方式對外宣揚同樣的「自我」。

一個人沒有手，可能還有腳，還能走路，但想想這點——沒有道德，他就不可能有智識，一個完全沒有道德的人，什麼都不可能知道！要了解一件事物，到我們可以稱為「知曉」的地步，一個人必須先愛上那件事物，先與之產生共鳴：也就是在道德上與它建立聯繫。要是他沒有那種在每一個轉折拋下自私的光明磊落，沒有在每一個轉折面對危險真理的勇氣，他要怎麼理解呢？他的美德，所有美德，都被記錄在他的知識中。對那些自私、怯懦的人來說，自然，以及她的真理，永遠是一本密封的書。這些人對自然的認識是卑鄙的、膚淺的、微小的，僅為日常用途而認識。但狐狸不也對自然有些認識嗎？確實如此：牠知道鵝住在哪裡！那隻世界隨處可見的人形狐狸[32]，除了知道鵝在哪裡之類的事，還知道什麼呢？不，我們也該考慮：要是狐狸沒有某種詭計多端的「道德性」，他連鵝在哪裡都不會知道，遑論抓鵝了！如果他把時間浪費在暴躁易怒或悶悶不樂地想著自己的不幸，埋怨被自然、命運和其他狐狸虧待，而缺乏勇氣、敏捷、務實和其他適合的狐狸天賦和美德，他一隻鵝也抓不到。對於狐狸，我們也可以說狐狸的道德性和洞察力是相同層面的事！是狐狸生命內在一致性的不同面貌！——這些事情值得敘述，因為此時此刻，與它們相反的事正以各種花樣顛倒是非曲直。唯有坦誠以對，才能做出必要的限制與修正。

因此，如果我說莎士比亞是最偉大的才子，這句話就把一切說盡了。不過在莎士比亞擁有的思維能力之中，還有一點是我們肉眼見不到的。那就是我所謂的「無意識的思維能力」；那蘊藏的美德比他自己知道的還多。諾瓦利斯這樣優美地評論他：他的戲劇也是自然的產物，深刻如自然本身。我覺得這句話說得真確極了。莎士比亞的藝術不是精雕細琢的人造物，它最高貴的價值

32 譯註：指中世紀故事集《列那狐傳說》（*Reynard the Fox*）裡的主角。

不是計畫或事先設計，它是從「自然」深處成長茁壯，透過這個高貴誠摯的靈魂，「自然的代言人」表現出來。近幾代的人們會在莎士比亞中發現新的意義，新世代人類的新詮釋：「與宇宙無垠結構達成新的和諧，與晚近思想不謀而合，與人類的更高力量和意識十分相似。」這值得我們深思。這是自然賦予一個真誠、純樸的偉大靈魂的最高報酬：讓他成為她的一部分。這樣一個人的作品，不論他憑藉最刻意的努力和深謀遠慮完成了什麼，那都是從他未知的心靈深處，在他不知不覺中生長出來的——就像橡樹從大地的懷抱中生長，像山川海洋自己形成，憑藉以自然本身的法則為基礎的對稱，順應所有真理。莎士比亞到底蘊藏了多少東西啊，他的哀傷，他無聲的掙扎只有自己知道，有太多無人知曉、不能言喻的，像樹根，像汁液，各種在地下運作的力量！他的言語很偉大，但沉默更偉大。

這個人使人愉悅的平靜也值得注意。我不會責怪但丁的痛苦，那是場贏不了的戰鬥，但戰鬥是真的——這是第一必要的事。然而我認為莎士比亞比但丁更偉大，因為他是真的奮戰了，而且戰勝了。他有他自己的哀傷，這點毋庸置疑：他的十四行詩確切證明他蹚過多深的水，掙扎地泅泳求生——像他這樣的人，誰不曾如此呢？在我看來，這種見解，我們常有的想法，未免漫不經心：他像鳥兒棲於樹枝，盡情歡唱，自由自在，永遠不知其他人的煩惱。不是這樣，沒有人如此。一個人從在鄉下偷鹿一路走到撰寫悲劇，沿途怎麼可能沒有陷入哀傷過？或者，進一步說，一個人如果自己的英雄心靈沒有受過苦難，怎能刻劃出哈姆雷特、科利奧蘭納斯、馬克白，好多好多蒙受苦難的英雄心靈呢?——現在,與上述種種恰恰相反,讓我們看看他的歡樂,他如何真情洋溢地展現他有多熱愛歡笑!你會說,他只在笑這方面表現誇張。莎士比亞的作品不乏激烈的痛斥,會刺痛、灼傷人的話語,但他在這方面始終相當節制,絕非如約翰生所評論,是個特別「好的懷恨者。」但他的笑就如洪水氾濫了,他給他要嘲弄的笑柄冠上各種滑稽的綽號,用各種惡作劇捉弄他。你可以說,他全心全意地笑,而他的笑未必是最美好的,卻一定是最和藹可親的。不是笑人軟弱,笑人不幸或貧窮,從未如此。凡是能夠笑的人,我們所謂的可笑,絕不是取笑這些事情。是某些只渴望笑,想贏得機智讚譽的可憐角色,才會取笑這些事情。笑,意謂同情,好的笑聲不是「釜底荊棘的爆炸聲」[33]。就連針對愚蠢和自負,莎士比亞的笑也和藹可親。道格培里(Dogberry)與佛吉斯(Verges)[34]搔得我們心癢,而我們爆笑幾聲就把他們打發走了;大笑完,我們卻更喜歡這些可憐蟲,希望他們此後一切順心,繼續當他們的守城官。這樣的笑,就像閃耀深海上的陽光,我覺得美得不得了。

我們沒有足夠的篇幅談論莎士比亞的每一部作品,雖然這個主題仍有許多有待討論。比方說,如果他所有劇本都像《哈姆雷特》在《威廉.麥斯特的學徒歲月》那樣得到評論就好了!這

33 譯註:語出聖經《訓道篇》第七章:愚人的歡笑,就像釜底荊棘的爆炸聲。
34 譯註:莎士比亞喜劇《無事生非》(*Much Ado About Nothing*)中的角色,滑稽自大的警吏和警佐。

件事或許有朝一日會完成。奧古斯特・威廉・施萊格爾（August Wilhelm Schlegel）[35]曾評過他的歷史劇《亨利五世》（*Henry Fifth*）等等，那篇評論值得記住。他稱它們為「民族史詩」。你也記得馬博羅公爵（Duke of Marlborough）[36]說，他所知道的英國史都是從莎士比亞那裡學到的。的確，如果你仔細看，值得記住的歷史少之又少。那些重大、顯著的要點都被莎士比亞令人敬佩地抓住了，全都磨去稜角，形成一種有韻律的連貫。那，正如施萊格爾所說，是部史詩——確實，偉大思想家的描述都是史詩。在那些作品裡有許多非常美麗的事物，更一起構成一件美麗的事物。我覺得阿金科特戰役（battle of Agincourt）[37]寫得最為完美，是莎士比亞寫的同類事件中最出色的。對兩支軍隊的描述：疲憊不堪的英軍；可怕的時光，攸關命運，就要開戰；接著是不朽的勇氣：「你們，好農民們，你們從英格蘭土地上成長起來！」這句話蘊含高貴的愛國情操，絕非「漠不關心」——你有時會聽到人們這麼形容莎士比亞。一顆真正的英國心臟跳動著，平靜而有力，從頭跳到尾，不是喧鬧的、引人注目的，比那更好。這裡面有個聲音，像鋼鐵鏗鏘。如果

---

35 譯註：施萊格爾（1767－1845）是德國詩人、翻譯家及批評家，為德國浪漫主義的領導者之一，曾翻譯莎士比亞。

36 譯註：指第一代馬博羅公爵約翰．邱吉爾（John Churchill, 1st Duke of Marlborough，1650－1722），英國軍事家、政治家，靠著妻子與安妮女王（Queen Anne）的私交，及個人的卓越軍事外交才能，成為十八世紀初期英國最有權力的男人。

37 譯註：阿金科特戰役發生於一四一五年十月二十五日，是英法百年戰爭中一場以寡擊眾的戰役。英軍在亨利五世的率領下擊潰了法國由大批貴族組成的精銳騎士部隊，成為英國中世紀最輝煌的勝利，而關於這場戰鬥最著名的文學作品，是莎士比亞《亨利五世》中的第四幕。

事情發展到那個地步，這個人也會奮力一擊的！

但我要說，一般而論，從莎士比亞的作品，我們對他沒有完整的印象，甚至不如其他人那樣完整。他的作品像好多扇窗，而我們得透過那些窗子瞥見他內心的世界。相對而言，他所有作品似乎是匆促、不盡完美，在逼仄的環境下寫出來的，很少吐露這個人完整的心聲。有些段落像天外射出的光輝，光芒四射，照亮事物的內心：你說，「那是真實的，一說出口，即為永恆；不論何時何地，只要有坦誠的人類靈魂，那就會被視為真實！」但光芒四射的結果，卻讓我們覺得周遭事物不會發光，換句話說，那只是部分，暫時的，司空見慣。啊，莎士比亞必須為環球劇院寫劇本：他偉大的靈魂必須自己壓碎，塞進那個模子裡。那是他當時的處境，和我們大家一樣的處境。每個人都得在某些情況工作。雕刻家不能將他自己的自由「思想」直接豎立在我們面前，但他會盡他所能將他的思想，用他能用的工具，轉化成他拿到的石頭。任何詩人，或說任何人，我們都只能找到斷簡殘編（*Disjecta membra*）。

凡是敏銳觀察過莎士比亞的人，可能都會認定他也是一位先知，自成一格的先知，他的洞察力與眾先知十分類似，只是以另一種方式呈現。在他眼中自然也是神聖的，是不可言喻，深如地獄、高如天堂的；「我們都是夢裡的幻影！」[38]西敏寺裡那只卷軸，雖然沒什麼人讀得懂，卻和

38 譯註：倫敦西敏寺（Westminster Abbey）裡有一尊莎士比亞雕像，左手持有一只卷軸，卷軸上刻有《暴風雨》第四章的一段話，包括這句：「我們都是夢裡的幻影，我們的渺小生命都將在睡眠中循環輪迴。」

任何先知一樣深切。但這個人只歌唱，不說教，除了用音樂說教。我們稱但丁為旋律優美的「中世紀天主教教士」；難道我們不能說莎士比亞是旋律更悅耳的真正天主教教士，未來及所有時代的「宇宙教派」的教士嗎？沒有狹隘迷信、嚴厲苦行、偏執不寬容、狂熱的暴烈或曲解：只有揭示，揭露有一千倍的美和神聖存在於大自然之中，讓所有人盡情崇拜！我們可以毫不冒犯地說，從這位莎士比亞身上也產生了一種遍及宇宙的《詩篇》——讓它和更神聖的聖經《詩篇》一起被人聽見，並非不合宜之舉。若加以了解，我們會知道它們不會不一致，而是非常和諧！——我不會像某些人那樣說莎士比亞是「懷疑論者」，是他對他那個時代的信條和神學爭論漠不關心，使他們誤解了。並非如此。他也不是不愛國，雖然他很少談到他的愛國精神；他也不是懷疑論者，雖然很少提到他的信仰。這樣的「漠不關心」恰恰反映他的偉大：他是全心全意投入他高貴的崇拜領域（我們或許可以這樣稱呼）；其他爭議雖然對別人很重要，對他卻如浮光掠影。

雖然我們稱之為崇拜，或你屬意的其他說法，但那不就是莎士比亞帶給我們的光明燦爛嗎？對我來說，我覺得這樣一號人物被送到塵世來，本身就是一種神聖。他不就是我們所有人的眼睛，是上帝遣來、受祝福的「光之攜者」嗎？而且，實際上，這位莎士比亞在各方面都沒有發覺，沒有意識到天國的訊息，這不是好上加好嗎？他並未像穆罕默德那樣感覺自己特別是「神的先知」，是因為他看透了那些內在「光輝」；就這一點而言，他不是比穆罕默德更偉大嗎？更偉大，而且如果我們像對但丁那樣嚴密計算的話，也更成功。穆罕默德自認是至高教士的觀念，本質上是錯的，至今仍纏繞糾結於錯誤之中，一路拖著一堆寓言、雜質和排除異己蹣跚前進，若是我在此時此刻仍像之前那樣聲稱，穆罕默德是名副其實的發言人，而非野心勃勃的江湖術士、剛愎的假象，就會成問題了；他不是代言人，只是在胡言亂語！我估計，就連在阿拉伯，穆罕默德也會氣力放盡，變得過時，而這位莎士比亞，這位但丁，依然年輕——在無窮盡的未來，這位莎士比亞或許仍可自稱為人類的教士，阿拉伯和其他地方的教士！

與我們知道的任何言說者或歌唱者相較，甚至和艾斯奇勒斯（Aeschylus）[39]或荷馬比較，莎士比亞何嘗不能因其真實性和普遍性，和他們一樣名留千古呢？他跟他們一樣真誠，跟他們一樣鞭辟入裡，直至普遍與永恆。至於穆罕默德，我認為他不要如此有自覺對他比較好！啊，可憐的穆罕默德，他意識到的全是錯誤，全是徒勞和瑣碎——確實如此。他真正的偉大在於那些不自覺的事情：他是阿拉伯沙漠的狂野雄獅，且確實以他雷霆般的聲音說話，不是憑藉他自認偉大的話語，而是透過行動，透過感覺，透過一段的確偉大的歷史！他的《古蘭經》已成為愚蠢、煩瑣、荒誕不經之作，我們不會跟他一樣相信那是上帝寫的！一如以往，這裡這位「偉大人物」也是「自然的力量」。他所有真正偉大的特質，都是從那難以言喻的深處泉湧而出的。

好，這就是我們華威郡的農夫，他搖身變成劇院經理，讓他不必靠行乞維生；南安普敦伯爵

---

39 譯註：艾斯奇勒斯（前525－前456），為古希臘詩人及悲劇作家，名著包括《波斯人》（*The Persians*）和《阿伽曼農》等。

對他投以關愛眼神，我們由衷感謝的托馬斯．路西爵士贊成送他去踩囚車！他和我們一起生活時，我們並未把他視為像奧丁那樣的神——這點有很多可以述說。但我要說，或重複的是：儘管英雄崇拜目前處於悲傷的狀態，但想想莎士比亞在我們心目中有何等地位。在我們這塊土地，有哪個我們孕育的英國人，哪一百萬個英國人，是我們不願為了這位史特拉福的農夫而放棄的呢？我們才不願意出賣他交換哪一群達官貴人呢。他是我們所出產最偉大的人事物。就我們在國際間的榮譽而言——可謂我們英國家家戶戶的裝飾——有哪一項是我們不願為了他捨棄的呢？現在想想，如果有人問我們，你們英國人，願意放棄印度帝國，還是莎士比亞，願意從來沒有過印度帝國，還是從來沒有過莎士比亞？這真的是個重大的問題。官員無疑會用官話回答，但我們，就我們而言，應該不是被迫這樣回答：有印度帝國也好，沒印度帝國也好，我們都不能沒有莎士比亞！印度帝國，無論如何，遲早會離開，但莎士比亞不會離開，他會永遠與我們同在，我們不能放棄我們的莎士比亞！

好，姑且不談靈性，只把他當成實體、可交易、有明確效用的財物看待。英格蘭，我們的島嶼，不久後只會居住一小部分的英國人：在美洲、在新荷蘭[40]，在對蹠點[41]的東與西，將有一個

40 譯註：指澳洲，十九世紀前的稱呼。
41 譯註：從地球表面的某一地往地心出發，通過地心後抵達地表的另一端，就是該地點的對蹠點。

「薩克遜國」涵蓋地球偌大空間。那麼，是什麼讓這些人凝聚成一支民族，不會失和，不會打仗，而會和平相處，如兄弟往來，彼此幫助呢？這正是最重要的實際問題，是各種主權國家和政府都要完成的事項：那麼，什麼能完成這件事呢？議會法令、行政首長無能為力、美國已與我們分離、我們的議會鞭長莫及——別說這是幻想，因為裡面有諸多事實：我要說的是，這裡有位「英王」，是時間或際遇，是議會或不管聯合多少國家的議會，都不可能罷黜的！這位莎士比亞王，他不是正以獲得加冕的君權，作為最高貴、最溫柔，卻也最強大的象徵集合，在眾人頭上照耀嗎？那不是堅不可摧，且確實比任何工具、任何裝置更有用嗎？我們可以想像，一千年後，他仍將光芒萬丈地照耀所有英國人的國家。從帕拉瑪塔（Paramatta）[42]，從紐約，從任何地方，在某種教區治安官治理下，英國的男男女女會跟彼此說：「沒錯，這位莎士比亞是我們的，是我們造就了他，我們說他說過的話，用他的方式思考，我們跟他流著一樣的血，是跟他一樣的人。」最有常識的政治人物，如果願意，也可能這樣想。

是的，的確如此，一支民族有如此明確有力的聲音，孕育了這麼一位能夠用優美旋律直接道出民族心聲的人，是件很棒的事！比如義大利，可憐的義大利還是分崩離析、四分五裂，不論從任何協議或條約來看，皆非一體；但高貴的義大利還是一體：義大利出產了它的但丁，義大利會

42 譯註：位於今澳洲新南威爾斯雪梨大西區。

說話！又如統治全俄羅斯的沙皇，他如此強盛，有那麼多刺刀、哥薩克人和火砲，有如此偉大的功績，兼併了世間那麼遼闊的土地，但他還不會說話。他有其偉大之處，但那是無聲的偉大。他還沒有才子之聲讓所有人、所有時代聽到。他必須學會說話。至今他還是偉大的啞巴巨獸。在但丁的聲音仍回響耳際時，他的火砲和哥薩克人將生鏽、變成廢物。擁有但丁的民族能團結一致，不會說話的俄羅斯則不能——我們就此結束「英雄詩人」的討論。

第四講

作為教士的英雄

——馬丁路德與宗教改革、諾克斯與清教

【一八四〇年五月十五日】

現在我們要講的是作為教士的偉人。我們已一再努力解釋，形形色色的英雄本質相同，是先有一個偉大的靈魂欣然接受「生命的神聖意義」，再有一個人體適合以崇高、勝利、忍耐的方式訴說這些、吟唱這些、為之奮鬥或工作。英雄就此誕生——他的外貌將取決於他身處的時代和環境。教士，就我所了解，也是一種先知，在他身上也需要我們所謂的「靈感之光」。他主持民眾的崇拜，幫助他們和「看不見的神聖」聯繫，他是人們的精神領袖，一如先知是許多領袖的精神王者：藉由英明的領導，他引領他們越過這個塵世和塵世的工作，向天國邁進。他的理想是也成為我們所謂來自看不見的天國的聲音，甚至像先知一樣解釋，並以人們更熟悉的方式揭露同樣的事物。看不見的天國——「宇宙的公開祕密」——注意到的人少之又少！他是先知，只是被剝奪了較令人敬畏的輝煌，他以溫和、平靜的光輝燃燒著，作為日常生活的啟蒙者。我認為這就是身為教士的理想。古代如此，現在如此，永遠如此。我們都很清楚，要將理想付諸實行，需要極大的容忍：非常、非常大的。但若一位教士完全不是如此，不以這為目標，或不試著這麼做，那他可真有個性啊——而這裡我們寧可不要談論這種人。

就明確的職業而言，路德和諾克斯（John Knox）[1]是教士，且忠實地執行符合常識的職能。不過我們在這裡更適合把他們當成歷史人物，視為「改革者」而非「教士」看待。世上有其

---

1 譯註：約翰·諾克斯（John Knox，1514－1572），蘇格蘭基督教喀爾文派牧師，蘇格蘭宗教改革領導人。

他或許同樣著名的教士，在較平靜的時代忠實履行身為「崇拜領袖」之責，以那種忠實的英雄氣概將天國的光帶進民眾的日常生活，帶領他們彷彿在上帝的引導下向前，行他們該行之路。但一旦這條路崎嶇不平，是充滿戰鬥、混亂和危險之路，這位引領人們通過的精神領袖，就會變得比其他教士出名，對於我們這些在其領導成果下度日的人來說，更是如此。他是鬥爭的、戰鬥的教士，領導他的信徒，不是在承平時期從事安靜、忠實的活動，而是在暴力、分裂的時代進行忠實、英勇的衝突：這是更危險的服事，更令人難忘的服事，不論他是否更加崇高。由於這兩位先生是我們最優秀的改革家，他們也會以最出色的教士留名。那麼我要問，就本質而言，每一位真正的改革家，是否最初都是教士呢？他求助於上天看不見的正義對抗塵世看得見的勢力，他知道看不見的才強大——唯有看不見的才強大。他相信萬物的神聖真理，他是觀察家，能看穿事物的表象；是崇拜者，能以各種方式崇拜萬物的神聖真理；是教士，名副其實的教士。如果他不先成為教士，就永遠不會好到可以當改革家了。

因此，如我們已經見到「偉大人物」會在各種情境建立宗教：人類生存在這世界的英勇形式、值得讓但丁歌唱的生命理論、讓莎士比亞歌唱的生活實務——現在我們要看相反的進程，這也是必要的，也是要以英雄的態度實行的。這會成為必要之舉有點奇怪，但確實有其必要。詩人和煦照耀的光芒必須讓給改革家猛烈的閃電！事實上，詩人，以及詩人的溫和，不就是猛烈的

「改革」或「預言」的產物或最終調整嗎？沒有狂野的聖道明（Saint Dominics）[2]和《底比斯戰記》（*Thebaid*）[3]裡的隱士，就沒有旋律優美的但丁；是北歐和其他地方，從奧丁到華特．雷利（Walter Raleigh）[4]，從烏爾菲拉到克蘭默（Thomas Cranmer）[5]，是這些粗俗、務實的努力讓莎士比亞能夠說話。我也說過，這位造詣完美的詩人，是他的時代已臻至完美、圓滿的象徵，不用多久，將會有新的時代，需要新的改革家。

假如我們能永遠行音樂之路，被我們的詩人馴化和教導，就像猛獸被老奧菲斯（Orpheus）[6]馴服一樣，事情無疑會更好；或者，若這條有韻律的音樂之路失敗，假如我們能走上平和之途，倒也不錯。我的意思是，如果平和的教士，日復一日地改革，將永遠能滿足我們！可惜情況並非如此，就連後者也尚未實現。啊，從古到今，奮戰不懈的改革者也是必需和必然的現象。阻礙從來不缺席：有些曾經不可或缺的進展，後來卻也變成阻礙，必須擺脫、拋在腦後——這通常是非

---

2 譯註：聖道明（1170 - 1221）為西班牙教士及羅馬公教的聖人，道明會創辦人。

3 譯註：古羅馬詩人斯塔提烏斯（Statius，45 - 96）的詩歌，共十二卷，是記載七將攻底比斯的史詩。

4 譯註：華特．雷利爵士（1552 - 1618）是英國伊莉莎白時代著名的冒險家，也是作家、詩人、軍人、政治家，曾於倫敦塔幽禁期間編纂《世界史》一書。

5 譯註：克蘭默（1489 - 1556）是英國亨利八世統治期間坎特伯雷總主教暨首任英格蘭聖公會的主教長，曾主持《大聖經》翻譯工作。

6 譯註：奧菲斯是希臘神話太陽神阿波羅與繆思女神卡利歐碧（Calliope）之子，具有極高的藝術天分，音樂天資超凡入化。

常困難的事。顯而易見，有些「原理」（theorem）或我們所謂「靈性表現」（spiritual representation）涵蓋整個宇宙，曾令像但丁那種世界頂尖才智敏銳之士備感滿意——然而到了另一個世紀，卻連凡夫俗子都覺得可疑，現在更是完全沒有人信，就像奧丁的原理一樣過時！對但丁來說，人類的存在，以及上帝對待人類的方式，透過「地獄」和「煉獄」即可充分表現，對路德則不能。何以如此？但丁的天主教義何以無法持續，路德的基督新教為何必定隨之出現？啊，沒有任何事物是能永遠持續下去的。

我不會大肆宣揚我們這個時代討論的「物種演進」，也不覺得你們想多聽。對這個主題的討論往往太過放肆而混亂。但我必須說，這個事實本身似乎相當可靠，我們可以在事物的本質中勾勒出必然性。一如我曾在某處說過的，每個人，不只是學習者，也是行為，會用上天賦予他的心靈學習已存在的一切，但也會用同一顆心進一步發掘，發明、設計多少屬於他自己的東西。沒有獨創性，就沒有人。沒有人會完全相信，或能夠相信他的祖父所相信的一切：他會透過嶄新的發現，多少拓展他對宇宙的觀念，於是產生屬於他自己的「宇宙原理」——宇宙無窮無盡，永遠不可能用任何觀念或原理完全含括進去，再怎麼擴充也沒辦法：我的意思是，他多少擴充了一些，多少發覺一些他祖父相信的東西，是他難以置信，或覺得謬誤、與他已經發現或觀察到的某些新事物不一致的。這就是每個人的歷史。而在人類的歷史中，我們見到這累積成無數史實——革命、新時代。但丁的「煉獄山」並非矗立在「另一個半球的海洋裡」，哥倫布航行到那裡時並未發現！人沒有在另一個半球發現這種東西。它不在那裡。我們不能再相信它在那裡。世上所有信仰——所有信仰體系、所有從信仰體系衍生的做法——也是如此。

若我們再添上這個令人沮喪的事實：一旦「信仰」逐漸變得不確定、做法逐漸失去根據，且不公不義愈益橫行、痛苦不幸愈益普遍，我們會見到革命的薪柴愈添愈多。在任何情況下，一個人若要忠實地行動，都必須有堅定不移的信念；若是他每遇到轉折就要請世界代禱，如果他無法省去世界的代禱，讓自己的信念發揮效用，那他就只是個陽奉陰違的可憐僕人，交給他的工作必將做壞。每一個這樣的人，天天都對那不可避免的覆滅有所貢獻，不管他做什麼工作，不誠心、只看工作的外表去做，這份工作就是新的犯過，會對他人造成新的痛苦。這些犯過會逐一累積，直到無法負荷，那時就會猛然爆裂，藉由爆炸把一切清除乾淨。但丁崇高的天主教義，理論現已不可信，又因不忠實、懷疑和不誠實的作為雪上加霜，必須由一位路德把它撕得粉碎；莎士比亞高貴的封建制度，雖然曾經看起來那麼美，那時也真的美，卻必須在法國大革命終止。如我們所說，這些累積的犯過，是名副其實被炸掉的，像火山爆發一樣炸得粉碎，而在塵埃落定之前，會有好幾段漫長、動盪的時期。

但如果只看到這件事情的表面，在人類所有見解和約定俗成中，只看到它們並不確定、如曇花一現、遵循死亡定律的事實，當然會是令人傷感的！實際上並非如此：在這裡我們也發現，所有死亡只是軀殼死亡，不是本質或靈魂死亡；所有毀滅，因暴力革命或其他方式造成的毀滅，實為更大範圍的新創造。奧丁教義代表英勇；基督教義代表謙遜——一種更高貴的英勇。凡是曾真正活在人類心中，且被視為真實的思想，都是誠實的洞見：洞察上帝對人類的真理，而這些思想也有一種本質上的真理，可以熬過所有變遷，是全體人類永恆的財產。但另一方面，這又是多麼可悲的觀念——要把所有人，除了我們以外的所有國家所有時代的人，看成是一輩子在盲目、應受譴責的錯誤中虛度，都是迷失的異教徒、北歐人和穆斯林；而只有我們可能擁有真實、根本的知識！之前世世代代的人都是迷失且錯誤的，只有現今這個世代的一小撮人可能是對的、可能獲得救贖；自世界肇始，世世代代的人往前進，就像俄羅斯士兵走進希維德尼察要塞（Schweidnitz Fort）的壕溝[7]，只是為了用自己的屍體將之填起，以便我們越過壕溝，攻下要塞！——這種假設匪夷所思。

我們已經見到，這樣匪夷所思的假設一直得到極度的強調，而一再有這個人、那個人，以及他那一票人，踏過所有人類的屍體前進，前往理所當然的勝利，但當他，連同他的假設和絕對可靠的信條，也一起沒入壕溝、變成死屍的時候，我們還能說什麼？人性裡有個重要的事實：他傾向認為自己的洞見就是確切無疑的，並以之為依歸。我想，他永遠會以某種方式照他的看法做，但那必須是比這更寬闊、更明智的做法。所有活著，或曾經活過的真實的人，不都是上帝指揮的

7 譯註：指七年戰爭（1756 - 1763）的希維德尼察圍城戰。

同一支軍隊的士兵，徵募來對抗同樣的敵人——黑暗與謬誤的帝國嗎？我們為什麼要認不清彼此，不奮勇殺敵，僅因軍服不同就自相殘殺呢？所有制服都要是好的，這樣才能讓忠實、英勇的人穿上。所有種類的武器，阿拉伯的頭巾和短彎刀、索爾重擊約頓的強力鐵鎚，都該受到歡迎。路德的戰鬥之聲，但丁的進行曲，所有真實的事物都是用來支持我們，不是反對我們的。我們都是在同一位領袖的麾下，都是同一支部隊的士兵——現在讓我們稍微看看這位路德先生的戰鬥，那是場什麼樣的戰鬥，他在其間如何自處。路德也是我們的靈性英雄，是他的國家和時代的先知。

先在這裡說一下偶像崇拜作為引子或許不失允當。穆罕默德的一大特質，事實上也是所有先知的特質，是無窮無盡、難以平息的反對偶像崇拜。這是先知們的重要主題：偶像崇拜，把死的偶像當神明崇拜，是他們無法忍受的事，他們必須一直嚴加譴責，烙上不可抵償的非難，那是他們見到世間犯下所有罪惡中最嚴重的一個。這值得注意。我們不會涉入有關偶像崇拜的神學問題。偶像是「形象」（*Eidolon*），是看得見的東西，是象徵，那不是上帝，而是上帝的象徵。也許有人會問，是否真有最愚昧的人把那視為超越象徵的事物看待？我想，他不會認為他親手打造的形象是神，只是認為神是由它表現，神會以某種方式寄身其中。就這種意義而言，或許有人會問：所有崇拜不都是透過象徵，透過「形象」，或透過看得見的東西進行崇拜嗎？是否看得見：是肉眼可見的雕塑或圖畫，或只能透過內在之眼、由想像和心智看見，這兩者其實只有表面而非實質的差異。那仍是看得見的東西，是神性的標誌，是偶像。最嚴格的清教徒有信經（Confession of Faith）、心智「神性展現」之類的事情，以及由此而生的崇拜；這也是一種崇拜。所有信條、禮拜儀式、宗教形式、適當地洋溢宗教情感的概念，就這個意義來看，都是「形象」。所有崇拜都必須透過象徵、透過偶像進行——我們可以說，偶像崇拜是相對的，最壞的偶像崇拜只是比較偶像崇拜而已。

那麼，偶像崇拜的罪惡何在？一定有些致命的禍害吧，否則誠摯的先知不會極力斥責它。偶像崇拜為什麼如此令先知厭惡呢？在我看來，崇拜木頭象徵這件事，也就是首要激怒先知、使他內心深處充滿憤慨和厭惡這件事，並非他自己聯想到，也不是他用話語向別人表達的事情。如我們所見，崇拜老人星、或天房裡那顆黑石的最粗野的異教徒，總比什麼也不崇拜的馬來得優秀！他這種可悲的舉動中帶有某種持久的價值，與現今詩人仍為人讚頌的特質類似：體會星星和所有自然物體無限神聖的美和意義。那麼，先知為什麼會如此無情地譴責他呢？這些崇拜物體、內心充滿迷戀之物的可憐之人，或許可以是憐憫、輕蔑或迴避的對象——如果你想這麼做的話——但無疑不該成為憎惡的目標；就讓他的心誠摯地充塞崇拜，讓他幽暗狹隘的心靈因此被照亮吧，總而言之，讓他完全信仰他的迷戀之物吧——我該這麼說，就算那對他不太好，但船到橋頭自然直，就隨他去吧，別去打擾他。

但遭致偶像崇拜毀滅的情勢降臨：在先知的時代，人類的心靈不再誠摯地充塞他的偶像或象徵了。在能看穿偶像，知道那不過是塊木頭的先知崛起之前，一定有很多人開始隱約懷疑，那除了木頭，什麼也不是了。應受譴責的偶像崇拜，是不誠心的偶像崇拜。懷疑已腐蝕偶像崇拜的精髓：一個人的靈魂正痙攣地緊抓著那「法櫃」（Ark of the Covenant）[8]，現在看起來都已經有一半要變成幻影了。這就是最有害的景象之一。靈魂不再充塞他們崇拜之物，只是假裝如此，且欣然自欺欺人。「你並不相信。」柯勒律治曾這麼說：「你只是假裝相信。」這便是各種崇拜和象徵主義的最後一幕，確切的死亡徵兆已然逼近。這等同於今天我們所稱的形式主義和形式崇拜。人類已做不出更不道德的舉動了，因為那是所有不道德之始，或者說，此後要做出任何道德行為都不可能了：最深處的道德靈魂已經癱瘓，墜入致命的催眠狀態了！人不再是真誠的人了。怪不得誠摯的人會開始指責偶像崇拜、冠以污名、以無法消弭的厭惡痛斥它。誠摯的人和偶像崇拜，所有的善和偶像崇拜，有了不共戴天之仇。有過失的偶像崇拜是「偽善」，甚至可稱之為「真誠的偽善」。真誠的偽善：這值得深思啊！每一種崇拜都以這個階段告終。

我發現路德，一如其他任一位先知，也曾是偶像破除者。路德痛恨特契爾（Johann Tetzel）[9]用羊皮紙和墨水做的贖罪券，一如穆罕默德痛恨古萊什部落用木頭和蜜蠟做的神像。這是古今各

8 譯註：意為契約之櫃，是古代以色列民族的聖物。

9 譯註：約翰．特契爾（1465 – 1519），羅馬天主教道明會神父，最惡名昭彰的事蹟是大力推銷贖罪券，稱贖罪券可使人的罪行得上帝寬恕，還可超渡祖先脫離煉獄。

地每一位英雄的共同特質：他返回現實，他著眼於事物的本質，而非事物的外觀。正因他喜愛、崇敬事物令人敬畏的現實——不論是清楚表達或深刻無言的思想——所以事物膚淺的外觀，不論多規律、多高雅、為古萊什人或樞機主教所信仰，都是令他無法忍受而憎惡的。基督新教也是一位先知的傑作：十六世紀的先知之作。這是給一個走岔了路、變成崇拜偶像的過時事物的第一記致命重擊，也是為迎接遙遠未來的新事物所做的準備：那將是真實的事物，名副其實神聖的事物！

乍看下，基督新教彷彿對我們所謂「英雄崇拜」有十足的破壞力，並成為人類宗教上、社會上一切可能善的基礎。我們常聽人家說基督新教開創了新的紀元，與世界早先任何時代截然不同：有人說，是「個人判斷」的時代，藉由反叛教宗，人人都成為自己的教宗，並認識到他永遠不能再信賴哪一位教宗，或精神上的英雄領袖了！如此一來，靈性的結合，人與人間所有的階級和從屬，是否變得不可能了？我們是這樣聽說的——現在我不需要否認新教是反叛教會統治，包括教宗和其他種種。我也同意反叛世俗統治的英國清教，是新教的第二波行動；浩大的法國大革命是第三波，而在這一波行動中，所有世俗的和精神層面的統治權看來悉遭廢除，或必定會被廢除。基督新教是條巨大的根，我們後來的歐洲史都是從它生長出來，因為精神向來是在人類的世俗史中體現，精神就是世俗的肇始。現在，無疑地，這座城市到處是自由、平等、獨立的呼聲，要用票櫃和選舉權取代君王：乍看下，不論在世俗或精神層面的事物上，任何英雄—君主，或人對人的忠誠服從，好像都要永遠從世界消失了。若是如此，我對這世界感到絕望了。我深信，事實並非如此。沒有君主，沒有真正世俗和精神層面的統治者，除了無政府混亂狀態——最可憎的事物——我看不到其他可能性。但我發現基督新教，就算它催生出混亂失序的民主，卻是真正新統治、新秩序的開端。我發現它是反叛假的君主：我們將首次為迎接真正的君主做準備，雖然辛苦，但責無旁貸！這值得稍作解釋。

首先，讓我們說明，這種「個人判斷」說到底並非什麼新的東西，只是在那個時代是新的。就屬類而言，宗教改革沒什麼是新穎或獨特的，它就是重返「真理」與「事實」，反對「虛偽」和「外表」，一如從古至今各種「改進」和真正的「教誨」。個人判斷的自由，如果我們仔細思考，那本來就一直存在於這世界。但丁並未戳瞎他的眼，也沒有給自己綁上鐐銬，他對他信仰的天主教瞭若指掌，是天主教裡自由觀察的靈魂——就算很多可憐人，如可憐的霍格斯垂登（Hogstraten）、特契爾和艾克博士（Dr. Eck）[10]都已成為天主教的奴隸。判斷的自由？沒有哪條鐵鍊，或任何形式的外力可強迫一個人的靈魂信或不信：那是他自己不可剝奪之光，是他自己的判斷，他能駕馭，能相信，全憑上帝恩典！最可悲的詭辯家貝拉明（Robert Bellarmine）[11]鼓吹

10 譯註：霍格斯垂登和艾克博士均為馬丁．路德同代人，反對路德的改革。
11 譯註：指羅伯．貝拉明（1542 - 1621），義大利耶穌會會士及天主教會主教，是反對宗教改革最力的人物之一。

盲目信仰與被動的順從，而他必定是先經由某種確信而放棄為人信服的權利。他的「個人判斷」表明這是他所能採取最可取的步驟。只要有忠實的人存在，個人判斷的權利就會完全存在。真實的人會用他完整的判斷、他所受到的啟發和洞察來相信，並一直如此相信；虛假的人只是努力「信他所信」，自然地會用其他方式照管他所信之物。基督新教對後者說，唉！對前者說，幹得好！其實這不是新的說法，只是重述許多先前說過的俗話——要忠實、要真誠——這便是箇中意義。穆罕默德是全心全意地相信；奧丁是全心全意地相信——他和全體奧丁信仰的忠實信徒都是如此。他們運用個人判斷（private judgement）如此「判斷」了（judged）。

而現在我要大膽主張，忠實地運用個人判斷，絕不會形成自私的獨立、孤立，而是恰恰相反。引發無政府的混亂的，不是誠實的探究，而是錯誤、不真誠、半信半疑。一個反對錯誤之人所行之路，將與所有相信真理之人團結一致。只相信傳聞的人之間不可能有任何交流，這些人的心都如槁木死灰，甚至連與萬物共鳴的力量都沒有——不然他就會相信萬物，不會相信傳聞了。無法與萬物共鳴，與同胞更不用說了！他無法與人結合，他混亂不堪。團結，唯有在真誠之人的世界裡才可能出現——長久而言，等於必然出現。

我們要注意一件事，一件在這場爭議中太常被視而不見，甚至完全忽略的事：一個人不必然會親自發現他要相信且從未如此誠心相信過的真理。我們說過，偉大人物永遠真誠，這是他的第一要件，但一個人未必要先偉大才能真誠，那並非自然和全部時間所必需，只是某些腐敗而不幸的時代所必需。一個人能夠以自己最真實的方式信仰得自他人的一切，且對那個人懷有無限感激！獨創性的價值不在新奇，而在真誠。有信仰的人就是原型的人，不論他信仰什麼，都是為自己而信，不是為他人而信。就此意義而言，亞當的每一個兒子都能成為真誠的人，「原型」人，沒有哪個凡人注定成為不真誠的人。整個時代，我們所謂的信仰時代，都是有獨創性的，那些時代裡的所有人，或大多數的人，都是真誠的。這些是偉大的時代，成果豐碩：各行各業的每一名工作者，都不是表面，而是實質的工作者，每一份工作都會造就一種結果：這種工作的總和是偉大的，因為它們都是真實的，趨向同一目標：它們都是加法，沒有一個是減法。這裡有真正的結合、真正的君權、忠誠、所有真實而受祝福的事物，正是這可憐的塵世能夠為人類創造的幸福。

英雄崇拜？啊，一個自立自足、具獨創性、秉性忠實的人，絕不會不願尊敬或相信他人的真理！那只會使他不得不懷疑、清除其他人的死板慣例、傳聞和虛言。人在擁抱真理時眼睛是睜開的，正因眼睛睜開才能擁抱真理：他需要先閉上雙眼，才能愛他的真理導師嗎？唯有他能夠抱持適切的感激和真正的忠誠，去愛那位將他救出黑暗、使他重見光明的英雄導師。這樣的一個人難道不是真正的英雄、真正的屠蛇勇士，值得所有人尊敬！那頭黑色怪物：「虛假」，我們在這個世界的大敵，屈服在他的英勇之下：是他為我們征服了世界！——瞧，被尊稱為真正的教宗，或「屬靈之父」（Spiritual Father）的路德，不也是如此？拿破崙從激進共和派「無套褲漢」（Sansculottism）無盡的反叛之中脫穎而出，成為王者——英雄崇拜永不死，也不會死，忠誠和君權會永存於世——而它們並非立基於裝飾和外表，而是建立在真實與真誠之上。不是透過你閉上的雙眼、「個人判斷」的關閉，不是這樣，而是透過睜開眼睛、透過觀察萬物！路德帶來的信息是推翻、廢黜所有虛佞的教宗和君主，同時賦予新的、名實相符的教宗和君主生命及力量，雖然他們很久以後才會誕生。

因此，以上種種：自由、平等、選舉權、獨立等等，我們會看作是暫時的現象，絕非最後現象。雖然可能延續很長的時間，帶給眾人悲傷的混亂，但我們必須竭誠歡迎，作為過往罪惡的懲罰，以及未來不可估量恩惠的保證。總之，人必須拋棄假象，回歸事實，不計代價，做該做的事。對於虛假的教宗，以及沒有個人判斷的信徒——妄於玩弄愚人的騙子——你該怎麼辦？只有痛苦和傷害。你無法讓不真誠的人團結，你無法建造出一棟大廈——若無彼此成直角的鉛錘和水平儀！自基督新教以降，在所有狂亂的革命活動中，我看到最受祝福的成果已在醞釀：不是廢除英雄崇拜，而是迎來我所謂完整的「英雄世界」。如果「英雄」意指真誠的人，那我們為何不能人人皆為英雄呢？一個只有真誠的世界，信仰的世界：類似的世界曾經存在，類似的世界會再次出現——不得不到來。我們曾經有適切的英雄崇拜者，唯有在人人皆真、人人皆善的地方，真正的「更優秀的人」才能受到如此崇敬——我們趕快來談談路德和他的一生吧。

路德的出生地是薩克森的艾斯萊本（Eisleben）；他在一四八三年十一月十日來到人世。這個偶然帶給艾斯萊本榮耀。他的父母是當地村落莫赫拉的貧窮礦工，有天去了艾斯萊本的冬季市集，喧譁騷亂中，路德太太突然陣痛，找到某間簡陋的屋子棲身，而她生的男孩取名為馬丁・路德。這件事想來奇妙。這位貧窮的路德太太和丈夫一起去做點小買賣，也許是賣她紡的紗絡，給她狹小的屋子或家人添一點冬季必需品；那一天，在這個世界上，恐怕沒有哪對夫妻比這對礦工夫婦更不起眼了，但所有帝王、教宗和統治者，又豈能與之媲美？這裡又誕生一位偉人：他的光如烽火照亮漫長的世紀與時代，整個世界和它的歷史都在等這個人。很奇妙，也很偉大。它讓我們想起一千八百年前另一人的誕生時刻，在一個更卑賤的環境——對那件事我們最好三緘其口，默默地回想就好，因為已無話可說！「神蹟時代」過去了？神蹟時代永遠在這裡！

我發現路德生於貧窮、長於貧窮，堪稱世上最貧窮的人，而這點恰恰適合他在這塵世的職責，而這無疑是支配他和我們和萬物的神的明智指令。一如那些時代的學童，他必須乞討，挨家挨戶唱歌乞求施捨和麵包。他終日與艱苦、貧困為伴，沒有任何人，沒有任何東西會裝出虛假的面孔討好馬丁・路德。他是在萬物之間，而非事物的表面之間成長。這個男孩身形粗壯，卻體弱多病，而由於靈魂充滿渴望，才能出眾又多愁善感，他備受折磨。但認識真實是他的職責，而且要不惜代價去認識：他的任務是帶領整個世界回歸真實，因為它在外表逗留太久了！這位年輕人在凜冽寒風中，在孤寂的幽暗困頓中長大成人，最終能踏出斯堪地那維亞的狂風暴雨，和忠實的人一樣強壯，如神一般強大：他是基督教的奧丁——也是正義的索爾，拿著他的雷鎚，把那些醜陋不堪的約頓和巨怪打成碎片！

我們或可想像，他人生的轉捩點發生在友人艾利西斯（Alexis）在艾福特城門前被雷擊斃。路德從童年時期便力爭上游，儘管遭遇重重阻礙，仍展現不凡才智和旺盛求知慾：他的父親斷定他必能出人頭地，便要他研究法律。這是條發達的途徑，路德本身沒有什麼正反意見，便同意了。那時他十九歲。艾利西斯和他前往曼斯菲德特探望路德家的長輩，回程，來到艾福特附近時，突然下起大雷雨；雷擊中艾利西斯，他當場倒在路德腳邊死去。我們的生命究竟是什麼——轉瞬即逝，像卷軸一樣燒毀，進入空白的永恆！塵世一切高官爵位、王權，又是什麼？他們蜷縮在一起——在那裡！塵世已經豁開，頃刻間便不復存在，唯永恆存在。傷心欲絕的路德決心奉獻給上帝，只服事上帝，他不顧父親和他人勸阻，執意成為艾福特奧古斯丁修道院（Augustine Convent）的修道士。

這或許是路德生平的第一個「光點」，他更為純粹的意願第一次斷然地表露。不過，就目前而言，那仍是一片黑暗中的唯一亮點。他說他要當一個虔誠的修道士：「*ich bin ein frommer Monch gewesen*」；忠實地、痛苦地掙扎著探究他的高尚行為的真理；但徒勞無功。他的痛苦並未稍減一分，反而無止盡地增加。他作為見習修士必須做的苦役、各種奴隸般的工作，不是他忿忿不平的原因，這個人深切誠摯的靈魂已墜入各種黑暗的顧慮、懷疑，他相信自己不久於人世，而且遠比死還悽慘。聽到這點，你可能會對可憐的路德燃起興趣：當時他對於那難以言喻的痛苦膽戰心驚，他想像自己注定被永遠遺棄，這不就是路德謙遜誠摯的本性嗎？他何德何能，怎可能升上天堂！他只知道痛苦和卑賤的奴役：這個消息神聖得令人難以置信。他不明白，一個人的靈魂怎可能透過齋戒、守夜、禮儀和彌撒得到拯救。他陷入最黑暗的痛苦，像在絕望深淵的邊緣蹣跚而行。

這一定是最受祝福的發現：就在這時，他在艾福特圖書館裡找到一本舊拉丁文聖經。他以前從未見過拉丁文聖經。那教給了他齋戒和守夜以外的課題。一位有虔誠經驗的僧侶弟兄也有幫助。路德現在了解，人不是經由望彌撒而得救，而是仰賴上帝無限的恩典：這是比較可信的假設。他的雙腳愈踩愈穩，好比立於岩石上。怪不得他會崇敬聖經，那帶給他神聖的幫助。他珍視它，一如這至高的文字必須得到這樣的人所珍視。他決定遵奉之，一輩子堅定不移，至死方休。

於是，他就此從黑暗中拯救出來，就此終於戰勝黑暗，這就是我們所謂路德的「改宗」：對他來說，這是最重要的階段。現在，他天天都能在平靜與清澈中逐漸成長；現在，展現了深植內心的偉大才智和美德。他在修道院，在他的國家躍居要職，也被認定在所有誠實的生命事務中愈來愈有用處——這些都是自然的結果。他被奧古斯都教團外派布道，才能與忠誠兼具的他非常適合這份工作：薩克森選侯腓特烈（Friedrich）[12]——外號「智者」，確實是位睿智而公正的親

---

12 譯註：指腓特烈三世（Friedrich III，1463 - 1525），人稱「智者腓特烈」，曾被公推為神聖羅馬皇帝，但他放棄帝位。為德意志宗教改革時期的重要人物，曾庇護馬丁・路德。

王——認為路德難能可貴而對他青睞有加，派任他擔任他新設立的威登堡大學教授，兼威登堡傳教士。在這兩份職務，一如他執行的所有任務，目前心情平和的路德逐漸獲得所有好人的敬重。

他二十七歲時第一次見到羅馬。如前文所述，他是被他的修道院派去那裡布道。教宗儒略二世（Pope Julius the Second）[13]和羅馬的一切想必令路德瞠目結舌。他來到「聖城」，上帝在塵世最高教士的寶座，而他發現了——我們已知道的那些！他的腦海一定浮現很多想法，很多我們沒有記載，很多或許他自己也不知如何表達。這羅馬，到處都是虛妄的教士，不是披覆著神聖之美，而是完全不同的外衣：虛妄。但這與路德何干？如此卑賤的他如何能改革世界？他怎麼也想不透。卑微、孤獨的他憑什麼管閒事呢？這是地位比他崇高的人的任務。他的工作是引導自己一步一步明智地走過這個世界。讓他盡他份內微賤的職責就好，其餘的事，看來令人毛骨悚然又憂鬱的事，是由上帝而非他掌控。

說來奇妙，假如當年羅馬天主教不把這小子當回事，繼續走它奢侈揮霍的軌道，不要橫穿他的小徑、迫使他出手反擊，這件事會變成怎麼樣呢！可想而知，在這種情況下，他可能對於羅馬的弊端保持緘默，留給神，崇高的上帝去處理！他是謙遜、安靜的人，不會馬上大逆不道地攻擊

13　譯註：原名焦利阿諾・德拉・羅韋雷（Giuliano della Rovere，1443 - 1513），一五〇三年當選羅馬主教（教宗），任職至其逝世為止。他也是文藝復興時期知名的藝術贊助人。

當權者。如我所說，他明確的任務是盡他份內的職責，明智地走過這個混亂邪惡的世界，拯救他自己的靈魂。但羅馬最高教士階級卻橫加阻攔：在遙遠的威登堡，路德無法忠實地盡他的職責，他進諫、抵抗、走極端；他被打擊，連番打擊，只好挺身決鬥！這在路德的生平是值得注意的事。恐怕沒有哪個性情如此謙和的人曾讓世界爭論不休。我們知道他喜歡清靜，喜歡在暗處默默努力，變得名聞遐邇是違背他心意的事。名聞遐邇，那對他有什麼好處呢？他在世界行進的目的地是無垠的天國，這是他不容置疑的目標：不出幾年，他要嘛已經達成，要嘛永遠失去！我想，我們不要談論那個最可悲的理論：是奧古斯丁修道士與道明會（Dominican）之間的那種卑鄙店小二的嫌隙，率先點燃路德的怒火，繼而激發基督新教改革。如果至今還有人抱持這種主張，我們要對他們說：請先進入思想的範疇，唯有動用思想，才可能評斷路德，或像路德這樣的人，而不至於漫不經心；先想一想，接下來我們才可以和你辯論。

修道士特契爾被教宗良十世（Leo Tenth）[14]草率地派出去做生意——他只想要多籌一點錢，在其他人眼中，若真要說，他比較像異教徒而非基督徒——來到威登堡做他可恥的買賣。路德的信眾買了贖罪券，在他教堂的懺悔室裡，信眾向他辯說他們的罪已被赦免。路德，如果不想被認

14 譯註：教宗良十世（1475－1521）原名德．麥地奇（Giovanni di Lorenzo de' Medici），一五一三年當選教宗，馬．路德在他任內年貼出《九十五條論綱》，引發宗教改革。

為怠忽職守，如果不想被認為只是一個在他自己、沒有別人的狹小空間裡遊手好閒的懦夫，就必須挺身反對贖罪券、大聲宣布那些東西毫無用處，只是可悲的仿冒，無法赦免任何人的罪。這就是整個宗教改革的起點。我們知道這件事的過程：一五一七年十月的最後一天，他透過進諫和爭論，首度公開質疑特契爾——後來愈擴愈大、愈演愈烈，最終無法遏制，席捲全世界。路德一心一意想矯正這個和其他弊端，他起初並不想要造成教會分裂，或反叛教宗：「基督教世界之父」——優雅的異教徒教宗並不在意這位修道士和他的教義，但想要消滅他發出的噪音：三年過去，試過各種較溫和的手段，他認為用火終結最好。他判定這位修道士的著作要由劊子手燒毀，身體則要綁起來送去羅馬——或許為了同樣的目的，一百年前，他們曾這樣處決了揚．胡司（Jan Hus）和耶柔米（Jerome）[15]。——簡短的爭執，火。可憐的胡司，他帶著所有想像得到的承諾和安全通行權來到康士坦斯大公會議（Constance Council）[16]，他為人誠摯，不是那種叛逆之徒。他們立刻把他打進「三呎寬、六呎高、七呎長」的石牢，將他的真實之聲燃燒殆盡，使之灰飛煙滅。做得並不漂亮！

15　譯註：揚．胡司（1372 - 1415），捷克基督思想家及大學校長，支持英格蘭神父威克里夫（John Wycliffe）批評羅馬教會、反對贖罪券而遭火刑處死。耶柔米為他的學生。

16　譯註：康士坦斯大公會議是一四一四至一四一八年天主教會舉辦的大公會議，於在今德國的康士坦斯主教區舉行。除其他天主教事務，該會宣布揚．胡司為異端，並協助地方當局將其處決。

現在，起碼我個人可以原諒路德對教宗的反叛。優雅的教宗，透過他的放火令，當時世上最勇敢的心靈燃起了高貴、正義的憤怒。最勇敢的，也是最謙遜、最平和的心靈，被點燃了。我這些話，肺腑之言，是欲忠實地盡人類微薄之力，宣揚上帝在塵世的真理，拯救人類的靈魂，而你，上帝在塵世的代理人，卻以劊子手和火來回應？它們努力帶給你上帝的信息，你卻要燒死我，焚毀它們作為回應？你不是上帝的代理人，我想你是別人的代理人！我會把你的詔書當作寫在羊皮紙上的謊言，燒了它。你想怎麼做就怎麼做吧：我要這麼做。——一五二〇年十二月十日，即事情開始三年後，路德「率領一大群人」，採取這個憤怒的步驟，「在威登堡的艾爾斯特門（Elster-Gate）前」燒掉教宗的放火令。威登堡居民「大聲叫喊」地觀望，整個世界都在觀望。教宗本不該激起那陣「叫喊」！那是民族覺醒的吶喊。安靜的德國心靈，謙遜、有耐心的心靈，最終得到的並非它所能忍受。形式主義、異教的教宗、以及其他虛假和腐敗的外觀，已經統治得夠久了——而現在他們見到有一個人膽敢告訴所有人：上帝的世界不是建立於外觀，而是事實之上；生命是真理，不是謊言！

如同我們在前面說過的，實際上，我們可以把路德視為破壞偶像的先知，是把人類帶回現實的人。那正是偉人和教師的職責。穆罕默德說：你們這些偶像是木頭，你們上蠟上油，蒼蠅就黏在上面了：我告訴你們，那些不是神，只是黑色的木頭！路德對教宗說，這種你管它叫贖罪券的東西，和其他相似的東西，只是一張有墨水的布漿紙，不是別的。只有上帝才能赦免罪。教宗，上帝教會裡的屬靈之父，只是布和羊皮的空虛外表而已嗎？這是不爭的事實。上帝的教會不是虛有其表，天堂和地獄也不是外表。我堅持這一點，這是你逼我的。堅信這點，我，一個貧窮的日耳曼修道士，比你們都要強大。我站在這裡，孤獨、無友，但依循上帝的真理；而你，有你的三重冕、你的寶庫、靈性和俗世的威嚇，卻是依循魔鬼的謊言，你沒有力量！

一五二一年四月十七日馬丁．路德出席沃爾姆斯議會（Diet of Worms），也許可視為現代歐洲史最偉大的場面；後續整個文明史可說由此而生。經歷多次協商、辯論，終於來到這裡。年輕的皇帝查理五世（Charles Fifth）、日耳曼王公貴族、羅馬教廷大使、宗教與俗世的顯要人士齊聚一堂，路德要出席為自己回答，他要不要撤銷他的主張。世界的權貴坐在一邊，另一邊則站著為上帝真理奮鬥的人，就一個人，窮礦工漢斯．路德之子。朋友提醒他胡司的遭遇，勸他別去，他不聽勸。一大群朋友騎馬去找他，給他更誠懇的警告，他回答：「就算沃爾姆斯的魔鬼跟屋瓦一樣多，我也要去。」翌日，在他前往議會廳途中，窗口和屋頂擠滿民眾，而有些人向他呼喊，用莊嚴的話語叫他不要撤銷：「在人面前不認我的！」[17]他們這麼喊——彷彿在鄭重地請願和祈求。這不也是我們、乃至全世界的靈魂——在黑暗束縛之下、在自稱聖父或其他什麼的黑色夢魘、與頭戴三重冕的噴火怪獸之下，被奴役、被癱瘓的靈魂——的如此呼喊嗎：「解救我們，只

17　譯註：語出《路加福音》第十二章第九節：「在人面前不認我的，人子在神的使者面前也必不認他。」

有你做的到，不要遺棄我們！」

路德沒有遺棄我們。他那兩個小時的演說可敬、明智、誠懇，因而聲名大噪；只服從可合法要求服從的事情，其餘一概不服從。他說他的著作部分是自己的思想，部分出自《聖經》。至於他自己的思想，裡面自然有人類的缺點，輕率的憤怒、盲目，許多對他無疑是上帝恩惠的東西，他可以通通拋棄。但那些依循健全真理和《聖經》的內容，他絕不會撤銷。怎能撤銷呢？「請用聖經上的證據，」他這麼決定：「或是用清楚公正的辯論駁倒我：否則我不會撤銷。因為做違反良知的事情既不安全，亦不審慎。我就站在這裡，不做別的選擇：請上帝幫助我！」如我們所說，這是人類現代史上最偉大的時刻。英國的清教、英格蘭和它的議會、美洲、兩世紀以來的浩大工程；法國大革命、歐洲和它目前各地的工作：它的種子遍灑各處。要是當時路德沒這樣堅持，情況將截然不同！那時歐洲世界正在問他：我是要深深陷入虛偽、停滯的腐敗，與可憎、受詛咒的死亡之中，還是要憑藉任何形式的奮戰，從身上脫去那些虛偽、消除弊病，活下去？

這場宗教改革之後是盛大的戰爭、爭論和分裂；這些一路延續至今，還見不到終點。關於這些有精湛的討論，也有控訴。這些都是可歌可泣、不容否認的。但話說回來，路德和他的理想，跟這些有什麼關係呢？把這一切歸咎於宗教改革似乎是奇怪的推理。海克力士（Hercules）[18]引

18　譯註：海克力士是希臘羅馬神話中半人半神的英雄，後來的羅馬皇帝常以其自居。

河水沖洗奧革阿斯王（King Augeas）的牛圈時[19]，那無疑會引發相當大的混亂：但我認為這不該怪罪海力克士，而要怪罪始作俑者！宗教改革一旦發生，可能帶來它想要的任何結果，但宗教改革是免不了的。對於所有教宗和教宗的擁護者，世界曾告誡、悲嘆、控訴，最後回答：總之，你們的教宗職已經變得不真實了。不論它以往有多好，不論你說它有多好，我們都沒辦法相信了；我們心靈的光，上天賜予我們遵行的心靈，發覺它是不可信的東西了。我們不會相信它，不會試圖相信它——我們不敢！這東西是不真實的，如果我們敢妄想它是真實的，我們就成了「真理賜予者」的叛徒了。廢除它，讓任何想要降臨的東西取代它：有它，我們就無法進一步交換了！路德和他的新教不是戰爭的緣由：迫使他抗爭的假象才該負責。路德做的只是上帝創造的每一個人不僅有權利、更有神聖責任去做的事：在「虛假」問他「你相信我嗎？」的時候回答——不信！——不管有何代價，不計任何代價，非這麼回答不可。我從不懷疑，結合，不論精神或物質的結合，遠比最真歲月的教宗職位或封建制度還要高貴的結合，即將降臨人世；一定會到來。但它能否到來，或到來後能否屹立，是取決於事實，不是外表和假象。以虛假為基礎、還命令我們說謊、多行不義的結合，我們將無事可做。和平？殘酷的昏睡是和平，惡臭的墳墓是和平。我們

19 譯註：奧革阿斯是希臘神話中的厄利斯國王，擁有大批牲畜。海力克士要完成的十二項功績之一就是在一天內清理奧革阿斯的牛圈，奧革阿斯也答應贈與十分之一牲畜作為報酬，海力克士引河水沖洗牛圈，完成任務，奧革阿斯反悔拒給牲畜，於是海力克士殺死了奧革阿斯父子多人。西方常以「奧革阿斯的牛圈」來形容「最骯髒的地方」或「長年累積而難以解決的問題」。

盼望的是活生生的和平，不是死一般的和平！

但在公正地讚美新事物所必定帶來的祝福時，我們不能對舊事物不公平。舊事物曾經是真實的，就算已不復如此。在但丁的時代，不需要靠詭辯、自欺或其他不誠實的舉動來讓自己被視為真實。那時舊事物是好的，在它的靈魂裡有不朽的善。在那些日子裡高喊「不要天主教會」是愚蠢的；對天主教會蒸蒸日上、興建新教堂等等有所疑慮，或許會被視為天底下最無聊的疑慮。但有趣的是：數數幾間天主堂，聽聽幾場新教詭辯——聽那些沉悶、單調、令人昏昏欲睡，但仍自稱是新教的空談，就說：你看，新教死了，天主教比它有活力，在新教死後仍會活著！——令人昏昏欲睡、自稱新教的空談還不算少，它們的確死了，但我聽說的新教教義還沒死呢！新教教義，如果我們仔細看，這些日子已經孕育了歌德、拿破崙、日耳曼文學和法國革命。多麼旺盛的生命跡象！實際上，除了新教主義，還有什麼是有生命力的呢？其他大多數事物的生命只是有如電流一閃即逝——不是愉快且持久的那種生命！

天主教能蓋新的天主堂；樂見如此。天主教不可能再回來，一如異教不可能——雖然它仍在某些國家徘徊不去。但這些事物，其實就像海的退潮：你望著浪在海灘激盪，好一會兒你分不清它是漲還是退，恐怕要看個半小時——看個半世紀，看看你的教宗人在哪裡！啊，但願對我們歐洲來說，沒有比老教宗復活更大的危機了！索爾可能也會馬上試著復活——而這樣的擺盪是有意義的。往後一段時間，一如索爾，古老的教宗職位不會完全消失，也不該完全消失。我們可以說，在這件事發生之前，在善的靈魂注入務實的新事物之前，舊事物不會消失：若好的工作仍能透過天主教的形式完成，或者，說得更完整些，虔誠的生活仍能由它領導，就還會有某些人類的靈魂接受它，願意活著見證它。只要我們的慣例還運用它的真理，它就還會在排斥它的我們面前出現。然後——但一定要等到那時候——它就對誰也不具吸引力了。它還留在這裡是有目的的，就讓它苟延殘喘吧。

對於路德，我要補充一個與那些戰爭和流血有關的顯著事實：在他還活著的時候，任何戰爭和流血事件都尚未開始。他還在那裡時，爭議沒有演變成戰鬥。對我來說，這個事實證明了他各種意義的偉大。我們很少見到一位掀起軒然大波的人自己沒被沖走，沒有就此滅頂！這是常見的革命家之路，但路德相當程度上仍主宰這場最偉大的革命，所有新教徒，不論階級或職務，都仰賴他的指引：而他平和地引領他們，持續堅定地位居革命中心。能做到這些事情的人必定有君主的才能：必有隨時隨地觀察事件真正的核心位於哪裡的天賦，並且能以堅強、忠實之姿勇敢地站在那裡，讓其他忠實的人能夠圍繞著他團結起來。若非如此，他就無法繼續領導眾人了。路德明晰深刻的判斷力，他的各種力量——沉默的力量，包容與溫和的力量等等——在這些情況下非常顯著。

例如，他的包容，是名副其實的包容：他能區別哪些是基本要素，哪些不是，非必要的就可大致放任。有人向他抱怨說某某新教牧師「講道一定要穿長袍。」噢，路德回答，長袍會對他造成什麼傷害？「就讓他穿長袍講道吧，如果他覺得穿三件對他有益，就讓他穿三件吧！」他在卡爾施塔特（Andreas Karlstadt）[20]暴亂的偶像破壞事件、再洗禮派（Anabaptist）[21]事件和農民戰爭（Peasants' War）[22]中的言行展露了高尚的力量，迥異於痙攣般的暴力。他擁有敏捷可靠的洞察力，能辨別真偽：一名堅強公正的男子，能指出正確的道路，讓眾人追隨。路德的著作也提供了明證。表達思辨的方言現已過時，但我們仍能從中讀出不同凡響的魅力。確實，僅從語法而言是足夠清楚的。路德在文學史上的貢獻卓著：他的方言風格成了所有寫作的語言。他的二十四四開本（Four-and-twenty Quartos）寫得並不好，寫得倉促，非以文學為目的。但我沒有見過比那些更強健、更真誠、更能彰顯一個人的高貴才能的書了。那是一種粗獷的誠實、質樸、單純；一種粗獷的純正觀念與力量。他綻放出光亮，他令人神魂顛倒的慣用語句似乎剖開了事情的祕密。也有善意的詼諧，溫柔而深情，高貴而深刻：這個人也可以當詩人！他以身體力行譜一首史詩，而非撰寫。我稱他是偉大的思想家，而確實，他偉大的心靈已在在證明這句話。

讓·保羅說「路德的話語一半像在戰鬥。」可以這麼說。他的基本特質是：他可以戰鬥、可

---

20 譯註：卡爾施塔特（1486 - 1541）為日耳曼新教神學家，宗教改革早期的改革派。

21 譯註：再洗禮派為宗教改革運動爆發時，從瑞士蘇黎世宗教改革家慈運理（Huldrych Zwingli）領導的運動中分離而出的教派，十六世紀開始遭受各國教會嚴重迫害，包括新教和羅馬天主教。

22 譯註：一五二四年於神聖羅馬帝國德意志地區爆發的農民起義，反對貴族和教士，以馬丁·路德為首的宗教改革領袖大多明顯反對農民起義。

以征服，他適切地表現了人類的英勇。根據紀錄，以英勇為特徵的條頓親族沒有出現過比他更英勇的人、可被稱為更勇敢的凡人心靈。他在沃爾姆斯反抗「魔鬼」不是自吹自擂——今天若是這麼說，那就八成是自誇了。路德是真的相信有魔鬼，有地獄的幽靈不斷圍攻人類。這不時在他的作品出現，一些人對他最卑劣的譏諷就是以此為依據。今天，在瓦爾特堡、他曾坐著翻譯聖經的房間，人們仍會把牆上的一個黑點指給你看：這就是那些衝突的奇妙紀念。當時路德正在翻譯《詩篇》的一首，因為長時間工作、生病和禁食，他已精疲力竭，這時眼前突然冒出某個可怕而無法辨識的形象，他認為是「那惡魔」來妨礙他工作，路德倏然一驚，奮力反抗，拿起墨水台朝那鬼怪扔去，它便消失了！那黑點至今還在那裡，是幾件事情的奇妙紀念。現在任何一個藥劑學徒都可以告訴我們該如何以科學來看待這幽靈，但這個人起身正面對抗地獄，卻表現了大無畏的最高證明。會令他畏怯的事物不存在於塵世或塵世之下——夠無畏了！「魔鬼知道，」他有一次寫道：「這不會使我心生恐懼。我已經見過、公然反抗過無數魔鬼了。喬治公爵（Duke George）」——萊比錫的喬治公爵，他的大敵——「喬治公爵連一隻魔鬼都不如，」——遠不及一隻魔鬼！「如果我有事要去萊比錫，我就騎馬去，就算那裡連續九天九夜降下喬治公爵。」他是要騎進什麼樣的公爵水庫啦！

另外，若把馬丁．路德的勇氣視為殘暴，只是粗俗、不服從的固執和野蠻——很多人這樣想——那就犯了大錯。絕非如此，或許有種無懼是因缺乏思想或情感而生，因心懷仇恨或愚蠢的憤怒而生，我們對這種老虎之勇評價不高！路德的勇氣絕對不是這種，說他的勇氣只是凶猛的暴力，是最不公平的指控。真正勇敢的心是最溫柔的心，滿懷同情與愛的心。老虎遇到更強大的敵人會逃：老虎並非我們所謂的英勇，只是凶猛和殘忍。就我所知，沒什麼比路德這顆偉大狂野的心中，那些溫柔的款款深情更動人了——那溫柔如孩子，或母親的深情。如此真誠，絕不摻雜一絲虛假，流露得如此質樸，如此天然，純淨得如岩石中湧出的清泉。我們在他年少時看到備受壓抑的絕望和遺棄心情，這若非卓然體貼的溫柔，太過敏銳纖細的情感，又是什麼呢？這是像詩人威廉・古柏（William Cowper）[23]之類的人會步上的路。漫不經心的觀察者可能認為路德是怯懦、軟弱的人——謙遜、深情而羞怯的溫柔是他的主要特徵。但這樣的心靈會孕育高貴的英勇，而那一旦受到刺激，轉為反抗，就會熊熊燃起，形成神聖的燎原之火。

路德的《桌邊談話》（*Table Talk*）是他死後由友人集結的軼事和語錄，是他所有的書中最有趣的一本，書中，我們見到這位先生各種不自覺的優美展現，見到他本性為何。他在小女兒臨終前的舉止是如此平靜、偉大而深情，感人肺腑，他知道他的小瑪德蓮（Magdalene）會死，認命了，卻也難以言喻地渴望她能活下去——以滿懷敬畏的思想，跟隨她的小小靈魂飛過那些未知的

23 譯註：古柏（1731－1800）為極受歡迎的英國詩人。患有嚴重躁鬱症，雖然在福音基督教中尋求避難，仍經常感到困惑，並擔心注定會受到永恆的詛咒。

領域。滿懷敬畏，衷心期盼，我們看得出來，而且真誠——儘管有那麼多教義和教條，他仍覺得我們所知，或所能知道的，有多微不足道：他的小瑪德蓮會依上帝之意，與上帝同在。對路德而言，這就是一切，「伊斯蘭」[24]就是一切。

一次，他夜半從他孤獨的「拔摩」（Patmos）[25]——德國科堡的城堡——向外望：無垠的穹蒼、一片片浮雲飄過——無聲、荒涼、巨大——是誰支撐著這一切？「沒有人見過它的支柱，但它是被支撐著。」是上帝支撐著。我們必須知道上帝是偉大的，上帝是善的，就算看不見也要相信。有次從萊比錫回家，秋收季節田野的美令他深受感動：那金黃色的穀物是怎麼長在纖細的莖上，金黃色的頭低垂著，豐實飽滿，迎風搖曳——聽從上帝仁慈的吩咐，溫順的大地又生產了；是人類的麵包啊！一天黃昏，在威登堡的花園裡，一隻小鳥棲息過夜：路德說，那隻小鳥，上面是星辰和世界深邃的天，卻收起牠的小小翅膀，像在家中一樣安心地歇息：也是牠的創造者給了牠這個家！——這位先生也不缺愉悅的性情，且擁有偉大、自由的心。他平常講話帶有一種粗獷的高貴，有慣用語法、善於表達又真誠，處處閃耀美麗的詩的光彩。人們會覺得他像一位很棒的兄弟。他熱愛音樂，而這不就是他情感豐沛的總結嗎？他用笛子的曲調道出許多無法訴諸語言的

24 譯註：「伊斯蘭」原意為「接納、追隨、服從」。
25 譯註：天主教譯為帕特摩，為愛琴海的希臘小島，新約《啟示錄》作者拔摩島的約翰（John of Patmos）就在此居住並見到異象，於是該島成為基督徒朝聖之地。

狂野，他說，魔鬼聽到他的笛聲就竄逃了。一方面是反抗死亡，另一方面是熱愛音樂，我會說這是一個偉大靈魂的兩個極端，在這兩極之間，就是所有偉大事物的空間。

對我來說，路德的臉孔足以表現他整個人。我在克拉納赫（Lucas Cranach der Ältere）[26] 最好的肖像畫中見到真實的路德。一張粗獷的平民臉孔，峭壁般的寬大額頭和骨骼，是粗獷力量的象徵。乍看下，那張臉薄情寡恩，但特別在眼睛裡，蘊藏著狂野、沉默的哀愁，是無法形容的憂鬱；所有溫柔纖細情感的要素，賦予其他特質真正高貴的印記。我們說，這位路德有歡笑，也有淚水；他也生來就有淚，淚和辛勞；他生命的基礎是哀傷、誠懇。晚年，在獲得一連串勝利後，他衷心表達厭倦人生，他認為只有上帝能夠且將會管制萬物遵行的道路，而或許審判之日已經不遠。至於他，他只渴望一事：上帝可以解除他的勞苦，讓他離開，讓他安息。引用這點來敗壞他名聲的人，對他一點也不了解！——我會稱這位路德是真正的偉人；真正富於智慧、勇氣、情感和正直的人；最值得我們愛戴和珍惜的人。他偉大，但不是像粗製濫造的紀念碑，而是像阿爾卑斯山——如此簡單、誠實、自然，不是為了偉大裝模作樣；他的目的不是偉大，而是別的！啊，沒錯，是無法降伏的花崗岩，高峻壯闊，聳入雲霄；但它的裂口裡有噴泉，有青翠美麗、繁花盛開的谷地！他是正義的靈性英雄和先知、真正的自然與事實之子，因為他，這些世紀，和未來許

26 譯註：克拉納赫（1472 - 1553）是文藝復興時期德國重要畫家。

多世紀的人們，都要感謝上蒼。

宗教改革在各地呈現的最有趣面向，是清教——對我們英國人來說更是如此。在路德自己的國家，新教很快萎縮成相對無用的事件：不是宗教或信仰，而是成了神學的爭執；發源地不再是重心，本質變成懷疑的爭論，且愈吵愈兇，愈演愈烈，一路演變成伏爾泰主義——從古斯塔夫－阿道夫（Gustav II Adolf）[27]之爭發展到法國大革命！但在我們的島上，清教崛起，甚至在蘇格蘭人之間發展成長老會（Presbyterianism）且確立為國教，以真正的心靈事務之姿出現，也已在世界結出顯著的果實。就某些意義而言，我們可說它是基督新教唯一臻至信仰層次的面向，是與上天真正的心靈交流。在歷史上也是這樣表現。我們必須留一點篇幅給諾克斯：他本身勇敢而傑出，但更重要的是，他成了蘇格蘭、新英格蘭、克倫威爾信仰的「大祭司」和創立者——這麼說並不為過。不用多久，歷史對此將有論述！

我們可以任意指責清教，我相信沒有誰不會覺得那是非常粗糙而有瑕疵的東西。但我們，所有人，也都可以了解它是真誠的東西；因為自然接納了他，於是它成長茁壯。有時我會說，世上每個人都遵行「勝者為王、敗者為寇」（wager of battle）；眾所周知，力量，是衡量一切價值的

27 譯註：為瑞典瓦薩王朝國王（1594－1632），支持新教，即位後即與神聖羅馬帝國在三十年戰爭中相爭，被新教徒敬稱為「北方雄獅」。

標準。給一件事物時間，若它能成功，它就是正確的。看看美洲的薩克遜國吧，看看兩百年前這個不起眼的事實：「五月花號」（Mayflower）從荷蘭代爾夫特港出航！假如我們的心胸像希臘人那麼開闊，我們會在這裡找到一首詩——「自然」自己寫的詩，一如她在各大洲形形色色的事實中所寫的詩。因為那確實是美洲之始：先前美洲是有些散亂的居民，有如一個身體已經有了一些原料；但靈魂直到現在才首次出現。這些可憐的人，被逐出自己的國家，無法在荷蘭好好生活，決心在新世界安頓下來，那裡有幽暗的原始林，有野蠻的生物，但沒有像星室法庭（Star-chamber）[28]的劊子手那麼殘忍。他們認為如果老實耕種，那裡的土地會生產食物給他們。那裡永恆的天空會在頭頂無盡延伸，他們應該能平靜度日，在這個時代的世界安身立命，為永世做準備，崇拜他們認為真實的事物，而非偶像崇拜。於是他們集合了各種不起眼的工具，租了艘小船「五月花」，準備揚帆啟航。

尼爾（Daniel Neal）《清教徒的歷史》（*History of the Puritans*）一書中對他們的離開儀式有詳盡紀錄：我們或可稱之為莊嚴慎重，因為那是千真萬確的崇拜行為。他們的牧師，以及不會隨行的教友，一路陪他們到海邊，全都參與莊嚴的祈禱：願上帝憐憫他的孩子，陪他們進入蠻荒之

28　譯註：星室法庭係一四八七年由亨利七世創建於西敏宮，因大廳屋頂有星形裝飾而得名，創立之初是為了制衡權貴階層，但到斯圖亞特王朝，變成專門對付與君王唱反調的喀爾文派清教徒，一六四一年才由議會立法關閉。

中，因為那也是祂所創造，祂在那裡，一如祂在這裡——哈！這些人，我認為，有任務在身！軟弱的東西，比孩子還弱的東西，若真實不虛，總有一天會變強壯。那時清教還是可鄙的，是可笑的；但現在，沒有人敢取笑它了。現在清教有武器，有力量；有槍枝，有戰艦了；它的十根手指靈巧了，右臂強壯了；它能駕駛船艦、砍伐森林、移除山脈——變成天底下最強有力的東西了！

蘇格蘭的歷史，我覺得只有一個時期重要：我們或許可以說，蘇格蘭的歷史除了這場由諾克斯發動的宗教改革，沒什麼涉及世界利益的事情。這塊貧瘠不毛之地，爭鬥、不和、屠殺不斷，是一支處於粗野、赤貧最後階段的民族；或許比今天的愛爾蘭好不到哪裡去。那些飢餓好鬥的男爵，尚不能與彼此達成協議來瓜分他們搜刮來的民脂民膏；就像今天的大哥倫比亞共和國[29]一樣，每一次政權更替就是一場革命，除了把舊官員送上絞刑台，別無內閣改組之途。這是個別無特別意義的歷史奇景！是夠「驍勇」，我毫不懷疑，是有很多激烈的戰鬥：但並不比他們北歐海盜祖先來得驍勇或凶猛；我們並不覺得他們的功勛有什麼值得詳論的價值！那仍是個沒有靈魂的國度：除了粗魯的、外在的、半獸性的，什麼也沒發展。而現在，因為這場宗教改革，它肋骨下的內在生命被點燃了——表面、物質、死亡底下的肋骨。一個理念，最高貴的理念，像高台上的

29 譯註：指十九世紀初拉丁美洲獨立戰爭中，由西蒙．玻利瓦（Simón Bolívar）創建、脫離西班牙統治的國家，範圍包括今委內瑞拉、哥倫比亞、厄瓜多、巴拿馬，及哥斯大黎加、祕魯、巴西、圭亞那的部分地區。

烽火，自己點燃了，像天一樣高，卻是地所能及——藉此，最卑微的人不僅成了公民，也成為基督現世教會的一分子。如果他能證明自己真實忠誠，就會是名副其實的英雄！

好，這就是我所謂的「英雄國度」：有信仰的國度。未必先要有偉大的靈魂才能成為英雄；需要的是由神所造、忠於出身的靈魂，那才將會是偉大的！這樣的人物已經出現過，以後，在比長老會更寬厚的形式下，也會出現；在那之前，不會有永久的善。——不可能！有人說。可能嗎？那在這個世界，不是已被實踐的事實嗎？英雄崇拜在諾克斯的例子失敗了嗎？或者我們現在是用別的黏土做成？《西敏信條》（*Westminster Confession of Faith*）[30]為人類靈魂增添新的特質了嗎？上帝創造了人的靈魂，但祂並未注定任何人必須在這充滿假設、傳聞、及其致命結果的世界，像假設和傳聞一般過活！

話說回來：這位諾克斯為他的民族所做的，可稱為起死回生。那不是輕鬆寫意之事；但無疑是受到歡迎的，而且以付出的代價而言，就算更艱難，也不算高。整體而言，怎樣的代價都不算高！——正如人生。人們開始生活了：那是他們的首要之務，不計代價。蘇格蘭的文學與思想、蘇格蘭的工業；詹姆士．瓦特（James Watt）[31]、大衛．休謨（David Hume）[32]、華特．司各

30 譯註：在一六四三至一六四九年的西敏會議（The Westminster Assembly）制定，表達俗稱喀爾文主義的神學。

31 譯註：瓦特（1736 - 1819）是蘇格蘭發明家和機械工程師，改良蒸汽機，奠定工業革命的重要基礎。

32 譯註：休謨（1711 - 1776）是蘇格蘭哲學家、經濟學家和歷史學家，也是蘇格蘭啟蒙運動及西方哲學史上最重要的人物之一。

特、勞勃、伯恩斯：我發現在這些人物的內心深處和這些現象的核心，都有諾克斯和宗教改革在運作，我發現沒有宗教改革，就不會有這些人物和現象存在。或者說，沒有宗教改革，蘇格蘭會變成什麼樣？蘇格蘭的清教已然成為英格蘭和新英格蘭的清教。愛丁堡高教會派（High Church）的騷亂擴散蔓延成各種領域的普遍爭鬥——經過五十年的奮戰，我們所謂的「光榮革命」（Glorious Revolution）[33]、《人身保護令》法案[34]、自由議會（Free Parliaments）等等接踵而至！啊，我們前面說過，很多先驅都像俄國士兵走進希維德尼察的壕溝、用屍體將之填平，讓後人可以輕鬆踏過去，鞋子不會弄濕，進而贏得榮譽，這不是千真萬確的嗎？先有多少誠摯、嚴厲的克倫威爾、諾克斯、農民誓約派（Covenanters）[35]在泥濘裡為生命搏鬥奮戰，掙扎、受苦、失敗、被指責、滿身爛泥，才有美麗的「八八革命」[36]穿著官員的舞鞋絲襪、跳著三拍華爾滋踏過他們！

33 譯註：光榮革命是英格蘭在一六八八到一六八九年發生的政變，英格蘭國會輝格黨及部分支持新教的托利黨人聯合起義，驅逐信奉天主教的國王詹姆士二世，改由詹姆士之女瑪麗二世與夫婿威廉三世共治英格蘭、蘇格蘭和愛爾蘭。此次革命誕生了《一六八九年權利法案》，是英國君主立憲制形成史上的重要事件。

34 譯註：人身保護令源自中世紀英國，至一六四〇年英國首次通過人身保護法例。

35 譯註：「誓約派」是十七世紀蘇格蘭宗教和政治運動成員，支持蘇格蘭長老會及其領導人主導宗教事務，名稱源自聖經中與上帝訂「約」的說法。

36 譯註：即光榮革命。

如今，三百年後，若要這位蘇格蘭男子像犯人一樣在世人面前辯護，這在我看來是嚴厲的懲罰！因為在當時的條件下，他本質上是最勇敢的蘇格蘭人——若他好壞參半，若他像其他那麼多人一樣蜷縮在角落，那蘇格蘭就尚未被解救，諾克斯也不會被指責了。他是他的國家和世界都虧欠的蘇格蘭人之一。若他得辯護，他得請蘇格蘭原諒他對這個國家如此重要，是數以百萬計「無可責備」、不需寬恕的蘇格蘭人怎麼也比不上的！他裸胸迎接戰鬥，被抓去法國帆船上划槳，在狂風暴雨中孤獨流浪；他受到譴責，被人從窗外射擊，過著痛苦的戰鬥生活：若這個世界是他獲取報酬的地方，那他真的做得不好。我不能代諾克斯致歉，對他而言，這兩百五十年來人們怎麼說他，並無關緊要。但我們，已得知他戰鬥的所有細節，現正享用他勝利的果實，過著清朗的生活，我們，為了我們自己，是該看穿那些圍住他的謠言和爭議，看看他的真實為人。

首先，我要說，這個「民族先知」的地位並非他所追求。在引人注目之前，諾克斯沒沒無聞地過了四十年的人生，他雙親貧窮、上過大學、成了教士、接受宗教改革，似乎滿足於自己跟隨這道光前進，無意將之強加於他人。他在許多紳士人家以擔任家庭教師維生；在有人想聽他的教義時講道：他決心服膺真理，在被召喚訴說真理時才訴說真理；沒有更大的野心；沒有幻想自己有能力做得更多。他就這樣沒沒無聞地活到四十歲，支持一小群在聖安德魯斯城堡（St. Andrew's Castle）被圍攻的改革派。一天，在他們的小聖堂，牧師在向這些絕望的鬥士講道完畢後，突然說：必須有其他人說話，每一個具有教士心靈與才能的人，現在都必須說話——那個叫約翰．諾克斯的人就有這樣的天賦和心靈，對吧？牧師這麼說，向聽眾呼籲：那麼，他的責任是什麼呢？群眾斬釘截鐵地說：如果這樣的人始終保持沉默，就犯了有虧職守的罪。可憐的諾克斯不得不站起來，他試著回答，但什麼也說不出口——突然淚如泉湧，跑了出去。這是值得懷念的情景。他悲傷、煩惱了好幾天，他覺得自己何德何能，難以承擔大任，他感覺自己被召喚去接受的洗禮何等重大。於是他「淚如泉湧。」

我們心目中英雄的首要特質：真誠，絕對適用於諾克斯。不容否認，儘管或許有其他特質或缺點，他卻是最忠實的人。他以獨特的本能堅持真理和事實，他眼中只有真理，其餘都是影子和騙人的不存在之物。不論事實看來多虛弱、多孤苦無依，他只立足於真理之上。在聖安德魯斯城堡被奪走後，諾克斯和其他同伴被送去法國羅亞爾河當船奴——有一天，某個官員或教士拿給他們一尊聖母像，要他們這些褻瀆神明的異教徒表示崇敬。聖母？神的母親？輪到諾克斯時，他這麼說：這才不是神的母親：我告訴你們，這只是「*a pented bredd*」，一塊木頭，上面塗漆的木頭！去漂浮比受人崇拜適合，諾克斯補充，說完就把它扔進河裡。這絕非什麼廉價的玩笑，不管可能發生什麼事，對諾克斯來說，這樣東西絕非真理，以前不是，以後也不是，它只是塊塗漆的木頭，他不會崇拜它。

在那段最黑暗的日子，他告訴他同為囚犯的夥伴：要勇敢，他們抱持的理念是真實的，一定會成長茁壯，整個世界都無法鎮壓它。真實是上帝創造的，唯有真實能強大。有多少塗漆的木頭偽裝成真的，卻比較適合漂浮而非受人崇拜！這位諾克斯只能仰賴事實而活：他緊抓住事實，就像遭遇船難的水手死抱著懸崖。他是我們的模範，說明一個人怎麼靠真誠成為英雄：這正是他偉大的天賦。我們在諾克斯身上見到一種美好、誠實、有才智的天分，不是超越經驗的那種——跟路德相比，他較狹隘而無足輕重，但我們必須說，在衷心、憑本能遵循的真理上，在真誠上，他無與倫比。不過，或許有人會問，有誰可和他相提並論？他的心屬於真正先知的心性。「他躺在那裡，」莫頓伯爵（Earl of Morton）在他的墓前說：「永遠不畏懼人的面容。」他比任何現代人都像古希伯來的先知，對上帝的真理同樣缺乏彈性、不容忍、看似死板、狹隘地遵從，以上帝之名嚴厲指責所有拋棄真理的人：是裝扮成十六世紀愛丁堡牧師的古希伯來先知。我們要接受他是這樣的人，別要求他成為別的樣子。

諾克斯對瑪麗女王（Queen Mary）[37]的舉止招致相當多批評：他常態度惡劣地闖入她的宮殿，對她嚴加指責。這樣地惡毒，這樣地粗暴，著實令我們憤慨。但讀了事件的真正紀錄：諾克斯說了什麼，他的意思是什麼，我必須說，一個人悲傷時，難免有些沮喪。他說的話並不粗魯，在我看來，是當時情況所允許最優美的話了！諾克斯進宮不是要當廷臣的，他是為另一項任務而來。若讀過他和女王的討論，仍覺得那是一位平民教士對高貴女士粗俗傲慢的言行，怕是完全誤

37 譯註：指瑪麗一世（Mary I，1516-1558），是英格蘭和愛爾蘭女王，都鐸王朝第四位君主（1553-1558在位），信奉羅馬天主教。

解那些話的涵義和要旨了。這點很不幸：除非一個人不忠於蘇格蘭的民族和理想，要對蘇格蘭女王彬彬有禮是不可能的。若不想看到祖國變成陰謀野心家的獵場，不願見到上帝的真理被虛偽、慣例和魔鬼的目的踐踏，就沒有辦法讓自己討人喜歡！「寧可讓婦人哭，」莫頓說：「也好過蓄鬍的男人不得不哭。」諾克斯是蘇格蘭合憲的反對黨：這個國家的貴族，具有身分地位、理應負起反對之責，卻不在其中；諾克斯必須去做，否則就沒有人做了。女王運氣不好——但如果讓她開心，這個國家會更不幸！瑪麗縱有其他特質，但本身是夠敏銳的：「你以為你是誰，」她有次這麼說：「竟敢教訓王國的貴族和君主？」「女王陛下，是生在這個王國的臣民，」他回答。合情合理！如果「臣民」有真話要講，那「臣民」的地位不會使他喪失資格。

我們也責備諾克斯不寬容。這個嘛，如果人人都能盡可能寬容，那當然是好事。但實際上，雖然自古以來對於寬容有諸多討論，但寬容究竟是什麼？寬容是必須容忍不重要的，必須看清楚哪些事情並不重要。寬容是當你忍無可忍，你的憤怒必須是高尚的、慎重的。但整體而言，我們來到世上不是要寬容的！我們是來這裡反抗、掌控和征服的。我們不會「容忍」強加身上的虛偽、偷竊、罪惡，我們會對它們說，你們是虛妄的，你們是不能容忍的！我們是來這裡以某種明智的方式消滅虛偽、終止虛偽！至於要採取何種方式，我不會太過挑剔，能否消滅才是我們最關心的。就這個意義而言，諾克斯當然是不寬容的。

一個因為在自己的國度宣揚真理就被送去法國大船划槳的人，絕不可能脾氣溫和！我不打算說諾克斯性情寬厚，但我也不知道他有我們所謂的壞脾氣。他的本性絕不乖戾。這個備受煎熬、備嘗艱辛、永遠在戰鬥的男人心中，有著仁慈、真誠的情感。他能夠斥責女王，能對那些傲慢狂暴、無論如何都傲慢得不得了的貴族發揮如此影響力，在那個狂亂的王國形如實際的統帥和君主，而他只是「生在這個王國的臣民」——這一切足以證實他周遭的人並不覺得他卑劣、刻薄，而是內心健全、堅強、睿智的男人。唯有這樣的特質才能擔起那樣的統治。有人責備他拆毀天主堂等等，彷彿他是煽動、作亂的政客：關於天主堂之類的事，如果我們仔細檢視，事實恰恰相反！諾克斯並非意欲拆毀那些石造建築，他是想把瘋癲和黑暗逐出人類的生命。他本性不愛騷亂，偏偏常被迫深陷騷亂之中，這是他人生的悲劇特徵。每一個這樣的人，生來都是失序的仇敵，痛恨處於失序之中：那麼該如何是好？表面圓滑的虛偽不是「秩序」，而是失序的總和。秩序即真理——所有事物皆立於屬於它的基礎之上：秩序和虛偽不能並存。

更出乎意料的是，這位諾克斯的本性不失詼諧；我喜歡他的詼諧與其他特質的結合。他能看出荒謬可笑。他的生平，他粗獷的誠摯，因詼諧而奇妙地活潑起來。有兩位高級教士進入格拉斯哥天主堂，爭論誰該居前，兩人快步向前，互相推擠、拉扯對方法衣，最後把牧杖像鐵頭棒那樣揮舞——這在諾克斯看來妙不可言！不光是嘲弄、奚落、挖苦，雖然那些一概不缺。那張誠摯的面孔更浮現忠實、深情、燦爛的笑；不是大聲嘲笑；你可以說，是眼睛裡面在笑。他內心忠誠、滿懷友愛；是高層的兄弟，也是低層的兄弟；他的同情對兩者一般真誠。我們發現，在他愛丁堡的老家裡，他也有一大桶波爾多酒；他個性爽朗、愛交際，很多人都喜歡他！認為這位諾克斯陰晴不定、死陽怪氣的人錯得離譜。一點也不是：他是最穩健可靠的人，他務實、審慎樂觀、有耐心、機靈、觀察敏銳、默默看清一切。事實上，他具有許多我們現今歸於蘇格蘭人的性格典型：帶嘲諷意味的沉默寡言、洞察力卓越，還有一顆比他自認還要不屈不撓的心。對於許多和他沒有重大關係的事情，他有能力平靜看待——「他們？他們怎麼了嗎？」但與他關係重大的事，他就直言不諱了；而且他的語調會讓全世界聽得一清二楚，這反而更凸顯他長久的沉默。

對我來說，這位蘇格蘭的先知絕非可憎之人！他為他要的生活方式艱苦奮戰；與教宗和大公周旋到底；屢敗屢戰，鍥而不捨，一輩子的奮鬥；當船奴划槳，被放逐而流浪。艱苦地奮戰，但他贏了。「你有什麼願望？」他們在他臨終前問，那時他已不能說話。他舉起手指，「向上指，」便斷氣了。願榮耀屬於他！他的成就沒有死。一如所有人的，他的成就的外表死了，但精神永遠不亡。

關於他的成就的外表，有件事值得一提。他不可原諒的冒犯是想要在國王之上再設教士。換句話說，他試圖把蘇格蘭政府改為「神權統治」。這確實是他一切罪愆的總和；這種罪愆豈能饒恕？的確，他有意無意的作為的確像意欲建立神權統治，或神的政府。他的確希望國王、首相、各行各業，於公於私，外交也好，做其他事務也好，都要遵照「基督的福音」而行，並了解這是他們的律法，高於一切法律。他曾希望見到這種事情實現，見到「願您的王國降臨」這句祈求不再是空話。看到世間貪婪的男爵緊抓教會的財產，他痛心疾首；當他告誡那不是世俗的財產，那是神的財產，該回歸真正教會用途，如教育、辦學、敬拜時，攝政王默里（James Stewart, Earl of Moray）[38]聳聳肩答道：「那只是一種虔誠的想像！」這是諾克斯的正義與真理計畫，他熱切、積極地努力實現。如果我們認為他的真理計劃太狹隘、不真實，或許很高興他未能實現，且歷經兩百年的努力仍未能實現，仍是一種「虔誠的想像」；但我們怎能責備他致力實現呢？神權政治，神的政府，的確是值得奮鬥的目標！所有先知，熱忱的教士，都是為此目標而存在。希爾德布蘭（Hildebrand）[39]盼望神權政治；克倫威爾盼望神權政治，且為之奮戰；穆罕默德得到了。這難道不是所有熱情之士，不論是叫教士、先知或其他名稱，都衷心期盼，也必須期盼的嗎？正義與真理，即上帝的律法統治人類，這是「天國的理想」（Heavenly Ideal，諾克斯的時代如此稱呼，不同時代各有其說法，揭示「上帝的意志」），而宗教改革者必將堅持一切會愈來愈接近。我認為所有真正的宗教改革家本質上都是教士，都在為神權政治奮鬥。

這樣的理想可以實現到何種地步，到什麼時候我們會對它們遲遲未能實行失去耐心，永遠是個問題。我認為我們或可有把握地說，就任它們自己實現，能走多遠就走多遠！若它們是人類真

38 譯註：攝政王默里（1531 - 1570）為瑪麗女王之弟，一五六七年起攝政至一五七〇年被殺。

39 譯註：指教宗聖額我略七世（Pope Gregory VII），原名索瓦納的希爾德布蘭德（Hildebrand of Sovana，1020 - 1085），於一〇七三年當選羅馬主教。

正的信仰，在它們被發現未能實行之處，人人多少會覺得不耐。永遠都會有攝政王默里這種人聳聳肩跟你說：「那是一種虔誠的想像！」我們要稱讚英雄教士，他竭盡所能實現這些理想；他在辛勞、誹謗、矛盾中耗盡高貴的人生，只為讓塵世變成神的王國。讓塵世變得愈像神的王國愈好！

第五講

作為文人的英雄
——約翰生、盧梭、伯恩斯

【一八四〇年五月十九日】

神、先知、詩人、教士都是屬於古代的英雄形式，在最遙遠的時代出現，其中有些早已變成不可能，再也不可能於這個世界出現了。至於我們今天要講的類型：作為文人的英雄，是新時代的產物；而只要「寫作」這種神奇的藝術，或我們稱為「印刷」的技術繼續存在，他就可望繼續存在，作為未來世代的主要英雄類型之一。他在許多方面都是非常獨特的現象。

我認為他是新的，在這世上延續尚未超過一世紀。近至一百年前，我們仍未見到有哪個具有偉大靈魂的人物離群索居，以這種反常的方式度日；努力透過「出版的書籍」道出他心裡的靈感，並藉由世界願意為此給予他的報償來建立地位、維持生計。以往，已經有很多東西被人買賣和在市場裡討價還價，但直到一百年前，一個英雄靈魂受啟發的智慧，還沒有如此赤裸裸地交易。他，和他的著作權和剽竊，一直待在他骯髒的閣樓，在他破舊的外套裡；死後，他卻從墳墓裡統治（這就是他所做的）許多民族，世世代代，不管那些人在他生前有沒有給過他麵包——這是多奇特的情景啊！幾乎沒有英雄氣概的形貌比這更出人意表了。

啊，自古以來，「英雄」都得把自己扭曲成奇怪的形狀：任何時代的世人都不曉得拿他怎麼辦，他各方面在這個世界都太陌生了！我們會覺得這很荒謬：人在未開化的仰慕狀態下會把睿智、偉大的奧丁視為神明崇拜；把睿智、偉大的穆罕默德視為得神啟示者，十二個世紀以來虔誠地遵循他的律法；然而睿智、偉大的約翰生、伯恩斯、盧梭卻被視為無所事事、難以歸類的人，存在於這世界只為娛樂無所事事者，得到一些銅板和掌聲，賴以維生；這點，一如前文所暗示，日後看來或許會是更荒謬的面向！另外，因為始終是精神決定物質，這位文人英雄必須視為我們最重要的現代人。他可說是所有人的靈魂，全世界將按照他教導的一切去做，去創造。從這個世界怎麼對待他，就可以明顯看出這個世界普遍採取的態度。仔細觀察他的生活，我們或許可以瞥見創造他的那些特別時代的生活，歷歷在目，彷彿我們就在那個時代生活和工作。

有真正的文人，也有不是真的，一如任何種類的人事物都有真偽之別。如果「英雄」意為「真」，那我認為「作為文人的英雄」要為我們履行一項更值得尊敬、最崇高的職責，以往曾公認為最崇高的職責。他以他自己的方式吐露他得神啟示的靈魂——人在任何情況下可以做到的事。我說「得神啟示」，因為我們所謂的「獨創性」、「真誠」、「天賦」等我們沒有恰當名稱的英雄特質，都意味「得神啟示」。英雄生活在萬物的內在之中，在「真實」、「神聖」、「永恆」之中，而這些多數人看不見的東西永遠存在於「暫時」、「平凡」底下：他的「本質」（being）在那之中；他透過行動或言語向外表達自己時，也就將本質公諸於世。我們說過，他的人生，是自然不朽心靈的一部分；所有人的生命都是如此——可惜多數弱者不知道這個事實，多半不忠於這個事實；少數的強者是堅強的、英勇的、持久的，因為這個事實瞞不過他們。文人，一如每一名英雄，能盡他所能把事實表現出來。本質上，過去世代稱「先知」、「教士」、「神明」者所履行的，也是同樣的職責；這正是形形色色的「英雄」被送到這個世界，要用言語或行動履行的職責。

約四十年前，德國哲學家費希特（Johann Gottlieb Fichte）[1]在愛爾朗根針對這個主題發表了一系列相當傑出的演說：「論文人的性質（*Ueber das Wesen des Gelehrten*）」。遵循「超越哲學」（Transcendental Philosophy）的費希特是該領域的優秀老師，他首先宣稱：我們在塵世見到或共事的一切事物，特別是我們自己和所有人類，只是一種衣服或感官的外表：他們的本質隱藏在那些底下，即他所謂「塵世的神聖理念」（Divine Idea of the World），也就是「藏在一切外表底下」的真實。費希特說，一般大眾無法在世界察覺這些神聖理念，他們只活在世界的表象、效用和外觀之中，未曾想像那些底下還有任何神聖事物。但文人被送來這裡就是要為他自己辨識、為我們彰顯這個神聖理念的：每一個新世代，它都會以新的用語凸顯自己，而文人就是為此目的來到塵世。這是費希特的詞彙；對此我們無須爭執。這是他取的名字，這個構想至今仍無定名，我想在這裡換種說法，但仍不盡完美：難以言喻的神聖意義，充滿光輝、驚奇和驚駭，藏在每一個人和萬事萬物之中——是創造所有人事物的上帝之顯現。穆罕默德用他的語言說明這件事、奧丁用他的語言教導這件事：這是所有有思想的心靈要來這裡傳授的事物。

因此費希特稱文人為「先知」，或他更中意的「教士」——不斷將神聖揭示給人們：文人是永遠的教士，一代一代教導人類，神仍存在於他們的生活，而我們在塵世見到的一切「外觀」，

1 譯註：費希特（1762 - 1814）是德國唯心主義哲學的主要奠基人物，以往常被認為是康德和黑格爾之間的過渡人物，近年來，因其對自我意識的深刻理解得到注意，地位顯著提升。

只是「塵世的神聖理念」的外衣，還有內涵「藏在一切外表底下」。不論世界是否承認，在真正的文人心中，必有一種神聖：他是世界之光，是世界的教士——像神聖的火柱引領世界在幽暗的朝聖旅途中越過時間的荒野。費希特熱情澎湃地區分真正的文人，即我們這裡所謂「作為文人的英雄」和無數假的、不是英雄的文人。舉凡不完全或僅部分活在這種神聖理念，且不為完全活在其中奮鬥不懈者，就不是文人——且讓他住在他喜歡的地方，享受他喜歡的榮華富貴；費希特說，他是「草包，吹牛者」。或者，如果他生活在平凡的地方，他頂多可能是「寫手」（hodman）；費希特甚至在別的地方說他「無足輕重」（nonentity），總之對他不表憐憫，不希望他繼續在我們之間幸福快樂！這是費希特對文人的看法。那以另一種形式精確表達了我們在這裡要表達的意思。

從這個觀點來看，我認為近百年來最高尚的文人是費希特的同胞歌德。歌德也以一種奇妙的方式被賦予我們所謂抱持「塵世的神聖理念」的生命，他看得到內在的神聖奧祕：而奇妙的是，世界會透過他的書躍然紙上，再次被想像為神聖，是上帝的工藝品和殿堂。那照亮一切，不是穆罕默德那種猛烈、不純淨的火光，而是來自天國的溫和光輝——是在最不崇尚先知的時代裡，名副其實的預言。在我心目中，在這些時代出現過的所有偉大事物中，那雖是最安靜的，但也是最偉大的。在「作為文人的英雄」的典型中，我們的首選是歌德。而對我來說，在這裡討論他的英雄氣概，是非常愉快的計畫，因為我認為他是真正的英雄，他的一言一行都具有英雄氣概，而他沒說、沒做的一切，或許猶有過之。我覺得這是高貴的奇景：一位偉大的英勇古代人，扮成最現代、有高度教養和修養的文人，卻像古代英雄那樣說話和保持沉默！我們沒見過這樣的奇景，過去一百五十年來，我們沒見過這樣的奇景。

但現在，一般人對歌德的看法既是如此，再試著討論他可能毫無效益可言。雖然我可以談，但對你們絕大多數人而言，歌德仍是有疑慮的，朦朧不明的，只能產生虛假的感想。他，我們必須留給將來討論。約翰生、伯恩斯、盧梭，這三位時間更早、所處情況更惡劣的偉大人物，比較適合這裡。三位都是十八世紀的人物，比起歌德在德意志，他們的生活情況更像我們現今英格蘭的狀況。啊，這三位沒有像歌德那樣征服：他們勇敢地奮戰，卻失敗了。他們不是帶來光明的勇者，而是追求光明的勇者；他們生活在煎熬的環境中，在重重阻礙下奮戰，卻無法清晰透澈地表明自己，無法耀武揚威地詮釋那「神聖的理念。」我要給你們看的比較像是三位文人英雄之墓。墓碑上有一大堆紀念物，而這三位精神的巨擘就葬在底下。令人悲切，但也深深吸引我們關注。我們將在他們身上停留一會兒。

近代以來，對於我們所謂的社會混亂狀態，常有人抱怨；許多社會顯要怎麼無法完成工作，多少力量白白浪費、雜亂無章地運作。眾所皆知，這些只是抱怨。但如果我們看看書裡和書籍作者的抱怨，我們會發現這可說是其他一切混亂的總和——像是一顆心臟，種種混亂都由此而出，在世上循環一圈又回去！想想這些作者在世上做了什麼，再看看世界對這些作者做了什麼，我敢說這是當今世界最反常的事了——如果我們要詳盡敘述之，將沒入深不可測的大海，但為了我們的主題，我們還是得看它幾眼。這三位文人英雄生平最壞的境遇是他們發現自己的事業和處境如此混亂不堪。在常有人踩的路上行走尚可忍受，但要在無法通行之處開創一條途徑，就是件艱困的工作，且很多人必須犧牲！

我們虔誠的祖先感覺到人（man）向眾人（men）說話的重要性，設立教堂、捐贈財產、制定規範，使文明世界處處有講道壇，環繞著各種繁複莊嚴的裝飾配件，讓能言善道者得以做最有效利用，對他的夥伴說話。他們覺得這是最重要的事，不這麼做就不會有善行。這是適切的虔誠之舉，他們的虔誠之舉，多麼賞心悅目！但現在，隨著寫作的藝術、印刷的藝術出現，這件事發生劇烈改變。一本書的作者，不就是不光在這個教區或那個教區，在這天或那天講道，而是隨時隨地對所有人類講道的傳教士嗎？當然，不管別人怎麼胡作非為，他做好自己的工作是最重要的——眼睛不能不正確地報告，否則其他器官都會迷路！噢，他是怎麼做他的工作，他做對做錯，或到底有沒有做，世上沒有人費心思量。運氣好的話，對某些試圖賣他的書賺點錢的店主，他或許有那麼一點重要性，對其他人則一點也不重要。他來自何方、去向何處、走哪條路來、哪條路離開，沒有人會問。他是社會裡的偶然。他像狂野的以實瑪利一樣流浪，而在他流浪的世界，他就像心靈之光——正確的指引也好，錯誤的指引也好！

寫作的藝術無疑是人類發明所有事物中最神奇的。奧丁的盧恩文字是這種英雄成就的第一個形式；文字寫出的書籍是更神奇的盧恩文字，是最新的形式！在書裡蘊藏著整個過往時代的靈魂，當過往的軀體和物質通通如幻夢消失，仍是過往清晰可聞的聲音。強大的艦隊和陸軍、港口和兵工廠、偌大的城市、高聳的圓頂、許多發動機驅動的東西——它們何其珍貴，何其偉大，但如今成了什麼？阿伽曼農，好多阿伽曼農、好多伯里克里斯（Pericles）[2]和他們的希臘，全都成了廢墟、斷垣殘壁、無聲淒涼的破瓦殘礫——但希臘的書還在！對每一位思想家而言，希臘仍名副其實地活著，能夠起死回生。沒有比書本更奇妙的神奇盧恩文字了。人類所有的作為、思想、收穫和去處，都神奇地保存在書頁之中。它們是人類精挑細選的財產。

書本，不也像盧恩文字的敘述一樣，仍在實現奇蹟嗎？書本會說服人。偏遠村子裡的傻姑娘，會拿流通得還不錯的小說來讀，而那些有助於制訂她們實際婚禮和日常起居的規章。「希莉亞」這麼認為，「克莉芙」這麼做：愚蠢的生活原則會深深烙印在年輕姑娘的腦海裡，有朝一日將成為穩固的習俗。不妨想想在神話家最狂野的想像之中，盧恩文字是否也像某些書本一樣，在真實的人世間創造過這樣的奇蹟！是什麼建造了聖保羅座堂（St. Paul's Cathedral）？看看這件事的核心，是神聖的希伯來聖書啊——部分是摩西（Moses）的話，他可是四千年前在西奈荒野中照顧米甸人畜群的亡命之徒呢！這奇怪得可以，卻是千真萬確。拜寫作的藝術所賜（印刷術是它

2 譯註：伯里克里斯（約西元前 495 – 前 429）是古希臘影響深遠的政治家和將軍。他在希波戰爭後的廢墟中重建雅典，扶植文化藝術、擊敗斯巴達人、培育民主。他的時代是雅典最輝煌的時代，蘇格拉底、柏拉圖等知名思想家都出自此時。

的一種簡單、無可避免、相對不重要的必然結果），奇蹟對人類真正的統治開始了：它將「過往」、「久遠」和「現今」——所有時間、所有地點和我們的「此時此地」——相連起來，彷彿伸手可及、永遠近在咫尺。一切事物都為人類改變了，所有人類重要工作的模式：教學、講道、統治等等，都改變了。

且讓我們以教學為例。大學是現代一個值得注意和尊敬的產物。大學的存在也因書本的出現產生根本的修正。大學在書本還不可得的時代就出現了，那時人們想得到一本書，可要付出一筆土地。在那種情況下，有知識要傳授的人必須把學習者叫來身邊，面對面指導。如果你想知道亞伯拉爾（Pierre Abélard）[3]知道什麼，你必須去亞伯拉爾那裡聽他講。有成千上萬人，多達三萬人，去聽亞伯拉爾和他的形而上神學。現在，對於任一位有學問要教授的老師，事情方便多了：數以千計熱衷學習的人已聚集在那兒，那兒是對他來說最好的地方。對任何第三位老師來說，教學又更方便了，而教學愈是方便，就有愈多老師過來。現在只需要國王注意到這種新現象，把許多學校合併或集結成一所學校，給它校舍、優待、鼓勵，命名為「大學」（Universita），即「集合所有學科的學校」：巴黎大學的基本特徵就是這樣。這就是日後所有大學的模型，直到今天，六百年後，仍繼續這樣建立。我想，這就是大學的起源。

3 譯註：亞伯拉爾（1079－1142）是法國著名神學家、哲學家、作曲家，一般認為他開創概念論之先河。

顯而易見，因為這個簡單的情況——書籍變得方便取得——這整件事徹頭徹尾改變了。印刷術一發明，所有大學就變形了，或者說，被取代了！現在老師不必再把學生集合到身邊來，就可以向他們講授他的知識了：把那印在書裡，所有遠在天邊的學習者，只要花點小錢，就可以人手一本坐在自家爐邊，學習有效多了！當然，「說話」還是有其特殊價值，就連書籍作者都可能覺得在某些情況下，用說的比較方便——瞧瞧我們現在的聚會！我們可以說，只要人有舌頭，「說話」就會，也必然會跟「寫作」和「印刷」一樣保有清楚的地域。雖然有其他種種，說話仍需保留，在大學也是如此。不過這兩者的界限至今尚未被劃分出來，尚未確定，付諸實行者更少：完全接受「印刷書籍」之存在、像巴黎大學立足於十三世紀那樣明確立足於十九世紀的大學，尚未出現。仔細想想，現今大學，或最高學府能為我們做的，仍是第一所學校就開始做的那件事——教我們閱讀。我們學習用不同語言閱讀各種學科的知識，學習各種書籍的「字母」——基礎知識。可見我們獲得知識，甚至理論知識的地方，就是書籍本身！在各類教授盡力指導我們後，一切還是取決於我們看的書。今天，真正的「大學」就是琳瑯滿目的書籍。

但對於教會而言，如前文所暗示，一切都變了，它的講道，它的工作，都因書籍普及而改變。教會是我們的教士或先知的聯合工作組織，這些人士透過明智的講道引導人們的靈魂。在還沒有「寫作」的時候，甚至是還沒有「不費力的寫作」，也就是「印刷」的時候，要執行這項任務，透過聲音的講道是唯一自然的方式。但現在我們有書了！——能寫一本名副其實的書說服英格蘭的人，不就是英格蘭和全英國的主教和大主教嗎？我說過很多次，報紙、小冊子、詩歌、書本的作者，就是現代國家真正在運作且富有成效的教會。不只我們的傳道，還有我們的崇拜，不都是藉由「印刷書籍」完成的嗎？一個有天賦的靈魂以優美動人的文字為我們表現高尚情操，將旋律帶入我們的心靈——仔細想想，這不就是崇拜的本質嗎？在這混亂的時代，每一個國家都有很多人沒有其他崇拜方式。能以任何方法為我們展現原野中的一朵百合有多美、勝於我們先前所認識的人，不就是在為我們展現美的泉源之流瀉，將偉大宇宙造物主的「書寫」，呈現在我們眼前嗎？他為我們歌唱，讓我們為他歌唱，唱一小段神聖的《詩篇》。基本上是如此。更何況他是唱了、說了、用任何方式讓我們的心靈深刻體認一位弟兄的高貴行為、感覺、勇敢和堅忍！他好似拿聖壇的活炭真正觸及我們的心。也許沒有比這更真實的崇拜了。

文學，只要是文學，就是「自然啟示錄」，揭露「公開的祕密」。按照費希特的風格，這也不妨稱作「持續揭示」塵世與凡間的神聖之物。神聖之物永遠存在於真理之中；這會兒用這種語言，那會兒用那種語言，以不同明晰程度表現出來；所有真實、有天賦的歌者和講者，都在有意無意做這件事。拜倫黑暗、狂風驟雨般的憤慨，如此剛愎，如此乖戾，也帶有這種特質；那位法國懷疑論者[4]凋萎的嘲諷也是——他是在嘲弄虛偽，展現對真實的愛與崇拜。遑論莎士比亞和歌

4 譯註：應指伏爾泰。

德的天體和諧，米爾頓（John Milton）[5]的教堂之音！伯恩斯謙遜、真誠的鳴禽音符裡也有值得注意的——雲雀啊，從低處的田畦飛起，飛越頭頂，直抵那湛藍的深處，在那裡對我們如此真摯地歌唱！所有真摯的歌唱都具有崇拜的性質，正如所有真摯的工作都可以這麼說——這樣的歌唱對我們只是紀錄，一種合適相稱、旋律優美的表現。真正「宗教儀式」和「布道主文」的斷簡殘編，先前被奇怪地掩飾、不為凡人肉眼所見，現在被發現在那座「印刷語言」的白沫汪洋裡起伏翻滾了！那座海洋，我們姑且稱之為文學；書本，也是我們的教會。

現在把焦點轉向人類的政府。「賢人會議」（Witenagemote）：古代的議會，是相當好的機構。國家事務在那裡審議和決定：我們作為一個國家要做的事。如今，雖然議會之名仍在，議事辯論不是以遠比以往廣泛的方式，隨時隨地在議會外面進行？伯克[6]說議會裡有三個階級（Three Estates），但在那邊的記者席裡，有遠比他們重要的「第四階級」。這不是比喻，也不是什麼機智妙語，而是千真萬確的事實——在這個時代對我們至關重要。文學也是我們的議會。印刷——我常說是寫作的必然產物——是民主的同義詞：發明了寫作，民主必接踵而至。寫作帶來

---

5 譯註：米爾頓（1608 – 1674）是英國詩人、思想家，深受人文主義思想薰陶，堅定捍衛共和、反對書報審查，因積勞過度導致雙目失明，名著《失樂園》（*Paradise Lost*）即為失明時創作。

6 譯註：指艾德蒙．伯克（Edmund Burke，1729 - 1797），愛爾蘭裔英國政治家、議員、作家、哲學家。他最為人知的事蹟包括反對英王喬治三世和英國政府、支持美國殖民地及後來的美國獨立革命。

印刷，帶來了普遍、日常、即興的印刷，也就是我們現在看到的。凡是可以說話、現正向整個國家說話的人，都成為一種力量，一種政治分支，在立法，在一切權威行為方面，都具有不可剝奪的力量。這和他屬於哪個階級、收入多寡、穿什麼樣的衣裳都沒有關係；重要的是，他有別人願意聆聽的口才；只有這點，其他都不重要。國家是由國家中所有會說話的人統治：民主就在那裡。另外，所有存在的力量都會自己逐漸組織起來，在束縛、遮蔽、阻礙下暗中運作，除非能夠自由自在、不受妨礙、人人看得見地運作，否則永遠不會停止。實際存在的民主會堅持變成顯而易見的存在。

從各方面來看，我們不得不做成這樣的結論：在人於塵世可以做的事物中，最重要、最美妙也最有價值的莫過於我們叫作「書本」的東西！那些上頭印了黑色油墨的破紙——從日報到希伯來的聖書，有什麼是它們沒做過的，有什麼不是它們正在做的呢！因為，不管那東西的外表如何（我們說了，那是一堆破紙和黑色油墨），說到底，造就一本書不就是人類才能的最崇高表現嗎？人類能有各式各樣的成就，是憑藉人類的思想，真正神奇的美德。他所做的種種，他創發的一切，都是思想的外衣。這座倫敦市，它所有房舍、宮殿、蒸汽機、大教堂、車水馬龍和喧囂騷亂，都不過是一個思想，合而為一的數百萬個思想——廣大無邊的「思想精神」，具體表現在磚、鐵、煙、塵、宮殿、議會、出租馬車、聖凱瑟琳碼頭（St Katharine Docks）和其他東西上！每一塊磚，都是有人想過要燒才燒出來的。而我們稱為「有黑色油墨痕跡的破紙」的東西，更是人類思想所能擁有的最純淨體現。怪不得不管從哪個方面看，它都是最活躍且最高貴的。

以上，也就是文人在現代社會的重要性、至高無上的重要性，以及報刊如何某種程度取代了講道壇、參議院、「評議會」（*Senatus Academicus*）和其他種種，這都早已是公認的事實了；近年來，眾人也常帶著某種勝利和驚奇的情感承認它。我認為，這種「情感」會逐漸讓位給「實際」。如果文人真有如此巨大的影響，真的一代代、甚至一天天為我們執行這樣的工作，那我想我們或可斷言，文人不會永遠都像一群不被承認、毫無紀律的以實瑪利那樣，在我們之間流浪！如我所言，凡具有真正、未被注意的力量者，總有一天會擺脫其包袱和束縛向前邁進，清楚展現其顯而易見的力量。一個人穿著制服、領取薪資，職責卻由別人完成，這種情況一點好處也沒有；這是不對的，這是錯的。然而，哎呀，若要矯正它——這何等艱鉅，要花多久時間啊！確實，我們所謂的「文學同業公會組織」仍遙不可及，仍受到重重阻礙。如果你問我在現代社會中，最適合文人的組織是什麼，是什麼樣的安排、什麼樣的協助與管理能夠最精確地以他們的地位和世界的形勢為基礎——請容許我說，要回答這個問題，遠遠超出我的能力所及！這遠遠超出一個人的能力，需要有更多後繼之士誠摯地關注它，才可能產生接近的解答。最好的安排是什麼，沒人能說得準。但如果你問我，什麼最糟？我會回答：現在的安排最糟，混亂坐在裡面仲裁，這樣最糟。往最好的，或是任何好的安排，還有很長的路要走。

還有一點我不可遺漏：王室或議會給予的獎助絕非最需要的東西！給我們的文人俸祿、捐贈、各種金錢資助，對事情沒有什麼幫助。總而言之，我們已經厭倦金錢萬能的論調了。我會這樣說：對一個真誠的人而言，貧窮不是壞事；文人應該要貧窮——以證明他們是否真誠！托缽修會（Mendicant Orders），一個注定要乞討的好人團體，會被基督教會授予聖職，這是基督精神最自然甚至必要的發展。基督精神本身建立在貧窮、悲傷、矛盾、刑問、世間各種煩惱與墮落之上。我們可以說，不知上述種種、未從中學習他們必須傳授的寶貴課題者，便失掉一個教育的良機。乞討、赤腳行走、穿粗羊毛衣、腰間繫繩、受全世界輕視，這些都不是美好的事情——在任何人看來也不是光榮的事，除非這麼做的人所展現的高貴，使之受到一些人尊崇！

乞討不是我們現在要談的話題，但除此之外，誰說約翰生或許不是正因貧窮才如此優秀？無論如何，他必須了解外在利益，或任何形式的成功都不是他追求的目標。驕傲、虛榮、各種妄自尊大的特質，都在他內心孕育，一如在每個人的心中孕育。這些必須從他的心中驅除——不管會帶來何種痛楚，都必須視為毫無價值的東西從他的心裡撕除、拋棄。富有貴族出身的拜倫，成就甚至不如伯恩斯這一介窮困平民；誰知道在那仍遙不可及的「最好組織」裡，貧窮是否仍是一大重要因素呢？萬一到那時，我們的文人，天生要當「精神英雄」的人，仍跟現在一樣是某種「非自願的僧侶團」，仍注定要過著同樣赤貧的日子呢——直到他們通過赤貧的試煉，直到他們學會也讓赤貧為他們所用呢！金錢的確能做很多事，但非萬能。我們必須知道金錢的活動範圍，不讓它越雷池一步，如果它得寸進尺，就一腳把它踢回去。

另外，假如金錢補助，合宜的補助時機，適合的分配人都安排好了——要如何辨識出哪些伯恩斯應該得到補助呢？他必須通過嚴峻考驗來證明自己。這樣的考驗：所謂文學生活的混亂不堪、顛沛流離——這也是一種考驗！這個概念裡面有明確的真理：人必須奮鬥不懈，從社會較低階層，往較高的地域和報酬爬升。堅強的人在那裡出生，但應該站到別的地方去。這些人形形色色五花八門的奮鬥，構成了——一定會構成——所謂的社會進步。其他人如此，文人也是如此。要如何管理這樣的奮鬥呢？整個問題就在這裡。放任不管，讓盲目的運氣支配；讓一群原地打轉、心煩意亂的原子彼此抵消；每一千個有一個獲救，九百九十九個迷途；你高尚的約翰生在閣樓獨自憔悴，了無生氣，或受到出版商凱夫（Edward Cave）[7]箝制；使你的伯恩斯只能當上稅吏，抑鬱而終、使你的盧梭被激到勃然大怒，用他的悖論點燃法國大革命：這些，如我們說過的，顯然是最糟的管理方式。唉，最好的仍遙不可及哪！

不過它終究會來，無庸置疑，它正向我們前進，只是仍躲在世紀的懷裡：這是我們敢冒險提出的預言。因為，人們一旦察覺一件事物的重要性，就一定會著手安排、促進、助長之，在差不多完成前不會罷手。我認為世界目前存在的所有教士、貴族、統治階級中，沒有任何階級的重要性比得上「全體書籍作者的教士」。這是任何人都看得出，並可從中獲得結論的事實。「文學會

7 譯註：凱夫（1691 - 1754）為英國出版商及編輯，一七三一年創辦《紳士雜誌》（*The Gentleman's Magazine*），曾聘請約翰生撰稿。

自己照顧自己，」皮特先生（Pitt）[8]這麼說，他曾給予伯恩斯一些幫助。「是的，」騷塞先生（Southey）[9]補充道：「它會照顧自己，而如果你不留神，還會管你！」

「文人」個人的結局並不重要：他們只是個人，是偉大整體極微小的一部分，他們可以一如以往，繼續奮鬥，或生或死。但他是將他的光置於高處，依光而行，或是像以前那樣踩在腳下，讓它往荒原的四面八方消散（有可能燎原），對整個社會就有深刻關聯了！光，是這個世界所欠缺之物。將智慧放進世界的腦袋，世界就會打勝仗，成為人所能締造的最好世界。我把這凌亂文人階級的異常稱為所有其他異常的中心，既是產物，也是根源；某些對那不錯的安排會像「生命源泉」（*punctum saliens*）一般孕育新的生命力，為一切做好合理的安排。在一些歐洲國家，例如法國和普魯士，我們見到對文人階級的安排已著手進行，暗示這件事愈來愈有可能。我相信它是有可能的，也非有可能不可。

我聽過關於中國人最有趣的事情，是一個我們尚未明確了解，但在一知半解下仍深感好奇的事情：他們真的試圖讓文人成為政府官員！若說有人真的了解這件事該怎麼做，或那已經達成多大的成就，就未免魯莽了。諸如此類的事情必定非常不成功，但就連一點點成就也彌足珍貴——

8 譯註：指小威廉．皮特（Pitt, William the Younger，1759 - 1806），二十三歲就當上財務大臣。
9 譯註：指勞勃．騷塞（Robert Southey，1774 - 1843），英國浪漫派詩人。

願意嘗試就非常珍貴了！在中國各地，似乎有人多少算是積極地四處發掘年輕一代有天賦的人。人人都可進學校：一種愚蠢的訓練，但總是一種訓練。在較低等學校表現突出的年輕人會被拔擢到較高等、更有利的機構，他們在那裡仍要力求表現——繼續往上爬：政府官員和地方首長似乎就是從這些人挑選。中國政府會先試用這些人，看他們能否管理政事。他們當然被寄予厚望，畢竟他們已經表現出才智。試用看看，畢竟他們沒有管理或行政經驗，也許他們力有未逮，但無疑他們擁有某種理解力——若沒有理解力，沒有人能管理政事！理解力並不是如我們動輒認為的——一種工具，「一隻能操縱任何工具的手。」試用這些人：他們是最值得試煉的。——據我所知，在這世上，還沒有任何類型的政府、憲法、革命、社會機構能如此安排，給予求知慾這麼大的希望。讓有才智的人居高位：這正是所有憲法和革命的目標——如果它們有任何目標的話。因為，如我一再主張、始終相信的，有真正才智的人，是心靈高貴的人，是忠實、公正、有人情味又英勇的人。能得他管理眾人，就得到了一切；得不到他，就算你的憲法豐富如黑莓，每個村子裡都有議會，仍舊一無所得！

這些事情看起來很怪，確實很怪，不是我們平常思索的那些事。但我們已落入奇怪的時代，這些事情需要我們思索，需要化為可行，需要以某種方式付諸實行。這些事，還有其他許多事。我們每個人都聽過那個夠響亮的聲明：說古老的慣例王國已經結束；說一件事物由來已久，已不是繼續存在的理由。那些事情已經腐敗，已經失去效用；在我們歐洲的每一個社會，都有很多人不能再靠以往的事物維生。當數百萬人費盡力氣也無法為自己掙得食物，而「年年都有三分之一的平民有三十六週沒有三等馬鈴薯吃，」那些一直存在的事情就必須準備改變了！——現在我要結束「文人組織」這個話題了。

啊，重重壓迫我們那些文學英雄的禍害，不是缺乏文人的組織，而是一種更深的罪惡：壓迫文人和所有人類的種種罪惡，其實都是從這裡，像從它們的泉源一般冒出來。我們的文人英雄必須披荊斬棘、獨自一人越過那片混沌——把自己的生命和才能留在那裡，為推動開闢新路貢獻一己之力：要是他的才能本身沒有變得如此墮落或麻痺，他或許可以忍受，或許會認為這是所有英雄的共同命運。他的致命不幸是他所屬那個時代的「靈性麻痺」——我們或許可以這樣說，因此，不管他做了什麼，他的人生也是半麻痺的！十八世紀是「懷疑」的世紀，這小小的詞包含了整個不幸的潘朵拉盒子。懷疑論不僅意味對知識懷疑，也是對道德懷疑；是林林總總的不信神、不真誠、靈性麻痺。也許，在世界誕生後你可以確切指明的幾個世紀中，人要過有英雄氣概的日子是比較困難的。那不是信仰的時代——不是英雄時代！某種程度上，英雄氣概的可能性已經被人心正式棄絕了——英雄氣概永遠消失；淺薄、形式和平凡永遠取而代之。「奇蹟時代」曾經出現也好，不曾出現也好，都已不復存在了。這是個貧瘠衰弱的世界，奇蹟、偉大、神格不能存在了——一言以蔽之，這是不信神的世界！

在這個時代，人們的想法有多卑劣，有多膚淺——不用跟信仰基督的莎士比亞們和米爾頓們比，就跟古代北歐異教徒吟唱詩人、跟任何有信仰的人相比就好！那棵活生生的「乾坤樹」，遍布世界的樹枝曾經旋律優美、吐露預言般地搖曳，曾經根深如海拉，已在「世界機器」的噹啷聲中死去。「樹」和「機器」：請比較一下這兩樣東西，我，就我個人而言，要宣稱世界絕非機器！我認為世界的運作不是靠齒輪的「動力」，不是靠自利與制衡，世界有遠比紡紗機的噹啷聲和議會多數更多的東西，總而言之，世界完全不是機器！古代北歐異教徒所抱持「神的世界」的觀念，比這些可憐的機器／懷疑論者更真實：古代異教北歐人是真誠的人。但對這些可憐的懷疑論者來說，世上沒有真誠、沒有真理，半真理和傳聞被稱作真理。真理，對多數人來說，意味「貌似可信」，可用你得到的投票數衡量。他們已經完全失去「真誠是可能的」或者「真誠是什麼」的觀念了。有多少「貌似可信」以純真的驚詫和美德被冒犯的神情問：什麼！我不真誠？我認為那個世紀的特色就是靈性麻痺，除了機械式的生活什麼也不剩。對一般人來說，除非他能愉快地站在他的世紀底下、而屬於前一個世紀，否則就不可能當一位信仰之人、一位英雄；他會毫無知覺地被活埋在那些有害的影響下。對於最堅強的人來說，唯有無止境的奮鬥和困惑，才可能將自己解開一半束縛，以一種宛如著魔而極盡悲慘的方式過著備受折磨的靈性生活，成為「半英雄」！

「懷疑論」是我們給上述種種取的名字，既是主要症狀，也是主要源頭。關於懷疑論能說的太多了！要說明一個人對十八世紀和它的一切的感覺，需要多次談話，而不是一次談話的一小部分。確實，這個我們現稱「懷疑論」的東西，和與它類似的東西，正是黑暗的疾病、生命的大敵，與人類生命濫觴後的所有教誨和論述背道而馳：「信仰」與「無信仰」之爭是一場無止境的戰鬥！我們也不想以控告的方式談論它。懷疑論，就十八世紀而言，我們必須視為舊信仰方式的衰微，是在為未來更好、更廣的新方式鋪陳——是無可避免的事情。我們不要責怪主張懷疑論的人，我們要為他們坎坷的命運哀悼。我們要了解，舊形式的破壞不是永恆實質的毀滅；懷疑論，儘管我們覺得它可悲可恨，但它並非終結，而是起始。

前幾天我偶然談到邊沁對人和人類生命的理論時，碰巧說它比穆罕默德的理論還要貧乏。既然說了，我就得說那是我深思熟慮過的意見。這不是說我們該撻伐這位傑瑞米．邊沁，或那些尊敬、相信他的人。在我看來，邊沁本身，甚至邊沁的信念，都相當值得讚揚。全世界膽小怯懦、要做不做的事，他果斷明快地做了。讓我們面對這場危機；我們不是等死，就是拿出對策。我稱這種粗俗、蒸汽機的「功利主義」是通往新信仰的途徑，那在闡述一套虛言，是在對自己說：「好，既然這世界是一部無生命的鐵機器，它的神是『萬有引力』和自私的『渴望』，那麼讓我們看看，透過制衡，透過善加調整齒輪，我們能做出什麼來！」邊沁主義擁有某種完整、果敢的特質，無所畏懼地忠於它信以為真的觀念；你或可稱之英勇，不過這是眼瞎了的英雄氣概！十八世紀那個要做不做、充斥人類生活的東西，就在這裡達到頂峰，無畏地下最後通牒。在我看來，所有否認神性的人，所有嘴巴說信實則不信的人，如果他們有勇氣、夠誠實的話，一定會成為邊沁派。邊沁主義是沒有眼睛的英雄氣概：人類，像不幸的、蒙上眼的參孫在非利士人（Philistine）[10]的磨坊磨粉，痙攣般緊抓住磨坊的柱子；帶來巨大的毀滅，但最終也帶來解救。我不打算說中傷邊沁的話。

但我確實要說，也希望每一個人明白並謹記在心的是，在宇宙間除了機械什麼也察覺不出的人，正以最無可挽回的方式完全錯失宇宙的奧祕。在我看來，神格徹底消失於人的宇宙觀念，就是人所可能陷入的最嚴酷的錯誤——我不會說這是異教的錯誤來貶低異教。那不是事實；那本質為謬誤。這麼想的人，對於世上所有事物都會錯誤思考，這個原罪會損害他能做成的所有其他結論。我們或許可以說它是最可悲的妄想——比巫術還可悲！巫術起碼還會崇拜活生生的魔鬼；但那個妄想卻崇拜死的鐵塊做成的魔鬼——不拜上帝就算了，甚至連魔鬼都不拜！任何高貴的、神聖的、得啟示的，都從生命中掉落了。生命處處僅剩可鄙的「*caput-mortuum*」——機械的空殼，所有靈魂都消散了。如此，人要怎麼英勇地行動？「動力原理」會教它，生命，在或多或少的偽裝下，除了對愉悅可悲的喜愛、對痛苦的恐懼，什麼都不是；渴望：對掌聲、對金錢、對各種食物的渴望，就是人類生命的終極事實。簡而言之，就是無神論——而這當然嚴厲地懲罰了自己。人，我認為在靈性上麻痺了，這神聖的宇宙成為死的機械蒸汽機，全都透過動力、制衡、和我不

10 譯註：古代居住在迦南南部海岸的民族，為以色列外敵。《聖經士師記》中，參孫與非利士人周旋到底。

知道的東西運作，在這裡面，就好像在法拉里斯（Phalaris）[11]某頭銅牛的腹中——銅牛是他自己設計的，而最後他也在裡面可悲地等死！

我認為信仰是人類心智的健康活動。開始信仰是一個神祕而無法形容的過程——跟所有重要的行動一樣無法形容。我們被賦予心智，不是為了苛責和爭論，而是能夠觀察事物、讓我們清楚地相信、理解事物，繼而著手行動。懷疑，說真的，本身不是一種罪行，我們當然不能直衝出去抓住我們看到的第一樣東西，就馬上相信它！每個有理性的心靈都會對形形色色的對象產生各式各樣的懷疑和疑問，希臘文作「skepsis」。這是心靈對於它想要知道和相信的目標的神祕運作。信仰就是從這裡生出地面，就像樹木從它隱埋的根長出來一樣。而現在，我們需要一個人，即便是對於一般事物，也會讓他的懷疑保持沉默的人，在懷疑某種程度變成肯定或否定之前，不得胡言亂語；關於最崇高的事物，有多少是完全不可能用言語說明的！若有人炫耀他的懷疑，並想像辯論和邏輯（這充其量只是一種告知我們你對某件事物有何想法，你信或不信的方式）就是勝利，就是他所擁有才智的真實成果：啊，這就好像你把這棵樹推倒，不讓我們看它青綠的枝葉和果實，反倒要我們看它醜陋如爪的根朝向天空——沒有成長，只有不斷的死亡和不幸！

11 譯註：法拉里斯為西元前五八〇年西西里島阿克拉伽斯（Acragas）建城不久後的僭主，為人殘暴，據說曾把敵人置於空心銅牛的肚子裡活活燒死。後來被推翻後，他也被人民推入銅牛裡燒死。

如前面所說，這種懷疑論不只反映在智識上，也反映在道德上，是整個靈魂的慢性萎縮和疾病。人是仰賴秉持某個信念而活，不是靠辯論和爭執而活。要是他能夠相信的只有他能放進口袋，以及用某些器官吃進和消化的東西，那就太可悲了！那也未免太低賤了，那些使他變得如此低賤的時代，我們說是最悲哀、最病態也最卑鄙的時代。世界的心臟麻痺了，生病了，它的任一隻手腳又怎可能完整？真正的行動在世界的各領域中停下了，靈巧的模仿行動開始了，世界的工作沒有完成，而它的報酬卻被侵吞。英雄退出了，騙子進來了。因此，自羅馬世界落幕以來——那也是個充滿懷疑論、幻象和普遍墮落的時代——還有哪個世紀像十八世紀這樣處處是騙子呢？想想他們，以及他們對美德、仁慈誇大、多愁善感的吹噓——可恥的詐騙隊伍，以卡廖斯特羅為首！不行騙的人太少了，他們認為騙術是真理的必要成分和合金。查塔姆（Chatham）[12]，我們英勇的查塔姆，全身裹得緊緊、纏著繃帶去議院，他「拖著痛苦不堪的身軀緩緩移動」——然後，沃波爾（Walpole）[13]說，他忘了他正在演病人；在辯論熾烈之際，把胳臂從吊帶裡抽出來，演說般擺動、揮舞！查塔姆自己過著最奇妙的模仿人生，半英雄，半騙子，從頭演到尾。因為這世上的確充斥著騙子，你必須贏得世界的贊成票！世界的職責要如何在這種情況下履行，有

---

12 譯註：指第一代查塔姆伯爵威廉・皮特（William Pitt，1st Earl of Chatham，1708 - 1778），曾任英國首相，前述小皮特之父。

13 譯註：指勞勃・沃波爾（Robert Walpole，1676 - 1745），英國輝格黨政治家，公認為英國史上第一位首相。

多少錯誤（對某些人，很多人來說，這即是失敗、悲哀、不幸）會在各式各樣世界事務中逐漸累積，我們就不必去計算了。

在我看來，當你說這個世界是一個「懷疑的世界」時，就指出它疾病的核心了。一個不真誠的世界、無神的虛假世界！我認為，各種社會瘟疫，法國大革命、人民憲章運動[14]，都是從這裡衍生出來——這是它們的生存要素。這種情況必須改變，若不改變，其他事物就不可能發生有益的改變。我對這個世界所抱持的一個希望、面對世界上的各種不幸時所不可動搖的慰藉，就是世界正在轉變。我們隨時隨地都找得到一個人像古人一樣明白，世界是「真理」，不是「貌似可信」或「虛妄」；明白它是活著的，不是死的或麻痺的；明白世界是活著的，充滿美麗而令人敬畏的神性，甚至跟初創時一樣！只要有一個人明白這點，就會有更多人、直至所有人陸續了解。事實就在那裡，顯而易見，任何願意摘掉眼鏡、誠實觀看的人都看得到！對這樣一個人來說，那個「不信神的世紀」，連同它不受祝福的產物，都已過去；新的世紀已經來臨。舊的不受祝福的「產物」和「成果」，雖看似堅固，卻是幻影，即將迅速消失。他能冷靜地讓到一邊，對所有吵吵鬧鬧、看似非常厲害的「假象」和跟在後頭高喊萬歲的世界說，你不是真的；你不存在，只是表象；你走開！——沒錯，膚淺的形式主義、粗劣的邊沁主義、其他各種非英雄、無神論的不真

14　譯註：指一八三八年到一八四八年發生在英國的群眾運動，由勞動階級發起，他們擬定《人民憲章》，要求實施普選權等政治改革。

誠，都明顯、甚至迅速衰微了。不信神的十八世紀只是個例外——一如不時產生的例外。我預言，這個世界將再次變得真誠，是個信神的世界，有許多英雄在其中，是個英勇的世界！然後它將成為勝利的世界；勝利要到那時才會到來。

但那是什麼樣的世界、什麼樣的勝利呢？關於那個世界，人們已經談論太多了。讓這世界照它的意思發展下去，不論勝利與否，我們每一個人在這裡，不都有自己的人生要過？一段人生：時間在兩個永恆之間發出的小小微光，對我們來說，永遠沒有第二次機會！對我們來說，不要活得像傻子、像假象；活得睿智、活得真實，是好的。世界得救也救不了我們，世界迷失也毀不掉我們。我們要仰賴自己：「待在家中的責任」有相當大的優點！總而言之，老實說，我從未聽過世界會以別種方式「得救」。「拯救世界」的狂熱本身是十八世紀及其感情用事的一部分。讓我們別跟著它走太遠。對於拯救世界，我只相信世界的創造者，並多注意一點自己的得救——這是我較有能力掌控的！——簡言之，為了世界，為了我們自己，我們要慶幸懷疑論、不真誠、機械無神論，以及它們所有有毒的露珠，正在消失，完全消失了。

在約翰生的時代，我們的文人必須在那種環境下生活。那些時代，生命簡直無真理可言。舊的真理幾乎啞口不言，新的真理仍隱而未現、未試著說話。人類在世上的生命是一種真誠和事實，永遠如此，這個道理在塵世的昏暮中，尚未露出端倪。沒有端倪，甚至沒有法國大革命——我們把它定義成再次出現的真理，不過是覆著地獄之火的真理！路德的旅程固然艱辛，卻和約翰生截然不同，前者目標明確，後者仍受到傳統和假設的束縛——雖然現在那些已變得不可置信、難以理解了！穆罕默德反抗的「慣例」是「上蠟、上漆的木頭」，擋路就燒掉；可憐的約翰生的慣例卻難燒得多。——堅強的人一定會找到任務，而這意味艱難、痛苦、必須殫精竭力。但在那樣的環境下，我們可憐的文人英雄要得勝，恐怕比在任何環境都難。不只因為重重阻礙、缺乏組織、書商奧斯朋（Osborne）[15]、一天四便士半的酬勞；不只是這些，更因為他靈魂的光被取走了。人間沒有地標——哎呀，天空沒有北極星，會是什麼模樣！這三位先生都沒有功成名就，我們無須詫異，他們奮戰不懈就值得至高的讚美，就算他們有生之年不是勝利的英雄，我們仍要懷著悲切的同情思量這三位倒下的英雄之墓！他們也是為了我們倒下，為我們開闢道路，他們在與巨人混戰時推倒了高山，而現在，耗盡了力氣與生命，他們就埋在山下。

我已特意或偶然寫過這三位文人英雄。我的想法，你們大多已經了解，不必再說或寫第二遍。我們在這裡關注他們，是因為他們是那個特別時代的特別先知，名副其實的先知，而從這種角度觀之，他們與他們的世界所展現的面向，或許會引導我們做夠深入的思考！這三位人士，我說他們或多或少是「真實的人」：多數時候不由自主、忠實地為真實而奮鬥，讓自己立足於事物永恆的真理之上。光是這點就足以凸顯他們與那些矯揉造作的同代人的不同，也使他們值得被視

15　譯註：指湯瑪斯・奧斯朋（Thomas Osborne，1704 - 1767），曾雇用約翰生在圖書館編書目，有次嫌他動作慢，惹惱約翰生而被一拳擊倒。

為永恆真理的宣揚者，堪為他們那個時代的先知。是自然本身賦予他們成為先知的必要，高貴的必要。他們是如此重要的人，因此不能活在虛幻不實上——在他們底下，雲啊，浮沫啊，一切虛空，都要讓開：他們只立足於結實的土地，沒有找到立足點，他們就不會歇息，不會有規律的動作。某種程度上，他們既是狡詐時代的自然之子，也是有獨創性的「原型」人。

至於約翰生，我一直認為他本質上是我們英國的偉大人物。他堅強又高貴，到最後仍有好多內涵未充分發展；若身在較和善的環境，有什麼是他做不到的呢——詩人、教士、統治者！一般來說，人不該抱怨他的「環境」、他的「時代」，諸如此類，這是徒勞之舉。如果他的時代不好，那他就是來把時代變好的！——約翰生少時貧困、孤獨、無望、非常悽慘。事實上，就算換作最有利的外在環境，約翰生的人生似乎也掙脫不了痛苦。世界也許會從他身上得到更多有利的成果，也許更少，但他對抗世界的努力不可能變得比較輕鬆。自然，為報答他的高貴，曾對他說：活在害病的憂傷環境中吧。而且，說不定憂傷與高貴本來就息息相關，甚至密不可分。無論如何，可憐的約翰生必須一再受到慮病症（hypochondria）折磨、飽嚐身心痛楚。就像海克力士穿著涅索斯（Nessus）燒灼的毒衣，身體被無法治癒的痛苦入侵[16]：那毒衣怎麼也脫不掉，那是

16 譯註：海克力士因妻子黛安妮拉（Deianeira）遭半人馬涅索斯調戲，遂用毒箭射死涅索斯。涅索斯死前誆騙黛安妮拉說自己的血是催生愛情的聖藥，誰穿上便會一輩子忠貞不渝。黛安妮拉信以為真，便讓丈夫穿上，誰知毒液透過涅索斯的血滲入海克力士的皮膚，他想扯下衣服，但那已經與皮肉相黏，再也無法分開。

他自己天生的皮膚啊！約翰生得這樣活下去。讓我們想像他的情況：身患淋巴結核病，又有貪得無厭的求知欲，和難以言喻的思想混亂；在塵世像個異鄉人哀傷地闊步前進，狼吞虎嚥地吃下他碰到的精神食糧：如果沒有更好的東西，連學校的語言和其他語法的東西都不放過！那是全英國最偉大的靈魂，但給這個靈魂的食糧是「一天四便士半。」但那是巨大、所向披靡的靈魂：一個真實的人的靈魂。我們永遠記得牛津鞋子的故事：冬天，這位外表粗俗、長相醜陋、骨瘦如柴的大學工讀生（college servitor）穿著磨破的鞋子走來走去；有位慷慨的特別自費生（gentleman commoner）偷偷把一雙新鞋放在他門口；而這位骨瘦如柴的工讀生，把鞋拿起來，湊近，用他模糊的眼睛看，不知作何感想——立刻把鞋子扔出窗外！寧可濕著腳，泥濘、結霜、挨餓，也不乞討：我們不能忍受乞討！我們在這裡看到無禮、固執、自立自強；世界盡是卑鄙、粗魯、混亂的不幸與不足，但也有高貴和男子氣概。那就是此人人生的縮影：把鞋子扔出去。這個人保有獨創性——不是個二手貨，不借貸、不乞討。讓我們無論如何都要站在自己的基礎上！穿我們自己能夠得到的鞋。如果你願意，就踩在霜泥上，但要誠實——踏在自然賜予我們的現實和實質，不要踩在假象上，踏在她給別人、不是給我們的東西上！

他雖有這種男子氣概和不求人的嶙峋傲骨，但又有哪個靈魂能對比自己崇高的事物展現更溫柔的深情、更忠誠的服從呢？偉大的靈魂對高於自己的一切始終忠實地順從又崇敬；渺小卑鄙的靈魂則不然。前幾天我講過的那句話，我找不到更好的證明了：真誠的人本質上是服從的人，唯有在英雄的世界，才會對英雄氣概表現忠誠的服從。獨創性的精髓不在於新穎；約翰生相信舊的，他覺得舊的意見可以相信且適合他，而以英雄的態度活在舊意見之下。他在這方面值得研究。因為我們將要指出，約翰生絕非拘泥文字和慣例之人，他是順應真理和事實之人。他遵循舊慣例，他能這般遵循，對他而言比較快樂：但讓他遵循的慣例必須有最真的實質。令人好奇的是，在那個可憐的紙的時代，如此貧瘠、造作、迂腐、道聽塗說的時代中，偉大的宇宙事實，永遠美好、不容置疑、難以言喻、有天堂也有地獄的事實，竟也能耀眼地照射在這個人身上！他是怎麼讓他的慣例與之和諧，是如何設法在這樣的環境做到這一切，這值得我們觀察。值得我們「懷著崇敬、憐憫、敬畏，仔細觀察。」那間丹麥聖克萊蒙教堂（St Clement Danes），即約翰生在伏爾泰的年代仍在做禮拜的場所，對我來說仍是令人肅然起敬之地。

約翰生是一名先知，他具有真誠的美德，儘管是以當時流行的矯情語言，卻依然說出自然的肺腑之言。所有語言不都是矯情的、「人造的」嗎？但人造的語言未必都是虛偽的——每個真實的自然產物都需要化為某種形式表現；我們或許可以說，所有人造之物起初都是真實的。我們稱為「慣例」的東西一開始並不壞；它們必定是好的。慣例是方法，是習慣；有人的地方就有慣例。慣例之形成猶如小徑，猶如被踏出的道路，通往許多人嚮往的神聖或崇高目的地。請仔細想想：一個內心充滿誠摯衝動的人，發現一條可以做些什麼的途徑——不論是吐露靈魂對至高者的崇敬，或只是向同胞適當地致意。我們需要發明家來做這件事，一位詩人，他會明確有力地表達自己和許多人心中朦朧、掙扎的想法。這便是他做那件事的途徑，這些是他的足跡，是一條「道路」的開始。現在你看：第二個人很自然跟著前人的足跡走，這是最簡單的方法，跟著前人的足跡；但也加以改良，做些看起來不錯的改變。無論如何都會拓寬，路會愈走愈寬——直到變成一條康莊大道，全世界都能行駛其上。若遙遠的盡頭仍有城市或聖殿，或任何可驅向之真實，這條大道就會受到歡迎！若城市不復存在，我們就會捨棄這條道路。世上所有制度、習俗、規章都是這樣生成和消失。慣例一開始全都是實質，你可以稱之為皮膚，是本已存在的實質表現成外形、四肢和皮膚：否則這些東西根本不會出現。偶像，如前面說過的，在對於崇拜者的心靈變得可疑、空洞之前，並非偶像崇拜。雖然我們說了很多反對慣例的話，但我希望大家都要認識真實慣例的崇高意義，他們從前是、未來仍會是我們棲居的這個世界裡最必不可少的家具。

也請注意約翰生並不誇耀自己「真誠」。他未曾懷疑自己特別真誠——未曾懷疑過自己特別怎麼樣！他艱苦奮鬥、身心俱疲，他是如他自稱的「學者」，在世上努力過誠實的生活，不要挨餓，但要活下去——不偷不騙！他心裡有一種高貴的無意識。他沒有「把真理刻在他的懷錶外殼上；」沒有，但他奉行真理，依循真理說話，依循真理工作和生活。因此真理永遠存在。再想一想，自然會指派誰來做偉大的事情？這個人首先要對自然率真坦誠，而這會使他無法不真誠！對他寬大、開闊、深刻的心靈而言，自然是「事實」；所有傳聞都是傳聞；「生命奧祕」難以言喻的偉大——他認清了也好，未認清也好，看似忘了它或否認它也好——永遠呈現在他面前，這方面或那方面，可畏又美好。他有真誠的基質，尚未意識到，因為從未質疑，也不可能質疑。米拉波、穆罕默德、克倫威爾、拿破崙——所有我聽過的偉大人物都有真誠作為他們的首要原料。無數凡人到處辯論他們的平凡教條，那些他們透過邏輯，透過死背硬記學來的二手貨，對這一類偉人而言，這不值一哂。他必須擁有真理：他感覺為真的真理，否則他要如何立足？他整個靈魂時時刻刻，會以各種方式告訴他，他沒有立足點。他非真實不可，他有此高尚的必要。約翰生對世界的想法與我不同，正如穆罕默德的想法與我不同：但我看出兩人都有「誠心」這個不朽的要素，也很高興地看到兩人至今都沒有失去效用。兩人都不是粗糠，這塊田會從兩人身上長出東西來。

約翰生是他的人民的先知，向他的人民宣揚福音——像他這樣的人必得如此。他宣揚的至高福音，我們或可形容成一種「道德審慎」（moral prudence）：「在這個世上，要做的事情很多，必須知道的事情卻很少，」看看你要怎麼做！「在這個世上，要做的事情很多，必須知道的事情卻很少：」不要讓自己沒入無邊、無底的懷疑深淵，遺忘上帝、不信神的不幸深淵——否則你將陷入痛苦、無力、瘋狂：這樣要怎麼做事呢？約翰生宣揚、教導這樣的福音——且在理論和實務上和另一個偉大的福音結合：「清除心中的虛言！」別跟虛言來往：如穆罕默德所言，就算要在冰天雪地裡站在冰冷的泥濘上，也要穿著你自己真實的破鞋：「那樣對你比較好。」我稱這個，稱這兩種結合在一起的福音為偉大的福音，或許是當時最偉大的福音。

約翰生的著作曾風行一時、名聞遐邇，年輕一代卻跟它們斷絕來往。約翰生的意見很快過時並不令人驚奇，但他的思考和生活方式，我們希望永遠不會過時。我在約翰生的著作中見到偉大才智和偉大心靈明確無疑的痕跡——不論遭遇什麼樣的阻礙或曲解，永遠會受歡迎。那些都是真誠的話語，他的肺腑之言；他說那些話都是有意義的。一種奇妙的拘謹風格——當時他能夠採用的最好風格；一種適度的浮誇，以非常嚴肅的方式跨步，或說闊步前進，就算現已過時，有時會有與內容不成比例的誇張措辭，這些你會容忍；因為他的措辭，誇張也好，不誇張也好，都言之有物。有好多好多華麗的風格和書籍，卻毫無內容——寫這種東西的人，是世界的罪人！我們能避則避！要是約翰生只留下他的字典，我們或許還是可以探出字典裡有一位偉大的才子、真誠的人。看看那部字典裡的定義多麼明確，內容多麼穩健、扎實，它深刻的理解和成功的方法，或可稱作史上最好的字典。這部字典裡有一種建築的高貴，它像一棟雄偉、堅固、結實的大廈屹立著，精緻細膩、完美對稱：你可以判斷這是一位真誠的建築師所建。

雖然時間緊迫，但我們不得不簡單說一下博西（Bozzy）[17]這個人。一般認為他是個卑鄙、自大、貪吃的傢伙，很多方面確實如此。但他尊敬約翰生的事實永遠值得一提。這位愚蠢、自負的蘇格蘭地主——那個時代最自負的人——竟如此畢恭畢敬地來到鄙陋的閣樓見這位一身灰塵、

17 譯註：指博斯韋爾，《約翰生傳》的作者。

暴躁易怒的「學究」：這是對「卓越」發自內心的尊敬；在一個據推測既無英雄也無崇拜的時代，對「英雄」發自內心的崇拜。這樣看來，英雄永遠存在，某種對英雄的崇拜也永遠存在！我們還要冒昧地否認那位睿智法國人的話，他說：沒有人能成為他侍從眼中的英雄。若真是如此，這不是英雄的錯，而是侍從的錯：那位侍從的靈魂是卑賤僕人的靈魂！他指望他的英雄要穿著宮廷華服露面，踩著斯文的步伐，後面有人捧著裙擺，前面有人吹奏小號開路。這句話該這樣說：沒有人在他的侍從眼中是偉大的君主。讓你的路易十四脫掉他國王的外衣，就只剩下一塊可憐的、有椏杈的蘿蔔，上面有著一顆刻得奇形怪狀的頭[18]——沒有侍從會傾慕。侍從就算看到英雄也認不得！是啊，認不得：唯有英雄才能識英雄——而就此和其他意義上而言，這個世界最欠缺的就是慧眼識英雄的人了。

總之，我們是否可以說，博斯韋爾的傾慕給對了人，他在全英格蘭可能找不到這麼值得讓他屈身彎腰的靈魂？我們是否可以說，這位偉大、憂傷的約翰生，也明智地引領自己過著困苦混亂的一生，且引領得很好，正像個英勇的人？他對著述這一行的荒蕪混沌、懷疑論的荒蕪混沌——對於宗教及政治、生命理論和實務——毫不懷疑；在貧困、灰塵、昏暗中，拖著病軀穿著破衣，在其中安身立命，就像個勇者。永恆之中並非完全沒有北極星，他仍將那顆北極星，視作為一切

18 譯註：這是莎士比亞《亨利四世》第二部中第三幕的句子。

所需的勇氣：他的眼鎖定那顆星，在塵世的時間之海，他絕不會為那混亂渦流裡的任何東西改變航線。「忍受著死亡與飢餓，他絕不向謊言的幽靈豎白旗。」勇敢的老山繆爾：最後的羅馬人（*ultimus Romanorum*）[19]！

對於盧梭和他的英雄氣概，我沒有那麼多話可說。他不是我所謂堅強的人。他憂鬱纏身、容易激動、不時痙攣，頂多只能算熱切，稱不上堅強。他沒有「沉默的天分」：一種彌足珍貴的天分，很少法國人，或說很少近代人，善於沉默！受苦的人其實是在「耗用他自己的煙」，一直把煙噴出來沒什麼好處，除非你已經讓它變成火——而就隱喻的意義而言，所有的煙都能變成火！盧梭無深度亦無廣度，難以保持平靜；而平靜是真正偉大的首要特質。稱激烈和死板為力量，實在是天大的錯誤！癲癇發作的人稱不上強大，雖然六個人也抱不住他。能在最沉重的壓力下行走而不搖晃，才是堅強的人。我們永遠需要提醒自己這點，尤其是在這些高聲喧嚷的日子。在說話與行動的時機到來前無法保持平靜的人，不是正直的人。

在我看來，盧梭的面孔充分表現了他自己。他臉上流露著崇高但狹隘的熱烈：骨骼突出的額頭、嵌在地峽般的深邃眼睛，眼神迷亂——迷亂，卻又殷切而銳利。一張布滿痛苦的臉，甚至是卑賤的痛苦，也充滿反抗痛苦的敵意；帶點鄙陋，帶點粗俗，唯有熱烈能補救：可說是一張「狂

19　譯註：古諺，暗示某一人的死代表一種羅馬精神消失。

熱分子」的臉——一位氣量狹小得令人惋惜的英雄！我們在這裡把他列出來是因為，雖然他有不少缺點，卻具備英雄的首要特質：他由衷誠摯。若世上有誠摯之人，那非他莫屬：一如法國哲學家都不是。而且，我們可以說，相對於他敏感甚至軟弱的天性，這份誠摯顯得太巨大了；而這份誠摯最後迫使他陷入最怪異的前後不一，幾乎精神錯亂。最後，他陷入某種瘋狂狀態：他的思想像惡魔般纏住他，時時催逼著他，迫使他越過陡峭的地方——

盧梭的缺陷和痛苦，我們可輕易用一個詞概括：自我本位（Egoism）；這確實是所有缺陷和痛苦的來源與總和。他無法使自己完美到戰勝欲望；各種卑鄙的渴望仍是他的原動力。他恐怕是個非常虛榮的人，渴望他人讚美。還記得讓尼斯（Genlis）[20]與他同行的經歷嗎？她帶讓・雅各進劇院，他希望保持低調、暗地行動——「他不想在那裡被全世界看見！」簾幕不巧被拉到一旁，正廳後座觀眾認出他來，但沒有特別關注！他表現出最激烈的憤怒，整晚悶悶不樂，除了幾句粗話，什麼也沒說。那位能言善道的伯爵夫人始終相信他不是因為被人看到而憤怒，而是因為被看到時沒有得到喝采。這個人的天性中了多深的毒啊，除了懷疑、自我孤立和各種激忿不平，沒有別的了！他沒辦法跟任何人一起生活。有個鄉下出身、地位不低的人常去拜訪他，常與他同

20 譯註：指讓尼斯伯爵夫人史蒂芬妮・菲麗希緹（Stéphanie-Félicité de Genlis，1746 – 1830），十八、十九世紀法國重要女性作家、音樂家和教育家，在重要作品《艾黛兒與希奧多》（*Adelaide and Theodore*）中表達其教育理念及女子教育主張，有深受盧梭影響，亦有批判盧梭學說之處。

坐、對他表達無限崇敬和景仰；這天他又來了，看到讓・雅各不知怎地心情惡劣至極。「先生，」讓・雅各說，眼中怒火熊熊：「我知道你為何而來。你是要來看我過得多貧窮，我可憐的鍋子裡滾煮的東西多麼少。好啊，你去看！有半磅肉、一條胡蘿蔔和三顆洋蔥，就這樣：如果你想，就去告訴全世界吧，先生！」——這種人陷得太深了。從可憐的讓・雅各的種種誤解扭曲，整個世界獲得不少軼事趣聞，除了博君一笑，也為戲劇所用。哎呀，對他來說，這些可不是笑料或戲劇，是無比真實的事！一位鬥劍士垂死掙扎、面容扭曲，把露天劇場擠得水洩不通的觀眾看得樂不可支，鬥劍士本人卻痛苦不堪，等死。

但我們認為，這位盧梭，以他對母親熱情的呼籲，以他的《社會契約論》（*contrat-social*），以他對自然，甚至自然原始生活的讚頌，的確再次觸及真實、掙扎著走向真實，是在向他的時代履行先知的職責，盡他所能，盡時代所能！說來奇怪，穿過這些污損、墮落和幾近瘋狂，盧梭的內心深處竟有真正來自天國的火花。再一次，從凋萎的偽哲學、懷疑論和戲謔的環境中，這種無法根除的感覺和念頭又在這個人心底油然而生——我們的生命是真實的：不是懷疑論、定理或戲謔，而是事實，令人敬畏的真實。自然向他做了那樣的啟示，也命令他說出來。他說出來了，如果不能說得動聽而清楚，就說得難聽而模糊——盡可能清楚就好。他的種種過錯和剛愎，甚至包括偷緞帶、漫無目標而混亂的痛苦和流浪生活，如果我們加以善意地詮釋，那不就是一個人被派來執行他太軟弱而無法勝任的使命、走他尚未發現的途徑，因此一再產生的遲鈍、目眩和步履蹣跚嗎？人走上陌生的途徑啊，我們該容忍這樣的人，對他抱持希望，讓他試著去做他要做的事。只要生命延續著，希望就為每一個人延續著。

對於盧梭仍為其國人大加讚頌的文學天分，我不打算多說。他的著作，一如他的人，我覺得並不健康，不是屬於好書那一類。盧梭貪圖感官滿足。與他的絕頂才智結合，那構成一幅幅華麗迷人的圖畫，但不是真正的詩，不是白日陽光，而是某種類似歌劇的東西，一種玫瑰粉色、人造的俗豔。那是從他那個時代以來的法國人間常有，甚至普遍的特色。斯塔爾夫人（Madame de Stael）[21]有一點；聖皮埃爾（St. Pierre）[22]有一點；一路到今天令人吃驚痙攣的「絕望文學」（Literature of Desperation），隨處可見。那種玫瑰粉不是適當的色澤。看看莎士比亞，看看歌德，甚至司各特！仔細觀察過這點的人，就能看出「真實」與「偽真實」的差異，以後也能加以區別。

我們從約翰生身上可以看出一位先知在各種不利與混亂之下，能為世界完成多少好事。在盧梭身上，我們看到在這種混亂下，可能會有為數驚人的惡，伴隨善而來。就歷史而言，盧梭的一

21 譯註：全名 Anne Louise Germaine de Staël-Holstein（1766 - 1817），以斯塔爾夫人聞名於世，。法國小說家及散文家，曾推廣德文寫作的浪漫主義作品，並針對盧梭、文學與社會制度、法國大革命等主題撰文。

22 譯註：全名 Jacques-Henri Bernardin de Saint-Pierre（1737 – 1814），法國作家、植物學家，著作《保羅和維爾吉尼》（*Paul et Virginie*）是十九世紀著名兒童讀物。

生是最多采多姿的場景：被放逐到巴黎的小閣樓，只有他自己的思想和貧困陰鬱地陪伴他；被迫四處奔走，心浮氣躁、怒火中燒，直到他的心失去理智，他逐漸深深體會這世界不是他的朋友，世界的法律也不是。如果有可行之道，別逼這樣的人與世界為敵是好事。他可以被關進閣樓，被當成瘋子嘲笑，像籠中野獸一般任其挨餓——但沒有人能阻止他放火燒了這世界。法國大革命在盧梭身上找到它的福音傳播者。他對文明生活的不幸所做的半精神錯亂的思索、他中意原始勝於文明等，都有助於在法國各地產生一種精神錯亂的狂熱。誠然，你可能會問，這個世界，這個世界的統治者，該拿這樣的人怎麼辦？很難說世上的統治者們該拿他怎麼辦！他可以拿他們怎麼辦，倒是不幸地明確多了——把他們通通送上斷頭台！盧梭就說到這裡。

這現象令人好奇：在凋萎、不信神、全是二手思想的十八世紀，一名英雄裝扮成勞勃．伯恩斯，從那些假人贗品之間一躍而起。就像礫石沙漠裡的一小口井——像人造的沃克斯豪爾突然射出天國的光輝！人們不知該作何理解。他們把那看成沃克斯豪爾施放的煙火。哎呀，它讓自己被如此看待，雖然它半盲目地掙扎，垂死掙扎般對抗那種看法！或許沒有第二個人受到同伴如此謬誤的對待了。又一次，又一場浪費的生命戲劇在世間上演。

大家都很清楚伯恩斯一生的悲劇。我們當然可以說，如果既得地位和應得地位之間的不一致會構成人類命運的乖舛，恐怕沒有誰的命運比伯恩斯更多舛了。在十八世紀那些二手劇中人物——多半是丑角——之中，再次出現一位有獨創性的「原型」偉人；一個抵達永恆的深處，和人類中的英雄並肩而立的人：他卻出生在艾爾郡（Ayrshire）一間窮困的小屋。所有英國人之中最偉大的靈魂竟以刻苦蘇格蘭農人的姿態來到我們之間。

他的父親，貧窮的勞苦百姓，嘗試過很多事情，沒有一樣成功，還捲入接連不斷的困厄之中。那位管事，蘇格蘭人稱為「代理人」（factor），常送信和威脅來，伯恩斯說：「使我們全都淚流滿面。」「我們」，包括這位勇敢、胼手胝足、刻苦耐勞的父親，與他勇敢、如女中豪傑的妻子，以及那些孩子——勞勃就在其中！這塵世雖如此遼闊，卻無他們棲身之處。那些信「使我們全都淚流滿面」：想想看。這位勇敢的父親，我一直這麼說——是位沉默的英雄和詩人；沒有他，這個兒子絕不會是善於表達的英雄和詩人！伯恩斯的老師後來來到倫敦，認識了所謂好的社會，卻宣稱在他參與過的聚會中，最快樂的莫過於和那位農民在爐邊閒聊。而他貧瘠的「七畝苗圃」——那裡，或那塊劣質黏土田，或任何他試過的謀生方式，都沒有使他發達；他一輩子都在打一場艱苦而不平等的仗。但他英勇地挺到最後：好一名睿智、忠實、不屈不撓的男子——每天默默吞下多少苦痛折磨，像個無名英雄一樣奮戰——沒有人在報紙上頌揚他的高貴、賜予他片片銀盤！但他沒有迷失，他沒有任何損失。勞勃就是他的成果——以及許多像他這樣的世代共同造就的成果。

這位伯恩斯在各種不利的條件下現於世：未受教育、貧窮、生來只能做苦力；要寫作時，只能用他居住的小鄉下能懂的粗俗方言。倘若他能用正統英文寫作，甚至就寫他寫過的東西，我相信他早已被公認為，或能夠成為我們最偉大的人物之一。他能誘使這麼多人穿過他的方言的粗硬外殼，就是內含不凡之物的證據。他已獲得相當程度的肯定，且持續在我們廣大薩克遜世界的所有地區贏得肯定：在每個講某種薩克遜方言的地方，這件事開始經由這個人和那個人的檢視為人了解：十八世紀最重要的薩克遜人之一，是名叫勞勃．伯恩斯的艾爾郡農人。是的，我認為這也是一塊適切的薩克遜原料：強硬如哈茨（Harz）[23]的岩石，根植於世界的深處——雖是岩石，裡面卻有活生生的溫柔之井！一陣狂野、奔騰，洋溢熱情和才能的旋風靜靜在那裡休眠，如此神聖的優美旋律蘊藏在它的內心。高貴、粗獷的真誠；質樸、鄉土、誠實；單純、簡樸的力量；有雷電般的火，也有溫柔如露珠的憐憫——就像古代北歐的索爾，是作為農人之神！

伯恩斯的弟弟吉伯特（Gilbert），一位明理的才德之士，曾告訴我，勞勃年輕時雖然艱困，但說話總是輕快爽朗，是個酷愛嬉鬧、歡笑、理性感性兼具的人；昔日在泥塘切割泥炭或做類似事情時，遠比後來他所知道的勞勃來得快樂。他說的我相信。這種歡笑的基礎（老米拉波稱為「*fond gaillard*」），陽光、愉悅的根本要素，搭配他其他深刻、誠摯的性格，正是伯恩斯最迷人的特質。他心中抱持無限希望；雖一生悲慘，他卻不會哀痛悲切。他勇敢瀟灑地把悲傷甩到一邊，躍過悲傷、戰勝悲傷，就像獅子抖落「鬃毛裡的露珠」，像風馳電掣的馬譏笑著搖動的矛——確

23 譯註：德國中部山脈名。

實，伯恩斯擁有的這種希望、歡樂，不正是他性情溫暖寬厚的產物嗎——對每一個人來說，這些不都是一切的濫觴嗎？

若我說伯恩斯是他那個時代最有天賦的英國人，你會覺得奇怪；但我相信這種說法萬無一失的日子就要來臨。他的著作，他在重重阻礙下所做的一切，只是他的吉光片羽。史都華教授（Professor Stewart）[24]說得非常公道，事實上適用於所有優秀詩人：他的詩沒什麼特別的技能，而是一個天生活力充沛且具獨創性的心靈自然表達的成果。伯恩斯表現於談話中的天賦，是所有聽過他說話的人津津樂道的話題。各式各樣的天賦：從最優雅的謙恭言辭，到最慷慨激昂、熱情如火的言論；歡笑的澎湃洪流、深情的溫柔哭泣、簡潔的強調、透澈的洞察，這些全都在他身上。機智的伯爵夫人盛讚他的話「會令她們忍不住手舞足蹈起來。」這很美，但更美的是洛克哈特先生（Lockhart）[25]所記錄的事情，我曾不只一次提及的那回事：客棧的侍者和馬夫怎麼趕緊下床成群湧向伯恩斯聽他說話！侍者和馬夫——他們也是人，而這裡有個人！我聽說過很多關於他說話的事，但最好的一段是去年從一位和他長年熟識的可敬紳士那裡聽來的。他的言談為人稱道是因為那永遠言之有物。「他講話寧少不願多，」那位老先生告訴我：「之前，他會靜靜坐在

24 譯註：指蘇格蘭哲學家杜加爾德・史都華（Dugald Stewart，1753－1828），今被視為後來蘇格蘭啟蒙運動最重要的人物之一，他曾注意到伯恩斯的詩。

25 譯註：指約翰・吉布森・洛克哈特（John Gibson Lockhart，1794－1854），蘇格蘭作家及編輯。

地位比他高的人士之間，一旦開口說話，就會對議題提出新的見解。」我不知道為什麼有人不那樣說話！——如果我們看看他靈魂的力量，他每一方面的健全，蘊藏內心的粗獷率真、洞察力、英勇和男子氣概——我們還可以上哪兒找到更有天賦的人呢？

在十八世紀的偉人中，有時我會覺得伯恩斯像米拉波勝於其他人。兩人的衣裝當然截然不同，但請從本質看看他們。他們的靈魂，一如軀體，有同樣強壯、深厚的力量——身心都建於老侯爵所謂「*fond gaillard*」的基礎上。就本性——因教養和民族性不同——米拉波盛氣凌人得多，比較喧鬧、放肆、不得安寧。但誠實和理性也是米拉波的特質，他也富有真正的洞察力、卓然的眼界。他說的話值得人們謹記，那像靈光一閃，卻鞭辟入裡：兩個人都這樣說話。兩人有同樣燎原的熱情，也都能展現最溫柔高貴的情感。機智、大笑、活力、直接、真誠：這些都在兩人身上。兩人的類型也非全然不同。伯恩斯應該也善於治理，善於在議會辯論；可以參與政治——多數人沒辦法做的事。啊，就是在索爾韋灣（Solway Frith）查緝走私帆船時必須展現的勇氣；在很多言語無法適切表達，只可能流露難以言喻的憤怒的事情保持沉默；這便足以發出怒吼，把傳令官德．布雷澤（de Breze）之類的人趕出去[26]，足以在治理王國、在值得懷念的偉大時代管理政

26 譯註：布雷澤曾銜路易十四之命解散法國國會，米拉波大發雷霆，把布雷澤趕出國會，拒絕被解散。作者認為伯恩斯的勇氣一如米拉波。

務時，讓所有臣民看見！但他們，他的長官責備他說：「你是來工作，不是來思考的。」我們不需要你的思考才能，哪怕那是這個國家最偉大的；你是來這裡測量啤酒的[27]，你只需要做這個。非常明顯——且值得一提——雖然我們知道他要怎麼說、怎麼回答！彷彿思想，思考的力量，在所有時候，所有地方，世界所有情勢下，都不是我們需要的東西。致命的人，不就是沒有思想的人，無法思考、無法看清的人——只能摸索，只能幻想和錯看他工作的本質？他錯看了，誤解了；把那看作某件事，實際上是另一件？讓他像個無用之人站在那裡！他是致命的人；難以形容的致命，卻位居人類的高位。——「幹嘛抱怨這個？」有人說：「力量總是可悲地無用武之地，自古就是如此。」無庸置疑；我這麼回答：而這對用武之地而言更為糟糕！抱怨無益，說出真相則可能有益。歐洲，以及它剛爆發的法國大革命，不需要伯恩斯，除了讓他測量啤酒——這種事我高興不起來！

我們必須在這裡再說一遍：伯恩斯的首要特質是真誠。他的詩如此，他的人生也是如此。他唱的歌不是空想，是他感覺到的事物，是真的在那裡的；他的歌最大的優點，一如他的一切，他的人生，是真實。伯恩斯的一生就是我們所謂偉大的、命運多舛的真誠。一種原始的真誠——並不殘酷，絕非如此；而是狂野的，赤身裸體與萬物真理搏鬥的真誠。就這個意義而言，所有偉大

27 譯註：伯恩斯曾在一七八九年被任命為海關人員。

人物都具有某種原始的特質。

英雄崇拜——奧丁，伯恩斯？嗯，這些文人也值得一種英雄崇拜，只是那現在已陷入一種奇怪的狀態！蘇格蘭客棧的侍者和馬夫在門外窺探，亟欲捕捉伯恩斯的隻字片語，這就是對這位英雄不自覺的崇敬。約翰生有他的博斯韋爾崇拜他；盧梭有夠多崇拜者；王公貴族到他鄙陋的閣樓拜訪他；重要的人、美麗的人向這位貧窮的狂熱者表示崇敬。對他來說這是一種極不祥的矛盾，這個人生命的兩極無法達成和諧。他和大人物同桌，卻必須抄樂譜維生，甚至沒辦法抄寫自己的樂譜：「到外面謀生，」他說：「就會有在家餓死的危險。」這對崇拜他的人來說也是最大的疑問！如果英雄崇拜做得好不好是測試一個世代幸福不幸福的指標，我們是否可以說，這幾個世代是最好的呢？——但我們的文人英雄確實在教導、在治理，是國王，是教士，或任何你喜歡的稱謂；基本上沒有任何方法可以阻止英雄崇拜。世界必須服從在世界思考、觀察的人。世界可以改變英雄崇拜的方式，可視為受祝福的夏日陽光，或不受祝福的黑雷和龍捲風——對世界的益處有難以言喻的差異！英雄崇拜的方式固然多變，它的事實卻非天底下任何力量可以改變。光；或者沒有光時，就用閃電——世界可以自己做選擇。重要的不是我們要叫奧丁神、先知、教士或我們以他的名稱呼之，而是我們是否相信他告訴我們的話：這才是一切的關鍵。若是真實之言，我們就必須相信，既然相信，我們就必須去做。我們要給他或它什麼樣的名字或歡迎，主要是我們自己的事。它，新的真理，「宇宙奧祕」新的、更深的揭露，本質是來自上天的信息，我們必須，也終將服從它。

最後我要說的是伯恩斯一生中最值得注意的時期——他造訪愛丁堡時。我常覺得，他在那裡的風采最能證明他是如何結合才智與真正的男子氣概。仔細想想，人力所能承受的負擔，不可能比他更重了。如此突然、如此普遍的「吹捧」，毀掉無數人的遭遇，對他卻毫無影響。彷彿拿破崙成為王者不是循序漸進，而是從拉費勒軍團（Regiment La Fere）的砲兵中尉一舉稱帝。現年才二十七歲伯恩斯不再是農夫了；他要前往西印度逃離恥辱和監牢。這個月他還是潦倒的農人，一年工資七鎊，而且連這些也保不住；下個月他就加入顯貴、美人光彩奪目的行列，攙扶珠光寶氣的伯爵夫人去晚宴，成為萬眾矚目的焦點！逆境有時令人難熬，但有一個人享受榮華富貴，就要有一百個人忍受逆境。我欽佩伯恩斯因應種種境遇的方式，我們或許指不出還有誰曾受過如此嚴厲的試煉而不失本心。平靜，毫不驚訝，不卑不亢，不手足無措，不矯揉造作：他感覺他就是勞勃・伯恩斯；「地位不過是個一基尼的郵戳」（rank is but the guinea-stamp）；名氣不過是燭火，只會照映出一個人的外貌，一點也不會使他變成別的或更好的人！啊，除非小心留意，名氣反而可能使他變壞，變成討厭的自我膨脹之輩——膨脹到他爆裂，變成一頭死獅子為止。對於這種人，正如有人曾說的：「沒有身體的復活；」比活著的狗還不如！——在這方面伯恩斯令人欽佩。

不過，如我在前面說過的，是這些獵獅者毀掉了伯恩斯。是他們害他活不下去！他們在他的農田團團圍住他，阻礙他勤勉工作，再遠的地方他們也到得了。雖然他真心想將那些吹捧拋在腦後，卻無法如願。於是他陷入不滿、陷入痛苦、陷入錯誤；世界對他來說變得愈來愈孤寂，健康啊，品格啊，心靈平靜啊，全部離他遠去——現在夠孤獨了。想到就令人悲傷！這些人只是來「看」他，並非出於同情，亦非出於憎恨。他們只是來尋開心，他們得到他們要的開心——英雄的生命卻因此付出代價！

讓・保羅說，在蘇門答臘島上有一種「會發光的金龜子」，就是大螢火蟲，居民會把牠們黏在鐵叉上，在夜晚照路。有身分地位的人會帶著這種宜人的亮光行走，愛不釋手。讓我們向那些螢火蟲致上最高的敬意！可是——！

第六講

作為王者的英雄

——克倫威爾、拿破崙：現代革命論

【一八四〇年五月二十二日】

現在我們來到最後一種英雄類型，我們稱之為「君主」。他是人類的「統帥」，我們的意志要臣服他的意志，忠誠地任其擺布，可因此得到幸福，而他，或可視為最重要的一種偉人。為了我們，他簡直集英雄氣概的各種形態於一身：教士、教師、我們想像可存於人心的種種世俗或宗教尊嚴，都在他身上具體呈現，以統領我們，給我們務實的教導，告訴我們這一天，這一刻，我們要做什麼。他叫「*Rex*」、「管理者」（regulator）、「Roi」：我們給他取的名字比那更好：君王，「Konning」，意謂「Can-ning」，「能幹的人」。

諸多考量——指向深刻、有疑問、確實深不可測範疇的考量——都在這裡一一出現：其中絕大部分我們現在必須忍住別說。如伯克所言，公正的陪審團審判或許就是政府的靈魂，而所有立法、行政、議會辯論和其他事務之進行是「為了將十二位公正不偏的人士帶入陪審員席；」——因此，抱持更有力的理由，我可以在這裡說：發現你的「能幹的人」，並授予他各種「能力的象徵」，給他尊嚴、崇拜（「價值」）、王位、王權，或我們所稱的任何東西，以便確實擁有空間來發揮他的才能領導眾人——這才是世界一切社會程序的要務，不論是否圓滿達成！政見發表、議會提案、改革法案、法國大革命——這些本質上都是這種要務，否則就毫無意義了。在國內找出既有的「最能幹的人」，將他拔擢到最高的地位，忠誠地崇敬他，如此那個國家就有完美的政府，任何投票箱、口若懸河的國會演說、投票、制憲，或其他機制，都無法再改進分毫。這已經是完美狀態，是理想國家了。「最能幹的人」，這也意味最誠心、最公正、最高貴的人，他要我們去做的事，一定是我們可以在任何地方、以任何方法學習的事情之中最明智、最適當的——是從各方面來看對「我們」最有必要的事，必須懷著忠誠的感激、毫不懷疑去做的事！如此，就政府可以管理的範圍，我們的行事和生活得到有完善的規範，這就是立憲的理想。

哎呀，大家都很清楚，理想永遠不可能完全付諸實現。理想一定是落在很遠的地方，如果我們能勉強可接受地接近它，就謝天謝地，該知足了！誠如席勒所言，別讓任何人太吹毛求疵地「用完美的天平來測量」我們這個可憐世界裡「現實的粗劣產物」。吹毛求疵的人，我們認為並不明智，我們認為他是病態、不滿足、愚蠢之徒。但話說回來，我們也切莫忘卻理想確實存在，如果理想完全無法接近，事情就會全部毀滅了！毫無轉圜餘地。沒有泥水匠能把一面牆砌得完全垂直，這從數學上來講是不可能的，相當程度的垂直就夠了；而他，能幹的人，像個出色的泥水匠，必須完成工作的泥水匠，達到相當程度的垂直就會停手。但要是他偏離垂直線太遠，甚至把垂直儀和水平儀拋在一邊，漫不經心地把磚塊隨手亂疊——這樣的泥水匠，我覺得非常差勁。他忘了自己的本分：但「萬有引力法則」不會忘記對他產生作用，他和他的牆很快就會倒得一塌糊塗！

這就是古今一切反叛、法國大革命、社會動亂的歷史。你把太不能幹的人放在事務的領頭位置了！太卑鄙、太怯懦、太昏庸的人。你忘了，把能幹的人放在那裡才是通例，或有自然的必要性。磚必須盡可能擺在磚上。能幹的假象，簡言之，騙子，在各種人類事務的管理上，勢必和騙子物以類聚，結果就是毫無管理，發酵成難以衡量的失敗、貧困的苦難：不論外在、內在或精神層面，都有數百萬可憐的百姓伸手要他們應該得到的供給，卻付之闕如。「萬有引力法則」起作用了——沒有任何自然法則會忘記起作用，數百萬可憐的百姓突然爆發成「無套褲漢」，或其他類型的瘋狂：磚塊和泥水匠都倒塌了，陷於致命的混亂！

幾百年前寫的那些有關「君權神授」的可悲玩意兒，正在這個國家的公立圖書館慢慢腐爛，無人閱讀。就讓它們在那些貯藏室裡無害地從這世界消失，別去打擾那平靜的過程！但在此同時，也別讓那巨大垃圾就此離開，而不把某種靈魂留在人間——我認為它是有某種意義的；有某種真實的東西，是我們所有人必須牢記在心的。若說你選擇抓住的某個人（用某種捕捉計畫），在他頭頂放上一塊圓形金屬，叫他國王，這個人即刻擁有某種神聖的價值，於是他就變成某種神，是某位神賦予他才能和權力來全力統治你——這種說法，除了讓它在公立圖書館靜靜腐爛，我們還能怎麼辦呢？但我也要說，而這正是君權神授的意義：在君王身上，在所有人類權威，在上帝創造的人可彼此形成的關係中，確實有種「神聖的是」（Divine Right）[1]或「魔鬼的非」（Diabolic Wrong），非此即彼。因為前一個懷疑的世紀教給我們的，「這個世界是部蒸汽機」的論調，徹徹底底錯了。這個世界有神，而神的批准（否則就是違反神意）確實能從所有支配與服

1 譯註：君權神授英文為「divine right of kings」，「right」除了「權利」，也有「對的」、「正當的」之義。

從、人類種種道德行為中看得出來。人與人間沒有比支配與服從更合乎道德的行為了。在不當的時機要求服從，在恰當的時機拒絕服從的人，必有災禍！我說，這其中必有上帝的律法，不論羊皮紙上的律法如何實施——在一人對另一人所做的每一項要求的核心，必有「神聖的是」或「魔鬼的非」。

思考這件事情對我們沒有壞處：思考那與我們生命中哪些關係有關，「忠誠」與「王權」，是其中最崇高的。我認為這是現代的謬誤：世間一切皆出於自私以及對貪婪無賴行為的制衡，而更簡單的說法，舉凡人的關係皆無神性，是比被稱為君王的人皆為「神授」更可鄙的謬誤，雖然這在那個不信神的世紀聽來頗為自然——而我說，給我找出真正的「konning」，君王，或能幹的人，他對我有神聖的權利。我們還算知道如何找到他，而一旦找到，所有人都準備承認他神授的權利——這就是現今生病的世界到處尋找的療方！真正的君王，作為實務的指導者，身上始終具有教宗的某種特質——精神的領導者，所有實務皆由精神而生。這麼說也是對的：君王是教會的領袖——但就讓一個死去世紀的爭論靜靜躺在書架上吧。

你得找出能幹的人，卻不知道要用什麼方法進行，這當然是件可怕的事！這就是世界在我們這些時代的可悲窘境。這些時代是革命的時代，而且已經持續很久了。泥水匠和他的磚，不再注意垂直儀和萬有引力，已經傾圮、倒塌、一團混亂了！但這些時代的開端不是法國大革命，那比較像結局——我們如此希望。這種說法更確實：這些時代的開端可溯至三百年前，馬丁·路德的宗教改革。當時仍自稱基督教會的東西已變成謊言，仍厚顏無恥地妄稱寬恕人們的罪來換取金屬鑄造的錢幣，還假裝做了其他很多事，而在自然的永恆真理中，它並未去做：這就是病灶之所在。內在錯了，外表就錯得愈來愈離譜。信仰逐漸消失，只剩下懷疑，不信神，建造者拋棄他的垂直儀，自言自語：「萬有引力是什麼？把磚頭疊在磚頭上就好了！」哎呀，這句聲明恐怕還是有很多人覺得奇怪：神創造的人類事務中有神的真理；人類的一切不是一種鬼臉，不是「權宜之計」，不是交際手腕，不知道該叫什麼！

從路德的第一句必要宣言：「你，自命的教宗，你不是神父；你是——奇美拉（Chimera）[2]，我不知道怎麼用有禮貌的語言稱呼你！」從那句話一路到巴黎皇宮圍繞卡米耶．德穆蘭（Camille Desmoulins）[3]的呼聲：「拿起武器！」人們挺身對抗形形色色的奇美拉——我見到很自然的歷史序列。那聲呼喊，如此駭人、地獄般的呼喊，也是件大事。覺醒的民族再次出聲了——一開始很困惑，宛如來自夢魘、宛如來自死寂的沉睡，慢慢產生某種朦朧的感覺：生命是真實的，上帝的世界不是權宜之計，不是交際手腕！地獄一般——沒錯，因為他們只能這樣。地獄，因為不是天上，亦非人間！空洞、不真誠必須停止，某種真誠必須開始，不管要付出何種代價，恐怖統治

2 譯註：希臘神話中會噴火的怪物。

3 譯註：全名 Lucie-Simplice-Camille-Benoît Desmoulins（1760 - 1794），法國記者、政治家，曾撰寫《自由法國》批評國王的權利、貴族和羅馬天主教神職人員的特權，並於法國大革命期間扮演重要角色，後來在革命法庭遭到處決。

也好，法國大革命或其他動亂的戰慄也好，我們必須重返真理。這兒就有真理，如我所說：包在地獄之火中的真理，因為他們非要如此不可！

在英國和其他地方，有個相當多人普遍相信的理論是：法蘭西國在那些日子瘋了，法國大革命是精神失常的行徑，暫時把法國和世界廣大地區變成某種精神病院。事件爆發了，且如野火燎原，卻是瘋狂的，無足輕重的——幸好現在已陷入夢境和畫境！——對那些自在愜意的哲學家來說，一八三〇年七月的那三天[4]想必是令他們驚詫的現象。法蘭西國又起來了，手拿火槍，垂死掙扎，出去射擊或被射殺，只為了維繫那場瘋狂法國大革命的成果！那些人的兒孫似乎堅持從事革命志業：他們沒有和它斷絕關係，他們要維繫它的成果，如果不能，他們情願被射殺。對那些已將生命體系建立在那場「瘋狂」解脫的哲學家來說，沒有更令人擔憂的現象了。他們說，可憐的尼布爾（Niebuhr）[5]，普魯士教授及史學家，傷心欲絕，就此一病不起，因那「三天」而死——如果我們相信的話！那當然不是什麼英勇的死，比拉辛（Racine）[6]的死好不到哪裡去——他被路易十四嚴厲地瞪一眼就死了。這個世界承受過相當多衝擊，也可望熬過這三天而不死，三天後繼續自轉！這三天告訴所有凡人，昔日的法國大革命雖然看似瘋癲，卻不是精神病院那種轉瞬即

4 譯註：指一八三〇年七月二七至二九日的法國「七月革命」，立憲派推翻欲恢復專制的國王查理十世，另立路易—菲利普為新國王。

5 譯註：指巴特霍爾德．尼布爾（Barthold Georg Niebuhr，1776 - 1831），德國丹麥裔政治家、銀行家、史學家。

6 譯註：指讓—巴蒂斯特．拉辛（Jean-Baptiste Racine，1639 - 1699），十七世紀最偉大的法國劇作家之一。

逝的迸發，而是我們居住的這個塵世的真實產物；它是千真萬確的事實，而世界各地都該這樣看待它。

的確，沒有法國大革命，我們就完全不知該如何理解像這樣的時代。我們要為法國大革命喝采，就像遭遇海難的水手可能會向最堅固的岩石歡呼，因為在這個世界，除了那塊岩石就是無底深海和澎湃巨浪了。對這個虛偽、凋敝、矯情的時代，那是真正的天啟；雖然是場可怕的天啟，但那再次證明自然是超自然的，若非神聖，便是魔鬼；證明外觀不是真實，證明外觀必須變成真實，否則世界就會在它底下著火——把它燒成它該有的樣子，也就是「虛無」！「貌似可信」到此結束，空洞的慣例到此結束，很多東西都到此結束。這個事實，彷彿用「命運的號角」向眾人宣告。最睿智的人最快知曉。而在那為人知曉之前，要經歷數個漫長的世代，在那之前，和平絕無可能！一如以往，最誠摯的人，被矛盾重重包圍的人能夠耐心等待，耐住性子努力在重重矛盾中做他的工作。天國已判矛盾死刑，現在正在地球上宣判，這是他用肉眼就能看見的。當然，我該這麼說，考慮到事情的另一面，考慮到任務如此艱鉅，考慮到在所有國家，人民是如此急切、毫不寬貸地要求解決之道——在這樣的時刻，他或許可輕易找到別的做法，不必在「無套褲漢」的活動範圍艱難地前進！

對我來說，在這種環境下，「英雄崇拜」就成了極珍貴的事實，當今世界人們所見最足堪安慰的事實。對於世界能否得到妥善的管理，人們仍有無盡的希望。縱使人類有史以來建立的所有傳統、安排、信條、社會通通消逝，希望依然存在。英雄一定會被派來給我們，當英雄被派來的時候，我們有能力且必然尊敬英雄：它像北極星照耀，穿透煙雲、塵霧、形形色色的湍流和大火。

在法國大革命的工作者和鬥士聽來，英雄崇拜想必非常奇怪。他們不崇敬偉大的人物，對於這個世界能否再次出現偉人，不抱任何希望或信心，甚至已經不想要了！已經變成「機器」的自然，現在彷彿筋疲力盡，沒辦法再產生偉大人物了——我可以告訴她，她或許可以棄我們不顧了，我們沒有偉人，什麼也做不成！——不過我也不會跟「自由平等」的信念爭論，他們相信睿智的偉人不可能出現，靠一大群愚蠢的小人物就夠了。這在當時當地是個很自然的信念——「自由平等，不再需要任何權威。英雄崇拜，對這種權威的崇敬，已證明為謬誤，本身就是謬誤，不需要了！我們曾有過這種贗品，現在什麼都不相信了，有太多劣質的鍍金幣在市場流通，現在世人普遍相信，真金已不存在——甚至相信我們沒有黃金也可以做得很好！」我在普世對自由平等的呼聲中聽到這段話，覺得那非常正常，就當時的情況合情合理。

但這無疑只是從虛假到真實的過渡期。若認為這是全部的真理，就大錯特錯了——那只是世人懷疑自己眼盲的產物，但其實世人看得見，只是還在掙扎而已。英雄崇拜永遠存在，處處存在：不單是忠誠，而且那是從神聖崇拜延伸到最底層的實際生活領域。「在人民面前折腰」，如果不只是能免則免的惺惺作態，就是英雄崇拜——承認我們的弟兄確實擁有某種神聖的內涵，如諾瓦利斯所說，承認每一個被創造的人，都是「肉體中的啟示。」他們也是詩人，設計了種種讓生命高貴的優雅禮節！禮節不是虛情假意，不是惺惺作態，不必如此。而忠誠，虔誠的崇拜本身仍有可能，而且仍然是必然的。

況且我們不能這樣說嗎：儘管我們許多近期的英雄都以革命家之姿工作，可是每一位偉大的人物、每一個真摯的人，本性都是秩序之子，而非失序之兒？讓真實的人從事革命是悲慘的境遇，這讓他活像個無政府主義者。事實上，無政府這個惱人的因素確實在他的每一步拖累他——對他的整個靈魂而言，無政府是敵對的、可憎的；他的天職是「秩序」，每個人的天職都是秩序。他是來這裡讓混亂失序的一切變得循規蹈矩、井井有條，他是秩序的傳教士。人在這世上的所有工作，不都是在「創造秩序」嗎？木匠找到粗糙的樹木，加以形塑，使之適合某種用途。我們生來都是混亂的敵人，被牽扯進破除偶像、拆毀偶像的事情，實屬無奈，對偉大的人物，比我們更像人的偉人來說，更是加倍無奈。

因此，所有人間事務，最瘋狂的法國「無套褲漢」，行事也必須以建立秩序為目標。我認為，雖然如狂風暴雨般肆虐，但他們之間沒有一個人不是時時刻刻被迫走向秩序。他的生命就意味秩序，而失序是崩潰、是死亡。舉凡混沌，無不尋找可以繞著轉的中心。在人是人的時候，出現某位克倫威爾或拿破崙就是「無套褲漢」的必然結果——妙就妙在，在那些英雄崇拜對每個人最不可信的日子，它是怎麼以眾人不得不信服的方式浮現且確立。眾人發現，若置於偉大的天平來看，神聖的「權利」也意味神聖的「能力」！當處處都在踐踏、毀滅老舊虛假的慣例，嶄新的真「實質」出其不意地呈現為堅不可摧。在反叛的時代，當君權本身看似已死、已被廢黜，克倫威爾和拿破崙又以君王之姿嶄露頭角。這兩位男士的生平就是我們現在要探討的，那正是我們英雄氣概的最後階段。舊時代又被帶回來給我們了：這兩位的生平再次展現君王是如何產生，以及君權本身一開始是如何崛起的。

我們英格蘭發生過多場內戰：玫瑰戰爭（Wars of Red and White Roses）[7]、德孟福爾（Simon de Montfort）的一連串戰爭[8]——已經夠多了，且不是什麼值得懷念的戰爭。但清教徒戰爭對英格蘭人卻有特殊意義。交由你們秉公判斷——那將顯示我沒有篇幅說明的另一面——我會稱清教徒戰爭是那場全面戰爭的又一部分，那是場憑一己之力開創世界真正歷史的戰爭：信神與不信神之戰！熱衷於事物真正本質的人，對抗只聚焦在事物外觀與形式的人。在很多人眼中，清教徒只是野蠻的偶像破壞者、激烈的形式毀壞者；但稱他們是不真實形式的憎恨者更為公道。但願我們

7 譯註：一四五五至一四八七年英王愛德華三世的兩支後裔：蘭卡斯特家族和約克家族為了爭奪英格蘭王位而發生斷斷續續長達三十餘年的內戰。

8 譯註：指第六代萊斯特伯爵西門．德孟福爾（Simon de Montfort, 6th Earl of Leicester，1208 - 1265），他在第二次男爵戰爭（Second Barons' War，1263 - 1264）中，率領貴族反抗亨利三世統治，成為英格蘭實際統治者。統治期間曾召開第一次由直接選舉產生的議會（下議院），因此被視為現代議會制的創始人之一。一二六五年，他在伊夫舍姆戰役（Battle of Evesham）與保王黨軍隊作戰時陣亡。

知道如何尊敬清教徒，也尊敬勞德（Laud）和他的王[9]。我認為可憐的勞德只是軟弱和運氣欠佳而非不正直，只是不幸的迂腐學究而非更糟的人。他遭到譏笑的「夢想」和迷信具有某種深情可愛的特性。他就像大學教師，滿腦子形式，認定形式就是世界的生命和安全。偏偏他，連同他那頑固、不幸的觀念，不是被置於大學之首，而是國家之首，來管理盤根錯節的民眾利益。他認為他們該遵守老舊、體面的規範，且認為他們的救贖就在於延續和改進這些規範。像個軟弱的人，他痙攣般時而激烈推動他的目標，時而安靜、劃地自限，不聽要他審慎的聲音，求他憐憫的呼喊：他要他的「大學生」遵守他的「大學校規」，這是第一件事，沒先做這件事，其餘免談。如我所說，他是運氣欠佳的迂腐學究。他想讓世界變成那樣的大學，偏偏這世界就不是那樣。哎呀，他的命運是不是很坎坷？不論他犯了什麼錯，那些錯不都可怕地被拿來報復他了？

堅持形式本值得稱讚，宗教和其他種種自然會披上形式的外衣。無論何處，有形式的世界才是可居住的世界。清教赤身裸體的無形式不是我要讚揚的清教徒特質，那是我惋惜的——我只讚揚使形式成為不可避免的那種精神！所有實質都會披上形式的外衣，但有合適的真形式，也有不真實又不合適的。若要給最簡短的定義，我們或許可以說，如果我們理解得正確，圍繞實質成長

9 譯註：指前坎特伯雷大主教威廉・勞德（William Laud，1573 - 1645）和他支持的英王查理一世。他反對清教徒改革，導致在英格蘭內戰中被殺。

的形式會呼應它真正的本質和意涵，是真的、是好的；至於刻意放置在實質周圍的形式，是壞的。我請你們多想想這個定義。它能區分所有人類事物中真實的和虛假的禮儀形式、誠摯的和空洞的壯麗。

形式裡必須有真實，有自然的自發性。在日常集會，若有人發表我們所謂的「老生常談」，豈不會引人反感？在會客室裡，如果你見到的禮儀都是惺惺作態，沒有任何自發性的真實，豈不會讓你避之唯恐不及？又假設這會兒有一件攸關生死的大事，某件超越生死經驗的事（例如拜神），你百感交集，不能言語，使你的靈魂不知如何化為形式表達出來，因此寧可選擇無形式的沉默——這時如果有人過來對你用家具商的滑稽默劇表達他的感覺，我們會作何感想？這樣的人——如果他自愛，就趕快滾蛋！你失去你的獨子，你沉默不語，深受打擊，連淚都流不出來——而這時有個不識相的人不識相地提議要以希臘人的方式幫他辦葬禮競技[10]！這樣的滑稽不僅不可能被接受，且可恨、不能容忍。這就是古代先知所謂的「偶像崇拜」，崇拜空洞的外表，所有誠摯的人都會拒絕這種東西。我們可以略為了解那些可憐清教徒的用意。勞德以我們敘述過的方式供奉聖凱瑟琳・克里公會教堂（St. Catharine Cree），鞠躬又鞠躬、作揖又作揖、呼叫又呼叫：這當然是死守形式、熱衷「校規」的迂腐學究，不是熱衷事物本質的誠摯先知！

10 編註：在喪禮儀式上進行體育競技是古希臘社會的習俗，認為競技賽事中的爭勝精神能榮耀神靈，讓死者靈魂順利通往冥界。

清教認為這樣的形式難以容忍，於是加以踐踏——我們必須原諒「寧可沒有形式，也不要有這種形式」這句話！清教站在空無一物的講壇布道，除了手上的聖經什麼也沒有。啊，一個人從他最誠摯的靈魂深處向眾人最誠摯的靈魂講道——這不就是所有教會的真諦嗎？我說，再高貴的表象，也不如最赤裸、最原始的現實可取。另外，如果現實為真，它會逐漸披上合適的外觀。不必擔心那個，真的不必擔心那個，只要是活的人，就會找到衣服給他穿，他會自己找衣服穿。但那套衣服卻自稱它既是衣服也是人！——我們可不能派三十萬套紅色軍裝去「打法國人」，軍裝裡必須有人！我堅決認為，表象其實不能脫離實質，如果脫離了——為什麼必定有人反抗表象呢，因為那已經變成謊言了！表象和實質這兩大宿敵在此交戰，就像勞德和清教徒的例子，幾乎和世界一般古老。那個時代，他們在英國激戰，而他們亂七八糟的爭議爭得相當久，也給我們大家帶來很多結果。

在緊跟著清教徒時代而來的時代，他們的理念或他們自己幾乎不可能被公平對待。查理二世（Charles Second）和他的羅切斯特們（Rochester）[11]不是那種你能夠判斷可能具有什麼價值或意義的人。可憐的羅切斯特們和他們引進的時代已經忘記人的生命可能有任何信念或真理。清教上了絞刑台——一如那些帶頭清教徒的骨骸。但清教的工作仍繼續自己完成。一個人真正的工作，

11 譯註：羅切斯特指第一代羅斯切特伯爵勞倫斯・海德（Laurence Hyde，1st Earl of Rochester，1641－1711）

即使你可以把它的創造者送上隨便一個絞刑台，那工作也必須、且終究會完成。我們有我們的人身保護令（*Habeas-Corpus*）、我們自由的人民代表法令；我們明白，非常明白，人人都是，或必須是、理應是、將會成為我們所謂的自由人——其生命建立於事實和正義之上，而非已經變得不公不義、變成奇美拉的傳統之上！這部分是清教徒的工作，其餘還有很多也是。

當然，當這些事物逐漸變得明朗，清教徒的性格也開始日益清晰。有關他們的往事已一一從絞刑台取下，而且其中相當部分已在現今封聖。艾略特（Eliot）[12]、漢普頓（John Hampden）[13]、皮姆（John Pym）[14]、還有盧德羅（Ludlow）[15]、哈欽森（Hutchinson）[16]、范恩（Vane）[17]本身，都被承認為某種英雄了；他們是我們的元老院議員，我們能成為自由英格蘭，相當程度當歸功於他們：現在若還有人稱這些人邪惡，就不是安全的說法了。重要的清教徒幾乎都找得到人辯護，而誠摯的人總對他們相當尊敬。我想，有一位清教徒，幾乎只有他一位，我們可憐的克倫威

12 譯註：約翰・艾略特爵士（Sir John Eliot，1592 - 1632），因倡導人民和議會權利，被查理一世囚於倫敦塔中，最後在此殞命。

13 譯註：全名 John Hampden（1595 – 1643），英國政治家，因反對查理一世任意增稅而家喻戶曉。

14 譯註：全名 John Pym（1584 - 1643），英國政治家，反對英王查理一世。

15 譯註：全名 Edmund Ludlow（1617 - 1692），英國國會議員，曾參與處決查理一世。

16 譯註：全名 John Hutchinson（1616 - 1664），曾參與處決查理一世。

17 譯註：指亨利・范恩爵士（Sir Henry Vane，1613 - 1662），英格蘭共和國時期議會派政治家，革命勝利後在國務會議任職，斯圖亞特王朝復辟後被判叛國罪斬首。

爾，似乎還吊在絞刑台上，找不到衷心的辯護人，不論聖者或罪人都不會幫他洗刷惡名。他能力、天賦、勇氣兼具，偏偏背叛了理想；自私的野心、不正直、口是心非；是個殘酷、粗俗的偽君子，把所有爭取立憲自由的高貴奮鬥變成他一己私利演出的可悲鬧劇——這就是他們賦予克倫威爾的性格，還有更糟的。再來還拿他跟華盛頓和其他人比較，更重要的是，拿他跟高貴的皮姆們和漢普頓們相比，說他不但竊取那些人的高貴成就據為己有，還大力摧殘，使之變得無用和畸形。

我認為對克倫威爾的這種看法正是十八世紀那種時代的產物，並非不自然。我們對「僕人」的說法也適用於懷疑論者：他有眼不識英雄！僕人預期見到紫袍、金杖、護衛和小號炫耀般的吹奏：十八世紀的懷疑論者尋求的是受到控管的、體面的慣例、「原理」或其他名稱，希望見到一種看似「體面」的說話或行事風格，能瀟灑、清楚地自我辯護，贏得開明而懷疑的十八世紀的贊成票！基本上他和僕人指望的是同樣的東西：某種公認具皇室尊貴的衣裝，這樣他們就會認同了！以粗野、不拘形式狀態出現的君王，一定不是君王。

就我個人而言，我絕不會直言或影射一句貶低漢普頓、艾略特、皮姆等人物的話；我相信他們都是可尊敬、值得讚揚的人。我曾勤讀我能拿到與他們有關的書本和文件——懷著最誠摯的希望，盼能把他們當英雄欽慕、喜愛和崇拜；但我得遺憾地說，如果非說實話不可，我的希望落空！基本上我辦不到。他們是非常高貴的人，以莊嚴的步伐前進，言詞委婉、充滿哲理、在議會辯才無礙、反船稅、寫了《人之君主國》（*Monarchy of Man*）等著作；他們是一群擁護憲法、無可指責、莊重高貴的人。但面對他們，我的心依舊冰冷，只有「幻想」努力激起一些對他們的崇拜。事實上，什麼人的心會對這些人迸出友愛之火呢？他們已變得乏味至極！聽可佩的皮姆流利地闡述憲法，說他的「第七點和最後一點」，常令人不支倒地。你會覺得那可能是世上最值得欽佩的演說，但那很沉重——重如鉛，又貧瘠如磚土；總之，對你來說，裡面幾乎沒什麼內容至今猶存！我們可以讓這些高貴之士留在他們的榮耀壁龕中。而粗野、被拋棄的克倫威爾，他是那一群人之中，唯一仍見得到人類本質者。他是偉大、原始、「沒穿鎧甲的」：他寫不出委婉的《人之君主國》，不能言善道，不照規矩行事，也沒有直截了當的故事可讓他到處訴說，但他赤裸裸地站著，沒有披上委婉的鎧甲；他像巨人一樣面對面、心對心，和赤裸裸的事實搏鬥！這，我認為才是真正的人。我給這種人的評價高過其他任何類型的人，我認罪。這世上有為數不少的體面人士，那些人益處不大。對於那種只想保持雙手乾淨，沒戴手套就不願觸碰工作的人，我們不必太感謝！

整體而言，十八世紀在憲法上對其他較幸福的清教徒所表現出的容忍，似乎也不是非常重要。我們可以說，一如其他事物，那只是形式主義和懷疑論的一部分。他們告訴我們，認定我們「英國自由」的基礎是「迷信」奠定——這是很悲哀的事。這些清教徒帶著喀爾文教派難以置信的教義、反勞德主義、西敏信條站出來，最重要的是要求他們應保有依自己的方式崇拜的自由。

自己課稅的自由：他們早該這樣要求了！堅持反其道而行才是迷信、狂熱、對憲法哲學可恥的無知！——自己課稅的自由？除非有明確的理由，否則不要從自己口袋掏錢？我想，除了荒蕪的世紀，沒有哪個世紀會把那鎖定為人類的第一個權利！我會說，恰恰相反，公正的人在決定反叛政府之前，一般會有比任何形式的金錢更好的理由！我們的世界是最混亂的世界；在這個世界，如果見到任何形式的政府能以並非不堪忍受的方式維持下去，一個好人就該心懷感激了：而在英格蘭，此時此地，如果他不願意繳一大筆他覺得沒什麼理由繳的稅，我想，他的日子不會好過的！他必須搬去別的氣候區試試。收稅員？錢？他會說：「拿走吧，既然你可以收我的錢，而你又這麼想要，就拿走吧——拿了就走，別打擾我做我的工作。我仍會待在這裡，仍會繼續工作，就算所有的錢都被你拿走了！」但如果收稅員來找他時說：「承認你在撒謊吧；你明明不崇拜上帝，卻妄稱你崇拜上帝：不要相信你發現為真的東西，要相信我認定為真，或假裝認定為真的東西！」他就會這麼回答：「不！上帝幫助我，不！你可以拿走我的錢包；但我不能讓我的道德自我被殲滅。只要路上遇到持槍強盜，這個錢包就是他的：但我的自我是我的，是上帝，我的造物主的；不是你的；而我要誓死抵抗你，反叛你，總而言之，就算要對抗各種極端、罪名和混亂，也要保衛自我！」

在我看來，這的確可以構成反叛的理由：這場清教徒的反叛。這向來是人類所有反叛的靈魂所在。就連法國大革命也不光是飢餓引發；不是，而是蔓延各地、令人難以忍受的虛偽感受，那現在具體呈現為「飢餓」，呈現為普遍的物質「匱乏」和「空虛」，因此在所有人眼中成了無可爭辯的虛假！十八世紀的「課稅自由」就說到這裡。對於像清教徒這種人的意義，十八世紀仍懵懵懂懂，我們無須驚訝，完全不相信事實的人，怎能明白真實人類的靈魂呢？——那可是所有事實中最強烈的，可說是造物主仍跟我們說話的聲音。凡是不能簡化為和「課稅」或其他類似的物質利益、總量有關的東西、不是感官可明顯感受到的東西，這樣的世紀就會棄之如敝屣。漢普頓、皮姆等人和船稅會是憲政辯論的主題，努力更趨熾烈——那將閃閃發光，就算不像火，也會像冰——而無法簡化的克倫威爾將繼續是亂成一團的「瘋狂」、「虛偽」和其他更多東西。

我必須承認，自古以來，把克倫威爾視為虛假的理論都令我難以置信。我無法相信諸如此類把任何偉大人物視為虛假的理論。歷史上許許多多偉人都被視為虛偽、自私之徒，但仔細想想，他們對我們來說只是形影，只是朦朧的影子，我們並未把他們當成真正可能存在的人詳盡觀察。只有膚淺、不信神的世代，只看到事物表面和外觀的世代，才會對偉人形成這種觀念。偉大的靈魂有可能毫無良心嗎？——那是所有真實靈魂的本質，不論偉大與否。不可能。我們不能認為克倫威爾是虛偽、愚昧的，我愈是研究他和他的生涯，就愈不相信他是這樣的人。為什麼我們要這麼覺得？根本毫無證據。這不奇怪嗎——這個人受過如山誹謗，被描述成大說謊家，從來或幾乎沒有說過實話，總是說些似是而非的狡詐虛言——然而到今天為止，有沒有任何一句虛言證實出自於他？大說謊家，卻沒有哪句謊話是他說的，我還沒有見到一個。這就像波科克問格勞秀斯，穆罕默德的鴿子，這事你有什麼證據嗎？格勞秀斯回答，沒有證據！——讓我們別管那些中傷人的妄想了，妄想就該拋諸腦後。那些不是這個人的肖像，那些只是對他的狂亂幻想，是仇恨與黑暗的聯合產物。

用我們自己的眼睛看看這個人的生平。在我看來，一個截然不同的假設儼然成形。我們對他早年晦暗的生活知之甚少，傳進我們耳裡時已被扭曲，而那不就表現出一個誠摯、深情、真誠的人嗎？他神經質而憂鬱的性情暗示一種對他而言太過深刻的嚴肅。關於那些「幽靈」的傳聞：光天化日下出現白色幽靈預言他將成為英格蘭君主的故事，我們不必深信不疑——正如我們不必相信另一個黑色幽靈，或惡魔本尊的故事一樣：一位軍官在伍斯特戰役（Battle of Worcester）[18]前看到克倫威爾把自己賣給惡魔！但奧立佛年輕時代鬱鬱寡歡、過分敏感到有疑病症的氣質卻無爭論餘地，那位亨廷頓的醫生告訴菲利浦．沃里克爵士（Sir Philip Warwick）[19]本人說：他常在三更半夜被請過去，克倫威爾先生的疑病症非常嚴重，以為自己快要死了，並「對鎮上的十字架有諸多幻想。」這些事情意義重大。這種容易激動、有深刻感覺的天性，蘊藏在他粗俗、頑固的力量中，絕非虛假的症狀，它是絕不虛假的症狀和前兆！

---

18 譯註：英國內戰的最後一場戰役，發生於一六五一年九月三日英格蘭伍斯特。克倫威爾率議會軍擊敗國王查理二世主要由蘇格蘭人組成的保王黨軍隊。

19 譯註：英國作家和政治家（1609 - 1683）。

年輕的奧立佛被送去學習法律；曾有，或據說曾有一段短短的時間陷入年輕人的某些放蕩之中；不過就算如此，他也很快悔悟，全部戒絕：滿二十歲沒多久，他就結婚了，安定下來，安於做一個嚴肅、安靜的人。「他把賭博贏來的錢還給大家，」傳聞這麼說——他不認為以那種方式得到的利益真的屬於他。這件被他們稱為「洗心革面」的經歷非常有趣，也非常自然：一個偉大的真實靈魂從世俗的惡習中甦醒，望進事物令人敬畏的真實——看到「時間」和它的展演全都以「永恆」為基礎，我們這個可憐的俗世則是進入「天堂」或「地獄」的門檻！奧立佛在聖艾夫斯和伊利認真、勤奮的農夫生活，不就是一個真實、誠摯的人所過的生活嗎？他已拋棄俗世和它的種種途徑，俗世的獎賞不是能使他富有的東西。他耕地；他讀聖經；每天把僕人集合到身邊一起崇拜上帝。他安慰受迫害的牧師，他喜歡傳教士，他自己也能布道——勸勉鄰居善用智慧，愛惜光陰。上述種種難道都是「虛偽」、「野心」、「違心之論」或其他欺詐嗎？我由衷相信，這個人的希望寄託在另一個「更高的世界」，他的目標是藉由在這個世界穩步走完他的謙卑之路，順利抵達彼處。他不沽名釣譽：這裡的名聲對他有何用？一切都「在我偉大主人監督的眼裡。」[20]

他是怎麼一度踏入公眾的視野裡，也是件惹人注目的事——因為沒有其他人願意出面，他只好出來反抗一項令公眾不滿的事務。我指的是貝德福沼地（Bedford Fens）[21]之事。沒有其他人

20 譯註：語出米爾頓〈時間啊〉（How Soon Hath Time）一詩。
21 譯註：一六三七年沼地排水之事。

願意和有關當局打官司，他只好挺身而出。紛爭解決後，他回到隱姓埋名的日子，回到他的聖經和犁。「獲得影響力？」他的影響力是最具正當性的，是得自眾人對他個人的了解：是個公正、虔誠、理性又果斷、堅決的人。他就這樣活到四十多歲，老年已近在咫尺，死亡和永恆的肅然大門也映入眼簾——就在這個時候，他突然變得「野心勃勃」？我不會這樣詮釋他在議會的使命！

他在議會的成就、他經由戰爭獲得的功名，都是一個勇者以正當手段獲致的成功；他心中擁有比他人更強烈的決心，腦中有比他人更耀眼的光；他向上帝禱告，他向勝利之神致謝，感謝神保護他安全、帶領他走這麼遠，穿越這個激烈衝突連綿不絕的世界，突破鄧巴（Dunbar）看似絕望的包圍[22]；穿過許許多多戰役的死亡歡呼，感謝神一次又一次的慈悲，直到伍斯特戰役「加冕的慈悲」：對於這位虔信喀爾文教義的克倫威爾來說，這些都是好的，是名實相符的。只有那些不信神的保王黨人——不信神，只信自己的「披肩愛髮」（love-locks）、輕佻與俗套、不再凝視上帝的保王黨人——才需要覺得那虛偽矯情。

他參與處決國王的行動也不應使他受我們譴責。弒君是件嚴肅的大事！但如果你和君主開戰，弒君就在那裡了：這件事和其他一切，都在那裡了。一旦開戰，你就是要豁命跟他決鬥了：

22　譯註：指一六五〇年鄧巴戰役。克倫威爾率英格蘭軍進攻蘇格蘭，蘇格蘭軍採焦土作戰，英軍被迫撤至鄧巴港，遭到蘇格蘭軍包圍，但於九月三日發動突襲，突圍而出且擊潰蘇格蘭軍。

不是他死，就是你亡。和解有困難，雖然不無可能，但更可能的是不可能。這會兒大家都承認議會已打敗查理一世，而無法對他做出任何妥善的安排；人數眾多的長老會派對獨立派心存忌憚，最急欲妥善處理查理一世，他們如此焦慮當然是為了自己的生存，但無法如願。不幸的查理在最後幾次於漢普敦宮（Hampton Court）進行的協商中表現出自己是不可能打交道的人。這個人自始至終不能理解，也不願理解——他的思想絲毫無法將事實真相呈現給他；更糟的是，他說的話絲毫無法表現他的思想。我們這樣說他絕不惡毒，反而是懷抱深切的同情：但事實如此，不容否認。除了君主之名一切都已拋棄，但發現自己表面上仍被尊為王者，他還在幻想他可以使兩派起內鬨，藉由兩面欺騙來暗中奪回舊日的權力——啊，兩派都發現他在騙他們。一個人若無法用話語告訴你他的意思或他要做什麼，就不是你可以交涉的人，你必須避開那個人，或除掉他！絕望的長老會派雖然一再發現查理不誠實、不可信，仍想要相信他。克倫威爾不這麼想：「我們奮鬥了這麼久，」他說：「只為了得到一小張紙？」不行！

事實上，我們必須處處留意這個人果決、務實的眼光，他如何趨向務實與可行，如何擁有真正能洞悉何為事實的觀察力。如此才智，我堅信不會屬於一個虛偽的人；虛偽的人只會見到虛假的表象、貌似可信和權宜之計，忠實的人才能辨識出實際的真理。克倫威爾在鬥爭初期給議會軍的忠告：要如何把城裡的酒保、淺薄放蕩的人打發走，選擇腳踏實地、認真工作的自耕農作為士兵：這是有真知灼見的人才能提出的忠告。如果你洞悉事實，事實會給你回應！克倫威爾的鐵騎軍（Ironsides）就是他這個洞見的具體表現：人敬畏上帝，此外便一無所懼。而此後，英格蘭的土地，或其他任何地方的土地上，都不再有絕對真誠的戰士踩踏了。

我們也不能過分指責克倫威爾對他們說的話。那番話曾備受指責：「如果國王與我兵戎相見，我會殺掉國王。」為何不能？這些話是對比國王還崇高的民眾所說，這些人已置死生於度外。議會或許可以打官腔說這是「為國王」而戰，但我們，就我們來說，不能理解這句話。對我們來說這不是半吊子的工作，不是油嘴滑舌的事，這是殘暴無情的死亡，是認真的。他們已經點燃戰火，可怕的自相殘殺，人們互相扭打，殺紅了眼——人類凶惡的成分被喚起了，透過戰爭來試煉！就這麼做吧，因為非這麼做不可了——克倫威爾的成功在我看來非常自然！因為他沒有在戰場上被射死，一切就如水到渠成。這樣一個男人，有善於觀察的眼睛，果敢的心靈，自然該從一個職務晉升另一個職務，一場勝利邁向另一場勝利，直到這位亨廷頓的農夫成為——依你想給他的稱號——英格蘭公認最強大的男人，實際上的英國君主，這點不需要用魔法解釋！

誠然，陷入懷疑，陷入膚淺、不真誠，看到「真誠」卻渾然不覺，對於一支民族，如同對於一個人，是件悲哀的事。對這個塵世，對所有世界，還有哪種詛咒如此要命？心已死，目不能視。剩下的才智只是狐狸般的才智。就算真實的君主被派來給他們，也沒什麼用處；他們根本認不出他，他們會輕蔑地說，這就是你們的「王」？這位「英雄」得把他的英雄才能浪費在無益的反駁上，因此成就有限。對他自己來說，他確實成就了英雄的一生，這很重要，很了不起，但對世界來說，他的成就相對微不足道。直接來自自然的粗獷「真誠」無法在證人席油嘴滑舌地答辯——在你們解決小債務的「餅粉」法庭[23]上，他被斥為冒牌貨。狐狸般的才智「偵察」他——明明價值堪比千百人，你的諾克斯、你的克倫威爾得到的回應卻是長達兩百年的爭論，質疑他到底是不是人。上帝給塵世最大的禮物竟被輕蔑地拋棄。這個神奇的護身符是無價值的鍍金幣，不適合作為普通的基尼在商店裡流通。

可悲啊！我說，這必須加以修正。在這件事做出某種程度的修正之前，沒有事物能被修正。「偵察騙子」？好的，看在上帝的份上，就這麼做吧，但也要認識可以信任的人！除非認識他們，我們的知識又有何用，又如何能「偵察」呢？那種自以為知識的狐式機敏，以及那種「偵察」方法，大錯特錯了。容易上當的人固然很多，但在所有容易上當的人之中，最慘的莫過於生活在怕受騙的不當恐懼之中。這個世界的確存在，世界的確有真理，否則就不會存在！先認識何為真實，我們才能辨識何為虛假，在認識何為真實之前，恐怕永遠無法辨識虛假。

「認識可以信任的人：」啊，這些日子以來，這句話離我們很遠。唯有真誠的人可以辨識真誠。我們不只需要英雄，也需要適合英雄的世界——一個不屬於「僕人」的世界——否則英雄來到這個世界也是白來！是的，那離我們很遠，但一定會來，感謝神，我們看到它正在到來。在那

23 譯註：原文「pie-powder court」，源自法文「pieds poudre」，比喻爭議能迅速解決，猶如塵土自足下掉落。

到來之前，我們擁有什麼？投票櫃、選舉權、法國大革命——如果我們是僕人，有眼不識英雄，有這些又有何用？英勇的克倫威爾來了，而一百五十年來，他拿不到我們一張選票。哎呀，這個不真誠、不信神的世界是騙子，或是騙子和騙術之父的天然財產！這裡只可能有不幸、混亂和不誠實。透過投票，我們只能改變騙子的外形，他的實質依然不變。僕人的世界必須由偽英雄統治，由僅穿著王服的君王統治。這個世界是他的，他屬於這樣的世界！簡單地說，二選一：不是學會在看到英雄時認識到真正的治理者和統帥、比較好的領導者；就是繼續、永遠被不英勇的人統治——假如我們讓投票櫃在每個街角噹啷作響，這些就無法修正。

可憐的克倫威爾——偉大的克倫威爾！不善辭令的先知；不能說話的先知。粗魯、困惑、拙於以他原始的深刻，以他狂野的真誠吐露心聲；在那些高雅的委婉話語間、優雅的小福克蘭（Falkland）[24]們、愛說教的齊靈沃斯（Chillingworth）[25]們、手段圓滑的克萊倫頓（Clarendon）[26]們之間，他顯得多麼突兀！想想這個人：外殼是混亂的困惑、惡魔的幻覺、緊張不安的夢想、幾乎呈現半瘋狂狀態，內心卻有如此透澈、堅決的人類能量在運作——好一種雜亂的人，宛如純淨星光和火的光芒，在無盡的疑病、未成形的黑暗中照耀！然而這種疑病症，不正是這個男人的偉

24　譯註：指第二任福克蘭子爵、下議院議員盧修斯・凱瑞（Lucius Cary, 2nd Viscount Falkland，1610 - 1643）。
25　譯註：指威廉・齊靈沃斯（William Chillingworth，1602 - 1644），保守派英格蘭教士。
26　譯註：指第一任克萊倫頓伯爵艾德華・海德（Edward Hyde, 1st Earl of Clarendon），

大之處？是他狂野情感的深切和溫柔、他對萬物懷抱的深厚同情——他直入萬物內在的深刻洞察力、他要克服萬物的統御力——這就是他的疑病症。這個男人的痛苦，一如所有人的痛苦，是出自他的偉大。山繆爾．約翰生也是這樣的人。滿懷憂傷、心神恍惚，悲戚黑暗的狂野元素重重包圍他——世界有多寬，包圍就有多寬。這就是先知的性格：一個用整個靈魂觀察，奮力觀察的人。

我以同樣的理由向自己解釋傳說中克倫威爾的語意不清。對他來說，內在的意義如太陽清朗，但他卻沒有材料做成言語的外衣讓它披上。他沉默地活著，遼闊、無名的思想之海終日圍繞著他，日復一日；而在他的生活方式中，幾乎沒有試著幫它命名或表達出來的必要。以他敏銳的觀察力、堅定的行動力，我毫不懷疑他原本能夠學會寫書、流暢地說出想法——他做的事情可比寫書困難。這樣的人正適合果斷地做你讓他做的一切。才智不是說話和邏輯推理，而是觀察和確認。善、美德、男子氣概、英雄氣概，不是時時能把話說得婉轉動聽、完美無瑕——那首要的是德意志人所謂的「Tugend」（品德）、行事的勇氣和才能。克倫威爾就具有這種基本要素。

我們可以理解，他雖然不能在議會演說，卻能布道，狂熱地布道；最重要的是，他在即席禱告方面可能非常優秀。即席禱告是自由傾吐心裡的話：這不需要方法，只要熱情、深刻、真誠就夠了。禱告的習慣是他的一大顯著特徵，他所有偉大的事業都從禱告開始。在一片漆黑、千絲萬縷的困境中，他的軍官常和他聚在一起輪流禱告，一禱就是好幾個鐘頭，甚至好幾天，直到他們之間出現某種明確的對策，某扇「希望之門」——他們這麼稱呼——顯露出來。想想那個情景，淚流滿面，熱情洋溢地祈禱，向偉大的上帝呼喊，祈求憐憫他們，讓祂的光在他們面前照耀。他們，如他們所自覺，是武裝的「基督士兵」，是一小群「基督弟兄」，拔劍反抗這個巨大、黑暗、貪婪的世界——不信基督且拜金錢與惡魔的世界——他們在危難、在極度困窘中向神呼喊，求祂不要遺棄祂自己的理想。光現在照耀在他們身上了——一個人類靈魂豈能以任何方法獲得更好的光？這樣形成的目標，不就是他們可以毫不遲疑地追隨的，最好、最明智的目標嗎？對他們來說，這就像天國的光輝照耀在一片荒蕪的黑暗中，像夜晚的火柱，在他們孤寂、冒險的路上指引他們。難道不是這樣？此時此刻，一個人的靈魂，可以不用這樣的方法——誠摯、掙扎的靈魂在至高者、光的賜予者面前虔誠地伏倒，不論這樣的禱告是清晰有力，或無聲、難以言喻的都無所謂——得到指引嗎？別無他法。「虛偽？」我們開始厭煩這個詞。說這是虛偽的人沒有權利討論這樣的事情。他們從來沒有形成過可稱之為目標的目標。他們慣於權衡權宜之計、貌似可信之事，慣於收集選票和建議；他們從來沒有和一件事物的真理獨處過——克倫威爾的禱告可能「流暢有力」，甚至遠遠超過。他的心是一個能夠祈禱的人類的心。

不過，據我所了解，他真正的演說並沒有表面看來那麼不流利或生硬。我們發現，一如所有演說家的目標，他是令人印象深刻的演說者，即便在議會也是如此，是從一開始就具有分量的演說者。憑藉他粗野、熱情的聲音，聽眾都能理解他有意表達什麼，而且想要知道。他不在意流不流暢，甚至鄙視、厭惡流暢；說話時總是不預先設想自己要用的詞彙。那個時代的記者似乎也特別坦率，他們在記事本寫什麼，就給印刷廠什麼。此外，說克倫威爾是預謀、算計的偽君子、在世界前演戲，又說他直到臨終都不願花更多心思在演說上，這樣豈不矛盾！他為什麼不多認真考慮一下自己要說什麼，就把話扔給聽眾呢？如果那些話語是真心話，它們會自己調整的。

不過，關於克倫威爾的「撒謊」，我們要說句話。我認為這大概就是他「撒謊」的本質。各黨各派都覺得自己錯看了他；各黨各派都認定他的意思是這個，甚至聽到他這麼說，卻發現原來他的意思是那個！所以他們大叫，他是大騙子。但就本質而言，那不正是一位卓然之士——非虛假之人——不可避免的命運嗎？這樣的人必須有緘默的性格。如果他整路披肝瀝膽任寒鴉啄食，他的旅程是走不遠的！任何人都犯不著住在玻璃屋裡，一個人永遠要自行判斷該讓別人看到多少心思，就算是一起工作的人也是如此。有太多莽撞、不當的詢問：你該做的是讓問的人繼續搞不清楚；如果你有辦法，不要告訴他錯誤資訊，而是讓他繼續身陷五里霧中！對方能正確理解答覆，才是聰明又忠實的人在這種情況下想要回答的問題。

無庸置疑，克倫威爾常用各個小黨派的方言說話，向他們吐露部分思想。每一個小黨派都認為他完全屬於他們。因此，一發現他不是同黨，而是自成一派，人人都覺得憤怒。這能怪他嗎？在他生平的所有時期，他必定覺得，如果他向這些人解釋他更深刻的洞見，他們一定嚇得發抖，或者，如果相信他，他們自己小巧的假設就會整個破滅。如此一來，他們就不會再聽他的指示工作，說不定連在自己的領域也沒辦法工作了。這是偉大人物在小人物之間的必然處境。小人物，最積極、最有用小人物，到處都看得到，他們所有行動都仰賴某種在你看來顯然有所侷限、不完美，甚至可稱為謬誤的信念。但妨礙他們做那些事，一定是一種仁慈嗎？一定，或通常是一種責任嗎？很多人在世上做招搖喧譁的事情，僅立足於某種薄弱的傳統或慣例上，對他不容置疑，對你不可置信：把他腳下的東西打破，他就沒入無底深淵了！豐特奈爾（Fontenelle）[27]說：「我的手可能握滿真理，而只張開小指。」

倘若連原理都是如此，那在實務上就更是如此了！不能把想法留在心裡的人成不了大事。而我們該稱這作「掩飾」嗎？如果一位將領只因沒有對每一名提出問題的士兵闡述他對每件事情的看法，就被稱作偽君子，你認為如何？——克倫威爾，我倒認為在這方面處裡得盡善盡美，令人欽佩。他一路走來，這種愛質疑的「士兵」一定像無盡旋渦般困惑地繞著他轉；而他確實一一回答了。他一定是像個有真知灼見的偉大人物那般妥善處理了。沒有一件事情證明是虛假的，如我所說：沒有一件！這麼一個能蜿蜒穿過盤根錯節的人，豈能用虛假形容？

事實上，有兩個非常普遍的錯誤，徹底扭曲了我們對於克倫威爾這種人物所形成的判斷，關於他們的「野心」、「虛假」之類的判斷。第一個錯誤是我所謂，拿他們事業的目標代替過程和

27 譯註：全名 Bernard Le Bouyer de Fontenelle（1657 - 1757），法蘭西散文作家，亦被視為歐洲啟蒙時代的開展者。

起點。不入流的史學家幻想他在劍橋郡的沼澤地耕田時就下定決心要當英格蘭攝政王了，幻想他的生涯全都規劃好了：整齣戲劇的節目單都擬好了，然後他一步一步戲劇性地揭露，盡是狡猾、欺騙的表演——好個虛偽、詭計多端的演員！這是極盡曲解之能事，這種例子卻非常普遍。請花一點點時間想想，這與事實有多大出入！我們能預見多久以後的人生呢？就連眼前短短的路都模糊不清了，有各種鬆散的可能性，各種憂慮、各種可以嘗試、各種隱約可見的希望——這位克倫威爾並未把他的人生排成節目單，並未照著節目單，以其深不可測的狡詐一幕一幕做戲劇性的演出！不是這樣，我們看起來是這樣，但對他來說，絕對不是這樣。假如「歷史」能忠實地監看這個不容否認的事實，有多少荒誕不經將自行消失！史學家當然會告訴你他們確實監看了——但你看看這究竟是不是事實！通俗史，一如在克倫威爾的例子，完全忽略事實，就連最好的歷史類型也只是偶爾記起。要一五一十地記得，照事實真相記得，確實需要罕見的才能；罕見，甚至不可能。要有莎士比亞，甚至超越莎士比亞的才能，要能演出一個同胞的傳記，用這位同胞的眼睛在他行進路線的每一處看他當時看到的一切——簡言之，要了解他的路線，了解他，而很少「史學家」能做到這個地步。如果我們盡可能試著忠實呈現事實，那麼那些扭曲了我們對克倫威爾印象的濃厚曲解，至少有一半會消失，照實際順序一一呈現，而非一次一大堆扔到我們面前。

第二個錯誤，我認為大多數人易犯的錯誤，也是關於「野心」這件事。我們誇大了偉大人物的野心，我們誤解了野心的本質。偉人的野心勃勃不是那種意義，他只是個有抱負的可憐小人物。不妨探究一下這樣的人：他因為無法照耀眾人而活得痛苦；他汲汲營營，亟欲表現自己的天賦和訴求；他苦苦掙扎，要每個人，彷彿在乞求眾人看在上帝的份上承認他是偉大人物，將他置於萬人之上！這樣的人堪稱天底下最悲慘的景象。這是偉人嗎？這是個可憐、病態、貪求、空虛的人，比較適合待在醫院病房，而非人間王座上。我勸你離他遠一點。他不能在寧靜的路上行走，要是你沒有注視他、為他驚詫、撰文歌頌他，他就活不下去。這反映了那個人的空虛，而非他的偉大。因為他毫無內涵，只好渴望你能在他身上發現什麼。實際上，我相信沒有哪位偉人，甚至沒有哪個身心健康、有真才實學的真誠人物，會這般備受折磨。

你的克倫威爾，被喧鬧人群「注意到」，對他有什麼好處？他的造物主已經注意到他了——他，克倫威爾，已經在那裡了；除了他已經在那裡，其他人的注意都無法造就他。直到他髮鬢灰白，開始下坡，人生看來時日不多，不是無窮，而是有限，可以預見那將如何消逝——他仍滿足於耕地和讀他的聖經。到了老年，若不把自己賣給虛假，他再也無法忍受自己得坐鍍金馬車到白廳，讓書記捧一捆捆文件纏著他：「決定這個，決定那個，」在內心極度悲傷之下，沒有人可以做完美的決定！鍍金的馬車對這個人有何用？從很早以前，他的人生不就饒富意義，有一種彷彿屬於天國的恐怖和光輝了？他身為人類的意義，使他根本不需要那種虛飾。死亡、審判、永恆：這些已為他一切思想和行為奠定基礎。他整個人生已被無名的思想之海包圍——凡人的語言無法命名。上帝的真言，一如當時清教先知所理解：這是偉大的，而其他種種對他皆微不足道。稱這樣一個人「野心勃勃」，把他描述成前面形容過的自我膨脹之輩，在我看來失禮到極點。這樣的人會說：「把你金碧輝煌的馬車和高喊萬歲的群眾留著吧，把你繁文縟節的書記、你的權勢和要務留著吧。別打擾我，別打擾我；我的人生已經有太多東西了！」老山繆爾．約翰生，他那個時代英格蘭最偉大的靈魂，也沒有野心。「科西嘉的博斯韋爾」[28]公開亮相炫耀他帽上的印花絲帶；偉大的老山繆爾則待在家裡。這個胸懷世界的靈魂全神貫注於它的思想、它的憂傷——遊行和帽上的絲帶對它何益？

啊，我要再說一遍：那些偉大、沉默的人啊！環顧這世界的喧囂空洞、了無意義的話、毫無價值的行動，我們喜歡懷念偉大的沉默帝國。高貴而沉默的人，散布各地，各司其職，默默地想、靜靜地工作，沒有哪份早報會提到他們！他們是土裡的鹽分、世界的中堅。沒有，或僅有少數這種人的國度，會運作不良，就像沒有根、根都變成枝葉的森林——枝葉很快就會枯萎，森林不復存在。如果我們除了能夠展現，能夠說話的事物別無所有，那就太可憐了。沉默，偉大的沉默帝國啊，比天上星塵更高，比亡者國度更深！唯獨它是偉大的，其餘都是渺小——但願我們英國人能長久保有我們偉大的沉默天分。就讓那些非站在桶子上面不可的人去滔滔不絕、去市場拋頭露面、去專門精研說話——變成最為翠綠卻無根的森林吧！所羅門王說：有該說話的時候，也

28 譯註：博斯韋爾著有《科西嘉記》（*An Account of Corsica*），記錄他在科西嘉軍事及社會動盪時期的旅行。

有該保持緘默的時候。對於某位偉大緘默、不因缺錢和其他緣故被迫寫作的山繆爾——老山繆爾·約翰生說他就是如此——我們或許可以問：「你為什麼不站起來說說話，發表你的體系，建立你的學派呢？」「確實，」他會這麼回答：「我一直在克制我的思想，所幸我還有能力把它留在我心裡，沒有夠強烈的衝動把它說出來。首先，我的『體系』不是為了傳播，它是作為我的人生指引。那就是它對我的偉大用途。至於『榮耀』？啊，是的——但就像加圖（Cato）[29]論雕像：你們的議事廳裡有好多雕像，如果他們問，加圖的雕像在哪裡，豈不更好？」

現在，作為「沉默」的平衡砝碼，且讓我說說：野心有兩種，一種完全該指責，另一種值得讚賞，且無可避免。自然已預定偉大、沉默的山繆爾不能沉默太久。那種凌駕他人的自私希望，就讓它被認為是可憐、可悲的吧。「要圖謀大事，不要圖謀」[30]：這句話真確無比。不過我也要說，每個人都有一股無法壓抑、按照自然賦予他的重要性而自我發展的傾向：說出、做出自然放在他體內的一切。這是正當的、適合的、無可避免的；這也是一種責任，甚至是一個人責任的總和。塵世生命的意義或許就存在於此：揭露你自己，做你有才能做的事。這對人類是必要的，更

---

29 譯註：指「老加圖」（Marcus Porcius Cato, Cato Maior，西元前 234 – 前 149），羅馬共和時期的政治家，曾任執政官，也是羅馬歷史上第一位重要的拉丁文散文作家。

30 編註：原出自聖經《耶利米書》第四十五章第五節，但作者略為改動。原句為「And seekest thou great things for thyself? seek them not:」，此處改為「Seekest thou great things, seek them not:」。

是我們生存的首要法則。柯勒律治說得好：嬰兒就是感受到這種必要才學習說話。——因此我們可以說，要判斷野心是不是壞的，你需要考慮兩件事，不只是貪圖地位，還有那個人適不適合那個位置：那才是問題所在。或許那個位置是他的，或許他有與生俱來的權利，甚至義務追逐那個位置！米拉波想當總理的抱負，倘若他是「法蘭西唯一一個能做好事的人」，我們又怎能責怪它呢？要是他沒有那麼清楚地感覺自己可以做多少好事，法國說不定更有希望！反觀可憐的尼克（Necker）[31]，做不了什麼有益的事，甚至自覺無法勝任，這會兒被攆走而傷心欲絕，吉朋（Gibbon）[32]大可為他哀悼——自然啊，我說，已做好充分的準備，讓無聲的偉人努力把話說出來；甚至可能太充分了！

不妨想想，你對尚未嶄露頭角的老勇者山繆爾．約翰生透露，他很可能為他的國家和整個世界做無價的神聖工作——完美的天國法則可能會成為塵世的法則，他天天祈禱的「願祢的國降臨」終將實現！假如你能說服他相信這件事，讓他相信這可能、可行，而他，哀傷、沉默的山繆爾被召喚參與其中！——那麼這個人的靈魂難道不會熊熊燃燒，形成神性的明晰、高貴的言辭和行動的決心，把所有憂傷和疑慮拋諸腦後、視一切苦惱與矛盾為微不足道嗎？——他生命裡所有

---

31 譯註：指賈克．尼克（Jacques Necker，1732 - 1804），曾任法國財政總監，但因介入美國革命導致債台高築且樹敵眾多，於一七八一年遭到解職。

32 譯註：指英國史學家愛德華．吉朋（Edward Gibbon，1737 - 1794）。

黑暗元素不會燃燒成光和閃電的燦爛光輝嗎？那會是真正的野心！現在回過頭來想想克倫威爾的實際情況。自古以來，神的教徒蒙受苦難，忠實熱情的真理宣揚者被打入地牢、鞭笞、戴上頸手枷、耳朵被割掉，上帝的福音理想被無恥之徒踐踏——這一切都重重壓在他的靈魂上。長久以來他在沉默中，禱告時望著這些；在塵世見不到補救之道，深信上帝的善會帶來改正——深信這樣的路線是錯的、不公不義的，不可能永久持續。而現在，他看到曙光了，經過十二年沉默的等待，全英格蘭沸騰了，議會捲土重來，正義再次得到發言權：難以表達、基礎穩固的希望再次降臨塵世。這樣的議會值得加入嗎？克倫威爾扔下鋤頭，趕了過去。

他在那裡講話——誠摯洋溢，自我領會的真理如山洪暴發，我們可以瞥見一二。他在那裡工作：他戰鬥，他埋頭苦幹，像強壯、忠實的巨人，熬過槍砲的騷亂和其他種種——繼續挺進，直到他的理想戰勝，曾令人畏懼的敵人一掃而盡、希望的曙光成為勝利和確定的明亮之光。他站在那裡，儼然是英格蘭最堅強的靈魂，全英格蘭無可爭議的英雄——這怎麼樣？現在，基督福音的法則很可能能夠在塵世確立！神權政治——約翰．諾克斯在講道壇上的「虔誠的想像」——這位經歷過重重粗暴混亂的男人，膽敢認為那是能夠實現的。基督教會之中最崇高的人，最虔誠最明智的人，將統治這塊土地：相當程度上，可以如此，也應當如此。上帝的真理難道不是真實的嗎？若是真實，不就是應為之事嗎？這位英格蘭最堅強、最務實的才智之士膽敢回答：是！——我稱此為高貴、忠實的目標——難道這不是能以自己的用語，進入政治家或任何人心中最高貴的目標嗎？諾克斯接受它是了不起的事，至於克倫威爾，憑藉他對於我們這個世界卓越健全的見識與經驗——我想，歷史只有這一次以這種程度表現神權政治。我認為這是清教的顛峰，「信仰聖經」被安排在人間展現的最英勇的階段。想想：它正是向我們展現，我們可以怎麼讓正義戰勝邪惡，怎麼讓我們長久渴望、祈求的一切，對於英國和所有土地的至善，成為可以實現的事實！

我必須說，那狐狸般的才智，「偵察偽君子」方面的精明、警覺、專業，在我看來拙劣非常。我們英格蘭只出過一位這種政治家，就一位，我只見過這麼一位心裡曾懷抱這樣的目標。就一位，一千五百年來就一位；而他竟受到這樣的「款待」。他有數百或數十名追隨者，反對他的卻以百萬計。假如英格蘭人全部團結在他身邊——哎呀，英格蘭可能早已成為基督教的國度了！看樣子，狐狸般的精明仍圍繞那個毫無希望的問題：「假如這世界都是奸人，要怎麼從他們的狼狽為奸中汲取一點誠實？」——多討厭的問題啊，你可以在衡平法院（Chancery Law-Court）和其他地方看到！最後，因上帝合情理地發怒，也因上帝偉大的恩典，這件事開始停滯，而這個問題逐漸變成對所有人來說，都明顯無望的問題。

至於克倫威爾和他的目標：我發現休謨和他的一票追隨者承認克倫威爾一開始的確真誠，一開始的確是真誠的「狂熱分子」，但隨著事情在他周圍一一開展，他慢慢變成「偽君子」了。此「狂熱—偽君子」就是休謨的理論，從此被廣為應用——應用到穆罕默德和其他許多人身上。請認真思考，你會在這理論中發現什麼：不太多，不是全貌，離全貌還很遠。英雄真誠的心靈不會如此可悲地沉淪。太陽會拋出雜質，即便表面結出許多污點，但它不會就此冷卻，變成不是太陽，成為一團漆黑！我敢大膽地說，這種不幸絕對不會降臨在偉大、深刻的克倫威爾身上，我認為，絕對不會。他是自然的英勇之子，就像安泰俄斯（Antaeus）[33]，他是經由接觸土地——他的母親——獲取力量，把他舉起來離開地面，舉進「虛偽」、「空洞」，他的力量就消失了。我們不會宣稱克倫威爾完美無瑕，不會說他從不犯錯、從來沒有不誠實過；他不是自詡「完美」、「品行純潔」的半吊子，他是粗獷的奧森（Orson）[34]，透過誠懇踏實的工作劈開他簡陋的路——其間無疑一再跌仆。不誠實、犯錯，日復一日、時時刻刻的許多錯誤：他自己非常清楚，上帝和他都很清楚！太陽曾多次昏暗，但太陽本身不會變成昏暗。克倫威爾躺著等死時所說的最後幾句話，是基督英雄會說的話，是斷斷續續對上帝的禱告：請上帝公正、憐憫地審判他和他的理想，唯有祂，因為人不能。這些是最感人的話。就這樣，他在他的創造者面前呼出他狂野偉大的靈魂，它的辛勞，它的罪，就到此刻為止。

我個人絕不會稱這個人是「偽君子」！——偽君子、默劇演員，他的人生只是場戲——空無內涵的騙子，渴望暴民的歡呼？這個人直到髮鬢灰白都能安於卑微無名，而現在，他被公認是無

---

33 譯註：希臘神話中的巨人，大地女神蓋亞和海神波賽頓之子，力大無窮，只要與土地保持接觸，就可以從母親那裡獲取無限的力量。

34 譯註：奧森本意即為「熊」，而在一個古老的法國故事中，一個名叫奧森的孩子在森林裡由熊飼養長大。

可指責、英格蘭的實質君主。一個人沒有君王的御輦王袍就什麼也做不成嗎？永遠有書記拿繁文縟節纏著你是一種幸福嗎？純樸的戴克里先（Diocletian）[35]寧可種甘藍；並非難以測度的喬治．華盛頓也做類似的事。我們可以說，這是任何真誠的人都能做，也願意做的事。君主事務的實質工作一完成——便毅然決然離開！

此外也讓我們說明，在各地人類所有活動中，「君主」有多不可或缺。顯而易見，在這場戰爭中，當一群人找不到自己的領袖，而敵人找得到時，這群人會有何種下場。蘇格蘭民族在清教方面幾乎萬眾一心，對清教充滿熱忱、一心一意，反觀這座島的英格蘭這端絕非如此。但蘇格蘭人沒有偉大的克倫威爾，只有膽小如鼠、猶豫不決、處事圓滑的阿蓋爾（Argyle）[36]之流：沒有人衷心信奉真理，或勇敢地獻身於真理。他們沒有領袖，但另一個國家四散各處的保王黨卻有位領袖：蒙特羅斯（Montrose）[37]，保王黨中最高貴者，是個造詣深厚，有俠義心腸的傑出人士；我們或可稱他作「英雄保王黨員」。好，仔細觀來，一邊是有臣民而無君主；另一邊是有君主而無臣民！無君之民如群龍無首，什麼也做不成；無民之君則可以做點什麼。這位蒙特羅斯，率領

35 譯註：羅馬皇帝（244 – 312），西元二八四至三〇五年在位，三〇五年主動退位以實現其最大的興趣：種甘藍菜。是歷任羅馬皇帝中唯一一位自願退位者。

36 譯註：指阿蓋爾侯爵（Archibald Campbell, Marquis of Argyll，1598 - 1661）。

37 譯註：指蒙特羅斯侯爵（James Graham, first marquess of Montrose，1613 - 1650）

一小批愛爾蘭或蘇格蘭高地的未開化居民，其中持槍的沒幾個，卻像一陣狂暴旋風衝向訓練有素的清教徒軍隊；一次又一次，前後五次，把他們從面前掃蕩一空。他曾一度，相當短的時間，統治全蘇格蘭。一個人，但他只有一個人；對方有百萬熱情民眾，但沒有「這一個人」；他們對他的反抗毫無力量可言！而有史以來、自始至終參與清教徒奮鬥的所有人士中，唯一必不可少的恐怕只有克倫威爾。觀察、放膽、決定：在變幻無常、混亂不定中唯一穩固的支柱——清教徒之間的君主，不論他們是否這樣稱呼他。

但克倫威爾的阻難也就在這裡。他其他行動都找得到擁護者，也大多有正當理由，但解散「殘缺議會」（Rump Parliament）、自封「護國公」之舉，卻沒有人能原諒他。他儼然成為英國之王——他是英格蘭勝利一派的領袖，但他似乎不穿上王袍不罷休，而且為了王袍加身把自己出賣給地獄——且讓我們稍微看看事情真相。

英格蘭、蘇格蘭、愛爾蘭，現在全都屈服於清教徒議會腳下，於是實際問題產生了：該拿它怎麼辦呢？你要如何治理這些國家，這些上天以不可思議的方式交給你處置的國家？最高權力「長期議會」（Long Parliament）[38]倖存的百餘名議員顯然不可能永遠留在那裡。該怎麼辦呢？理

38 譯註：一六四〇至一六六〇年的英國國會，由於通過《國會法案》規範「非經國會本身同意解散，任何人不得解散之」，因此直到一六六〇年斯圖亞特王朝復辟前夕才決議解散，該屆國會議員方才正式卸任。然而一六四八年十二月經過普萊德清洗（Pride's Purge），國會議員僅剩下一百多名，此時的國會又稱為殘缺議會，宣布由下議院行使國家最高權力。

論派的立法者或許覺得這問題很容易回答，但對於在那裡研究實際真相的克倫威爾來說，恐怕沒有比那更複雜的問題了。他問國會決定怎麼做？這該由議會表態。但用鮮血換取勝利的士兵也覺得自己該有發言權，雖然這有違慣例。我們「浴血奮戰，不能只得到一小張紙。」我們了解上帝是透過我們來賜予祂的福音律法勝利，了解福音律法要在這塊土地確立，或試著確立！

克倫威爾說，三年來，這個問題一直在議員耳畔回響。他們給不出答案，只有討論、討論，沒有定論。或許議會團體的性質就是如此；或許在這樣的例子，除了討論、討論、再討論，沒有議會能夠提出對策！然而，這個問題必須解決，非解決不可。你們那六十個人，在全國民眾面前已變得可憎，甚至可鄙，國人已經叫你們「殘缺議會」，你們不能繼續坐在那裡了：那麼，該由誰，或什麼來承繼呢？「自由議會」、選舉權、某種憲政慣例——這是迫在眉睫的事實，我們必須予以回應，否則就會被吞噬！而你們是什麼東西，竟敢鬼扯什麼憲法準則，什麼國會權利？你們曾殺死你們的國王，導致普萊德清洗[39]，依據強者的法則來驅逐、放逐不讓你們遂行理想的人——現在你們只剩五、六十個人苟延殘喘，整天辯論再辯論。你們說說，我們該怎麼辦，不要告訴我們慣例，而是可行的事實！

39 譯註：一六四八年十二月六日英國內戰期間發生的事件，新模範軍軍官托馬斯・普萊德（Thomas Pride）率兵阻止議會的敵對議員進入下議院，近五百名下議員僅七十一人被允許進入議會，八十三人在被迫表態支持審判查理一世後返回議會。此次清洗後形成的議會被稱為殘缺議會。

他們後來究竟怎麼回答，至今仍不得而知。就連勤勉的戈德溫（Godwin）[40]也坦承自己並不了解。最可能的情況是，這個可憐的議會仍不解散，事實上也不能解散；來到該解散的關頭，他們又休會延期，就這樣重複十幾二十次——搞到克倫威爾耐心盡失。不過，我們要採取對議會最有利的假設：最有利，雖然我相信這不是真的，但太有利了。

根據這個版本：在緊要關頭，克倫威爾和他的軍官們在這邊集結，五、六十位殘缺議會的議員在另一邊開會，克倫威爾突然得知絕望的殘缺議會準備做出非常特別的回應：在妒恨交織的絕望中，為起碼阻止軍隊，這些人正匆匆通過某種「改革法案」——議會由全英格蘭選舉、平均劃分選區、自由選舉權等等！問題很大，但對他們又毫無疑問的做法。改革法案？全英格蘭人自由選舉權？哎呀，那些保王黨的，儘管沉默了，卻尚未滅絕，搞不好人數還超過我們；英格蘭大多數人向來對我們的理想默不關心，只是看著它，屈從於它。我們在分量和力量上是多數，數人頭則不然！而現在，若依據你們的慣例和改革法案，這整件事，我們用刀劍辛苦贏來的勝利，又將石沉大海，變成區區的希望，或可能性，甚至是渺茫的可能性？我們的勝利可不是一種可能性，是我們憑藉上帝的力量和我們的右手贏來，而此刻在這裡緊緊握著的確實性。克倫威爾走向這些執拗的議員，阻止他們迅速通過改革法案——叫他們滾蛋，別再講了——我們不能原諒他嗎？不

40 譯註：指威廉．戈德溫（William Godwin，1756－1836），英國記者、小說家。

能理解他嗎？約翰．米爾頓就近看到這件事，而能為他喝采。「現實」把「慣例」掃除了。我想，英格蘭多數人，實際存在的英格蘭人，或許能領會這麼做的必要。

因此，這位堅強、大膽的男士，引來形形色色的慣例和淺薄的邏輯反抗他；他敢訴諸英格蘭真正的事實。事實是否支持他？奇妙的是他也努力要以某種合憲的方式統治，努力謀求議會支持，但未果。他的第一個議會，即俗稱「小議會」[41]的那個，可謂「名人會議」。來自英格蘭各地的重要牧師和主要清教官員提名以虔誠著稱、具影響力且忠於清教理想的卓越人士：把這些人集合起來擬訂一項計畫。他們認可過去發生的種種，盡其所能規劃未來的一切。他們被輕蔑地稱為「Barebones's Parliament」：那個人的名字，似乎不是「Barebones」，而是「Barbone」——一個很好的人。他們的工作也不是兒戲，是最嚴肅的現實——要怎麼讓耶穌的律法變成英格蘭的律法，對這些清教名人是一大考驗。他們之中不乏明理之士、有才能之士，我想他們也大多是虔誠信徒。但他們似乎在致力改革衡平法院時失敗了，垮掉了！他們以不能勝任為由自行解散，把他們的權力交還克倫威爾將軍之手，讓他放手去做他想做而能做的事。

他要怎麼做呢？克倫威爾將軍閣下，「所有已集結和將集結軍隊的總司令」，在這史無前例

---

41 譯註：小議會原文「Barebone's Parliament」（barebones 有貧乏之意），是克倫威爾在英國內戰時期創立的議會，後因議員未照其意願行事而解散。名稱由來見下文。

的關頭看著自己，因為那是英格蘭僅存唯一的權威，除他之外，在英格蘭與完全「無政府」之間空無一物了。這是當時他的處境和英格蘭的處境不可否認的事實。他該怎麼辦？經過審慎考慮，他決定承擔：他要正式、以公開莊嚴的儀式，在上帝和人的面前宣誓——「是的，事實就是如此，我會竭盡所能去做！」護國公，「政府約法」——這些是事物的外在形式；在目前情況下盡可能由法官和重要官員，「政務會議和全國重要會議」來發展與裁決：至於這件事本身，無可否認，當事情已經來到這樣的關卡，除了「無政府」或那樣做之外，別無選擇。清教徒的英格蘭可以接受它，也可以不接受，但實際上，清教徒的英格蘭是自殺獲救！——我相信清教徒確實是帶著難以言喻的埋怨，但大致來說感激而真誠的態度，接受了奧立佛的違常行為；至少，他和他們協力把事情做好，且一直精益求精。但他們沒辦法像議會那樣清楚表達，永遠無法完全明白該說些什麼——

奧立佛的第二個議會，其實該說是他第一個正規的議會，依「政府約法」所列規定選出的議會，確實召集，也運作了——但不久就碰到那些無底洞一般的問題，例如護國公的正當性、「篡位」等等，因此一開議就解散。克倫威爾對這些人發表的總結演說不同凡響；對他第三個議會發表的演說也相當出色，同樣斥責他們的迂腐和頑固。這幾場演說都極盡粗魯而混亂，但也看來極為誠摯。你會說，這是一個真誠而無助的人；不習慣說出他那些欠缺組織的偉大想法，卻善於執行！思想充滿意義，卻不知怎麼用言辭表達。他不時說到「天命的誕生」：這一切改變，那麼多勝利和事件，都不是人的預謀和戲劇設計，不是我，或是哪個人的；堅持這樣說的人是盲目的瀆神者！他帶著狂暴的盛怒強調這點。他理應如此。彷彿克倫威爾正在下一盤黑暗的大棋，周圍的世界陷入混亂，他卻預見一切，把一切玩弄於股掌，像用木頭和鋼絲演出事先設計好的傀儡戲！他說，沒有人能預見這些事情，沒有人能預見一天會發生什麼事：這些事情是「天命的誕生，」是上帝的手指引領我們前行，而我們最終來到勝利的高峰、神的理想在這些國度的勝利；而你們作為議會能夠集合在一起，說明這一切能以何種方式組織，化為合理可行的人類事務。你們要以你們睿智的審議協助完成這件事。「你們已經擁有英格蘭議會不曾有過的機會。」讓基督的律法，正義、真實的律法，某種程度成為這片土地的法律。結果你們沒有那樣做，反而陷入你們懶散的迂腐、拘泥於憲法、對我到來這裡所依據的成文法律無止盡地指謫和質疑——會讓一切再次陷入混亂，只因我沒有公證人的羊皮紙，而只有來自戰爭旋風的上帝聲音，便不得做你們的「主席」！那個機會溜走了，我們不知何時會回來。你有你們的憲法邏輯，而統治這片土地的是貪欲的法律，不是基督的律法。「願耶和華在你我之間判斷是非！」[42]這是他最後向他們說的話：就緊握你們的憲政慣例吧，我會緊握我非正規的奮鬥、目的、現實和行動，而「願耶和華在你我之間判斷是非！」

42　譯註：語出《撒母耳記上》（*1 Samuel*）第二十四章第十二節。

前面說過，克倫威爾印出的演講稿有多雜亂無章，混亂不堪。很多人說，那故意說得含糊曖昧，晦澀難解：好個用混亂的耶穌會行話包裝自己的偽君子！但在我看來不是這樣。我會說，那些話讓我可以初探這位克倫威爾的現實，進而深究他的可能性。試著相信他的話有意義，深情地探查可能是何意義，你將發現在這些支離破碎、粗野無禮又拐彎抹角的話語中，有真實的言語禁錮其中，發現在這個不擅言詞男人的偉大心裡，蘊含著意義！你將第一次開始了解他是個人，不是你難以理解、不可置信、謎一般的奇美拉。這幾個膚淺、懷疑的世代不認識也不能想像信仰深刻的人；在這時所寫的克倫威爾生平和傳記，遠比克倫威爾的演說更晦澀難懂。你讀那些生平和傳記，只會墜入無垠的朦朧漆黑和空虛。「激動與嫉妒，」克萊倫頓爵士本人這麼說：「激動與嫉妒，」只是乖張的奇想、揣測和反覆無常，這些使遲鈍、樸實、安靜的英格蘭人放下鋤頭和工作，投入一場火爆混亂的戰爭，來對抗這位條件最佳的君主！試試你能否查明這句話是真的。探討信仰的懷疑論著或許擁有優秀的天賦，但那其實「超越權限」（ultra vires）了。那就像由「盲目」制定光學法則。

克倫威爾的第三議會和第二議會觸及同樣的礁岩爆裂了。還在那邊憲政慣例：你是怎麼來這裡的？給我們看看你的公證人羊皮紙！瞎眼的學究——「噯，就是讓你們成立議會的權力，和其他更多權力，讓我擔任護國公啊！」如果我沒有資格攝政，那你們又是以什麼奇怪的名義當選議員，那本是攝政的反射和產物啊？

議會通通失敗，唯剩專制一途。軍閥各據一方鎮壓保王派和其他異議人士，要統治他們，如果不能靠議會，就動用刀劍吧。現實如此，慣例扛不住！我將繼續保護在外國被壓迫的新教徒、在國內任命公正的法官、明智的管理者、珍惜忠實的福音牧師；盡我所能讓英格蘭成為基督的英格蘭，比古羅馬還偉大，成為基督新教的女王；我，既然你們不幫助我；我，然而上帝留我性命！——既然法律不承認他，他為什麼不放棄權位、重回隱姓埋名的日子？——幾個人高喊，但他們錯就錯在這裡。對他而言，他是不可能放棄的！各國都由首相或總理治理過，皮特、蓬巴爾（Pombal）[43]、舒瓦瑟（Choiseul）[44]；他們的話，在有效時就是法律；但這位首相是不能辭職的。他一辭職，查爾斯・斯圖亞特（Charles Stuart）[45]和保王黨等著殺他，毀掉他的理想，和他。一旦開始，就無法撤退，無法回頭。除了他的墓，這位首相無處可退了。

我們為晚年的克倫威爾感到難過。他的抱怨是「天命」不斷加給他的沉重負擔。沉重，但他必須扛著，至死方休。老上校哈欽森，據他的夫人所述，哈欽森，他的老戰友，為了某件責無旁貸、八成違反他的意願的事情來看他——克倫威爾以最友好、像家人、安撫和解的態度「送他到

---

43 譯註：指第一代蓬巴爾侯爵（Sebastião José de Carvalho e Melo, Marquês de Pombal e Conde de Oeiras，1699 - 1782），一七五〇至一七七七年擔任葡萄牙國務大臣，權力相當於宰相。

44 譯註：指舒瓦瑟爾公爵（Étienne-François, duc de Choiseul，1719 – 1785），一七五八至一七七〇年任法國路易十五政府的外交大臣。

45 譯註：這裡是比喻用法，查爾斯・斯圖亞特（1720 - 1788）並非克倫威爾同時代人，而是流亡的斯圖亞特國王詹姆士二世之子，一生以王朝復辟為職志。

門口」，懇求他的老戰友跟他和好——說他被昔日親密夥伴誤解、遺棄，是多麼悲傷的事，但這位嚴厲的哈欽森恪守他的共和慣例，繃著臉離開——而這個人已滿頭白髮，強壯的臂膀因長年工作已疲憊不堪！我也常想到他可憐的母親，現已老邁，住在他的宮殿裡，她是位正直、勇敢的女性；的確，他們一家子都誠實且敬畏神：如果聽到槍響，她就以為是她的兒子被殺了。他得至少每天來看她一次，讓她親眼看到他還活著。可憐的老母親啊！——這個男人得到了什麼，他得到了什麼？他在劇烈的衝突和勞動中過了一生，直到最後一日。名譽、野心、在歷史上的地位？他的屍體被綁上鐵鍊吊起來，他「在歷史上的地位」——當然是這樣的歷史地位！——是個恥辱、指責、黑暗、蒙羞的地位；而此時此地，我這樣率先冒險宣稱他不是奸人不是騙子，而是真正誠實的人，誰知道我是不是輕率魯莽呢？願他安息。不管怎麼說，他不是為我們完成許多功業嗎？我們平穩地走過他偉大、崎嶇、充滿英雄氣概的一生，踏過他沉在壕溝裡面的屍體。我們踩在上面時不需要踹他！——讓這位英雄安息吧。他並未訴諸一般人的評判，也沒有人能非常適切地評斷他。

就在清教於一六八八年沉寂下來、平靜無波一百〇一年後，另一場遠比那更深刻、更難平息的爆炸發生了，它的名稱人盡皆知，也可能永垂不朽：法國大革命。那實際上是新教第三次，也是最後一波行動；既然人類正因假象、虛偽而凋萎，就讓它爆炸，在混亂中回歸現實與事實吧。我們稱英國的清教為第二波行動：「啊，聖經是真實的；讓我們依循聖經而行！」「在教會，」

路德說；「在教會與國家，」克倫威爾說：「讓我們依循真正的上帝真理而行。」人必須返回現實，人不能活在表象之上。法國大革命，或第三波行動，我們不妨稱之為最後一波行動，因為人走不到比那原始「無套褲漢」更低的地方了。他們站在那裡最赤裸、最野性的事實上，任何時節、任何情況都不容否認的事實上，可以也必須滿懷信心地從那裡逐步發展。法國大爆炸，就像英國大爆炸一樣，得到它的君主——沒有公證人羊皮紙可資證明的君主。再來我們要看一下拿破崙，我們第二位現代君主。

在我看來拿破崙絕非像克倫威爾如此偉大的人物。克倫威爾主要侷限在我們小小的英格蘭，拿破崙的輝煌勝利則遍及全歐洲，但那卻像高蹺，讓這個人站在上面被看見，這個人的身高並未因此改變。我在他的身上見不到像克倫威爾那樣的真誠，只有遠比他低劣的；不曾懷著「可畏的宇宙不可名之」靜靜走過漫長歲月，如他所言，「與神同行；」一路上只有對那兒的信仰與堅定——潛伏的思想和勇氣，滿足於潛伏，最後才突然爆發，宛如天國閃電的光輝！拿破崙生活在人間不再信神的時代，所有沉靜、潛伏的意義，被認為毫無價值：他不是從清教的聖經，而必須從懷疑論的《百科全書》起步，這是這個人的包袱，他能有此表現已值得稱讚。相較於我們混亂、難以言喻的克倫威爾，他幹練、敏捷、各方面清清楚楚的性格，或許顯得渺小。這次我們擁有的不是「努力掙出話語的啞巴先知，」而是自命不凡的騙子混合物！休謨有若干真實性的「狂熱—偽君子」理論，比較適用於拿破崙勝過克倫威爾、穆罕默德等人——嚴格而言，它對於後兩位完全沒有真實性可言。拿破崙從一開始就顯露了可責備的野心，最後野心戰勝了他，使他和他的事業毀滅殆盡。

「虛偽如公告」是拿破崙的時代的一句俗諺。他盡他所能為虛偽找藉口：是迷惑敵人、鼓舞士氣等等所必要。整體而言，虛偽沒有藉口，人在任何情況下都沒有撒謊的自由。長期來看，拿破崙如果未曾撒謊，對他來說也比較好。事實上，一個人如果有長遠目標，打算讓它在明天以後依舊成立，那發表謊言有什麼好處呢？謊話會被拆穿，會召來毀滅性的懲罰。下一次，即使他說實話，即使眾人必須相信，也不會有人信了。還記得「狼來了」的老故事吧！——說謊就是什麼都沒有，你沒辦法「無中生有」，最後你還是什麼也做不成，徒然白費力氣在討價還價上。

不過拿破崙也有一種真誠：我們要來區分在不誠實之中何為表面，何為根本。讓我們越過他那些外在的謀略和欺騙——那不勝枚舉且該受責備——看清這個人對現實確實有種出於本能、根深柢固的感覺，行事也確實以事實為根據——只要他有任何根據。他與生俱來的本能優於他的文化——布列納（Bourrienne）[46]告訴我們，在那次埃及之行，一天晚上他的學者忙著爭論不可能有上帝的問題。他們已經以各種邏輯方法證明得相當滿意。拿破崙仰望星空，回答：「各位真是

---

46 譯註：全名 Louis Antoine Fauvelet de Bourrienne（1769 - 1834），法國外交家，曾任拿破崙祕書，也在回憶錄中鉅細靡遺地記錄拿破崙的事蹟。

聰明；可是，是誰創造那些【星星】的呢？」無神論的邏輯像水一般從他身上滑落，這個偉大的事實凝視他的臉：「是誰創造那些的呢？」實際行動也是如此：他，一如每一個可能偉大的人物，或在這個世界贏得勝利的人物，能看穿重重糾結，直抵事物的實際核心，能直直向它駛去。當他杜樂麗宮（Tuileries Palace）的管家贊不絕口地展現新的室內裝潢，說那有多富麗堂皇，又有多便宜，拿破崙沒什麼回應，只要了把剪刀，從一面窗簾剪下一條金色流蘇塞進口袋，繼續前行。幾天後，他在適當時機把那拿給負責裝潢的官員看，令官員驚恐萬分：那不是金製，只是貼了金箔！更值得注意的是，他在聖赫勒拿島（St. Helena）度過最後時日的期間，依舊堅持實際、真實的事物。「幹嘛說話，幹嘛抱怨；尤其，幹嘛彼此爭吵？這樣不會有結果；徒然讓事情無可挽回。如果你什麼都不能做，那就什麼都別說！」他常這麼對他心懷不滿的追隨者這麼說；在他們病懨懨的怨聲載道滿腹牢騷之中，他就像一股沉默的力量。

這樣看來，他身上沒有我們所謂的信仰，臻至真誠的信仰嗎？嶄新巨大的民主在法國大革命顯示威能，是無法遏抑的事實：整個世界用盡舊勢力與舊制度也無法鎮壓的事實，他非常清楚這點，也以此為依歸，帶著他的良知和熱忱前進——這就是信仰。而他沒有清楚詮釋它朦朧的涵義嗎？「職業解放才能（*La carriere ouverte aux talens*），工具是給能夠操作的人使用」：這的確是真理，甚至是完整的真理，也包含法國大革命或任何革命可能的意義。拿破崙起初是真正的民主派。但基於本性，也因軍旅生涯推波助瀾，他知道民主——若它是真實的事物——不可能是無政府狀態：這個人恨透了無政府。在那年（一七九二年）六月二十日，他和布列納坐在一家咖啡館，看見暴民呼嘯而過：對於權威人士無法約束這些烏合之眾，拿破崙表達了深深的輕蔑。八月十日，他納悶為什麼沒有人指揮這些可憐的瑞士人，假如有，他們就會戰勝[47]。如此對民主的信念和對無政府的憎恨，帶領拿破崙走完他的偉大事業。經過數場輝煌的義大利戰役，一路到《萊奧本和約》（*Peace of Leoben*）[48]，我們可以說，鼓舞他的理念是：「法國大革命勝利了，讓我們維護這場勝利，反抗那些妄稱這場勝利是假象的奧地利假象！」然而，他感覺到——也有權利如此感覺——強大的權威是多麼必不可少，沒有強大的權威，革命就不可能繁榮昌盛，也無法持續。控制住那吞噬一切、也自我吞噬的法國大革命，馴服它，以導正它的固有目標，讓它成為有機體，能與其他組織和已成形的事物共存，而不只是消耗性的破壞——這不仍是他的部分目標、人生的真實意義，仍是他真正設法去做的事嗎？瓦格拉姆（Wagram）、奧斯特里茲戰役（Austerlitze），一場接一場勝利——他所向披靡。這個人有善於觀察的眼睛，有大膽任事的靈魂。他是自然而然擢升為「君主」的。所有人都認為他就是如此。士兵常在行軍時說：「那些喋喋不休的官員，在巴黎高高在上，只動嘴，不做事！怪不得搞得亂七八糟？我們得去把我們的小

47 譯註：一七九二年八月十日暴動是法國大革命的里程碑事件之一。是日，暴民攻入杜樂麗宮，導致了法國君主制崩解。近千名瑞士近衛隊為守方主力，原應具有優勢，但很快潰不成軍。

48 譯註：一七九七年神聖羅馬帝國與法蘭西第一共和國簽訂全面停戰與初步和平協定，結束第一次反法同盟。

下士放在那裡！」他們去了，也把他放在那裡了——他們，和整個法蘭西把他放在那裡了。首席執政官、皇帝，征服歐洲——直到這位可憐的砲兵中尉，自然而然，或許也自認是某些時代世上最偉大的人。

就在這時，我想，致命的「冒牌因素」占了上風。他背棄了昔日對事實的信仰，開始相信假象，自認足以和奧地利王室、教宗、他曾清楚視為「虛假」的舊封建制度媲美——自認他也可以建立「他的王朝」等等——法國大革命的意義就只有如此！這個人「任憑自己陷於強烈的妄想，於是開始相信謊言；」一件可怕但千真萬確的事。如今，當他看著謊言時，已無法辨別真偽——這是一個人要為屈服於心靈虛假所付出最慘痛的代價。「自己」和虛妄的野心，已成為他的神：而一旦屈服於自欺，所有其他欺騙自然接踵而至。這個人把他自己偉大的真實包進何等低劣、由戲劇紙衣、金箔和啞劇拼湊成的東西裡，以為可以讓它更真實！他膚淺的《教務專約》[49]，假裝重建天主教，自以為是根除天主教的方法，「打宗教的預防針」：他的加冕典禮，祝聖儀式，都在巴黎聖母院由老義大利奇美拉執行——「根本不需要任何東西錦上添花，」誠如奧熱羅（Augereau）[50]所言：「那捐軀的五十萬人就該讓一切終止了！」克倫威爾是靠刀劍和聖經就

49 譯註：指一八〇一年拿破崙與教宗庇護七世簽訂的《教務專約》（*Régime concordataire français*），恢復教廷在法國大革命前的地位、天主教在法國的國教地位，希望為日後稱帝鋪路。

50 譯註：指卡斯蒂廖內公爵奧熱羅（Charles Pierre François Augereau, duc de Castiglione，1757 - 1816），法國元帥，曾與拿破崙數度分合。

職，我們必須說那是名符其實的就職，刀劍和聖經被帶到他面前，沒有任何奇美拉：這些不都是清教真正的象徵，它真實的飾物和徽章嗎？清教曾以非常真實的方式運用它們，現在是假裝信守它們！但這位可憐的拿破崙誤解了：他太相信人們容易受騙的性格，除了飢餓和這點，沒有看到人類更深層的事實。他錯了。就像在雲端蓋房子的人，他的房屋和他都掉下來，粉身碎骨，與世長辭。

哎呀，我們每個人體內都有這種冒牌因素，只要誘惑太強烈，便可能發展。「不叫我們遇見試探！」[51]但我得說，那一旦發展，便足以致命。明顯有冒牌因素摻雜其中的事物，注定如曇花一現，不論外表看來多麼碩大，本質都十分渺小。拿破崙的功績，雖然製造了紛紛擾擾，又是什麼呢？像火藥一閃遍照大地、像乾草荒原燃燒，那一小時整個宇宙看似烈火熊熊、煙霧瀰漫，但只維持了一小時，然後便熄滅：宇宙青山常在，綠水長流，星星仍高掛天際，泥土依舊芬芳可親。

威瑪公爵（Duke of Weimar）[52]總是告訴他的朋友，要有勇氣，「拿破崙主義」並不正義，是虛偽的，不可能長久。這種說法相當真確。拿破崙愈是重重地踐踏世界、暴虐地壓制世界，有朝一日，世界對他的反撲就愈激烈。不公不義會連本帶利地自食惡果。我相信他寧可失去最好的

51 譯註：語出《馬太福音》第六章第十三節。

52 譯註：依時代應指薩克森．威瑪公爵卡爾．奧古斯特（Karl August，1758 - 1815 年在位）。

砲兵營地，或讓他最好的軍團在海裡溺死，也好過槍殺那位可憐的德國書商帕姆（Palm）[53]！這顯然是一種暴虐、殘殺的不正義手段，沒有人可以把這畫成別的東西，就算塗上一吋厚厚的顏料。那深深烙在人們心底，那件，和諸如此類的事，人們一想到它，眼中就閃現壓抑的怒火——等待他們的日子！待那一天到來，德國人便群起圍攻之——長期而言，拿破崙的作為會等同於他秉公處理的一切、自然以其法則准許的一切；等同於他身上的真實，只等於這個，不等於別的。其餘都是煙和廢物。有才能者前途無量：那句偉大、真實的啟示，尚未在各地闡述與實現，他卻把它留在最難以言喻的狀態。他是一幅偉大的「初稿」（*ébauche*），永遠無法完成的粗略草圖，其實哪個偉大人物不是如此呢？哎呀，都被留在太粗略的狀態了！

他對這個世界的看法，一如他在聖赫勒拿島上所表達的，想來就令人悲傷。對於一切就這樣流逝，他所感到的驚訝似乎是最無動於衷的，他被扔到這裡的岩石上，而世界仍繞著自身的軸心旋轉。法蘭西很偉大，非常偉大，但說到底，他就是法蘭西。他說，英格蘭本來就只是法蘭西的附屬品，「法國的另一個奧萊龍（Oleron）島。」自然如此——拿破崙的自然是如此；可是，看看實際情況——我竟然在這裡！他無法理解，不能想像為何現實並未符合他的計畫，不能想像法

53 譯註：指約翰・帕姆（Johann Philipp Palm，1768 - 1806），德國出版商，因出版名為《德國深受侮辱》（*Deutschland in seiner tiefen Erniedrigung*）的小冊子抨擊拿破崙而被處死。

蘭西沒那麼偉大、而他不是法蘭西。「強烈的妄想，」他相信的事物並非其真實情況！他曾擁有義大利人那種幹練、敏銳、果斷的性格，強烈而真誠，卻讓自己被法蘭西誇耀的污濁氛圍圍繞，溶解大半。世界不願被踐踏在腳下，不願被綁成一捆一捆，如他所願那般一起打造成法蘭西和他的基座：世界有截然不同的目的！拿破崙的錯愕可想而知。但哎呀，現在明白又有何用？他已經走了屬於他的路，自然也走了她的路。與真實分道揚鑣後，他就只能在虛空中無助地顛簸，沒有人救得了他。他必須在那裡沉沒，世所罕見地，悲傷地沉沒；偉大的心破碎了，而後死去——這位可憐的拿破崙：一件偉大的工具太快被濫用，變得毫無用處了：我們最後一位偉人啊！

從兩方面來說，這都是我們的最後一位偉人。因為就在這裡，穿越那麼多時代和地方，搜尋和研究英雄之後，我們的漫遊要結束了。我有些難過：這件事情雖然辛苦，但也帶給我快樂。這是很棒的主題，也是最嚴肅、最廣泛的主題，對此，為了不要太過嚴肅，我把題目訂為「英雄崇拜」。我想，這深深進入了人類在這世界的言行舉止，和最重要的利益的祕密，非常值得現在加以解釋。如果有六個月的時間，而非六天，我們或許可以做得更好。我曾承諾破土動工，不知道自己能否做到。我必須以最粗魯的方式把它連根拔起，才能看個分明。這些唐突的詞語常像天外飛來一筆，使你們得一再忍耐。給我包容、耐心的公正、支持與善意，這些我就不再贅述。你們是有教養、高雅、美麗又聰明的人，可說是英國最優秀的人，你們耐心聽完我粗魯的談話，我感觸良多，感激不盡，願上帝與你們同在！

國家圖書館出版品預行編目資料

英雄與英雄崇拜/湯瑪斯・卡萊爾(Thomas Carlyle)著 ; 洪世民 譯. --
初版. -- 臺北市 : 商周出版, 城邦文化事業股份有限公司出版 : 英屬蓋曼群島商家庭傳媒股份有限公司城邦分公司發行, 民112.09
面； 公分. -- (Discourse ; 122)
譯自 : On Heroes, Hero-worship, and the Heroic in History
ISBN 978-626-318-840-2（平裝）
1. CST: 英雄崇拜 2. CST: 文化研究
539.5952 112014052

英雄與英雄崇拜

原著書名／On Heroes, Hero-Worship, and the Heroic in History
作者／湯瑪斯・卡萊爾（Thomas Carlyle）
譯者／洪世民
企劃選書／梁燕樵
責任編輯／嚴博瀚

版權／吳亭儀、林易萱
行銷業務／周丹蘋、賴正祐
總編輯／楊如玉
總經理／彭之琬
事業群總經理／黃淑貞
發行人／何飛鵬
法律顧問／元禾法律事務所 王子文律師
出版／商周出版
城邦文化事業股份有限公司
臺北市中山區民生東路二段141號9樓
電話：(02) 2500-7008 傳眞：(02) 2500-7759
E-mail：bwp.service@cite.com.tw
Blog：http://bwp25007008.pixnet.net/blog
發行／英屬蓋曼群島商家庭傳媒股份有限公司城邦分公司
臺北市中山區民生東路二段141號11樓
書虫客服服務專線：(02) 2500-7718・(02) 2500-7719
24小時傳眞服務：(02) 2500-1990・(02) 2500-1991
服務時間：週一至週五09:30-12:00・13:30-17:00
郵撥帳號：19863813 戶名：書虫股份有限公司
讀者服務信箱E-mail：service@readingclub.com.tw
歡迎光臨城邦讀書花園 網址：www.cite.com.tw
香港發行所／城邦（香港）出版集團有限公司
香港灣仔駱克道193號東超商業中心1樓
電話：(852) 2508-6231 傳眞：(852) 2578-9337
E-mail：hkcite@biznetvigator.com
馬新發行所／城邦（馬新）出版集團 Cité (M) Sdn. Bhd.
41, Jalan Radin Anum, Bandar Baru Sri Petaling,
57000 Kuala Lumpur, Malaysia
電話：(603) 9056-3833 傳眞：(603) 9057-6622
Email：services@cite.my

封面設計／Bianco Tsai
排版／新鑫電腦排版工作室
印刷／韋懋印刷有限公司
經銷商／聯合發行股份有限公司
電話：(02) 2917-8022 傳眞：(02) 2911-0053
地址：新北市231新店區寶橋路235巷6弄6號2樓

■2023年（民112）9月初版
定價 550 元

Printed in Taiwan
城邦讀書花園
www.cite.com.tw

ISBN 978-626-318-840-2